EL CAMINO DE LAS SEIS

MARÍA BONILLA-CRESPO

El Camino de las Seis

Puerto Rico
2024

El Camino de las Seis

ISBN: 9798326419521

© María Bonilla-Crespo

Primera edición: 2024

Correo electrónico de la autora: bonillaromeum@gmail.com

Diagramación: Eric Simó (ericji28@yahoo.com)

Diseño de cubierta: Melissa Moquete (mms92@hotmail.es)

Editora de Estilo: Mara Romero Medina (mara.mara21@yahoo.com)

Coordinación de publicación: InMediaRes Editores (inmediareseditores@gmail.com)

Ilustraciones interiores: Ángel Más González

A mi familia, pilares inquebrantables de mi existencia,
cuyo apoyo y amor han sido el cimiento para
enriquecer la base de datos de mi vida.
Gracias por existir, con sus defectos
y virtudes. Los amo.

Índice

1

Maravilla y reto de la niñez

Los primeros seis años de existencia enmarcan el esfuerzo por ajustarme a un entorno de dimensiones incalculables ante los ojos de una niña.

Son las seis de la mañana. Me levanto temprano ante la inconsciencia de que ya no tengo que ir a trabajar. El retiro me sorprende como un buen sismo; de esos que ocurren con frecuencia donde resido.

El amanecer invita a tomar café en la terraza. Observo el cielo despejado, escucho los pájaros cantar. Siento que se emocionan al verme cerca.

Recuerdo mi infancia, la vida en el campo, la casita de madera con ventanas de dos hojas que cerraban con una tranca y que se encontraba en medio de la finca. El refugio que desde antes de los seis años palpita en mi memoria, que seis décadas después, aún se muestra con una imagen transparente y nostálgica.

Durante aquellos años mi padre madrugaba a diario para ir a trabajar en la finca. Mi madre preparaba café en un fogón de leña, que encendía con un chorrito de gas, al que abanicaba con un cartón hasta que prendía. Adoraba ver el ritual mañanero.

Para aquellos años la mayor preocupación que tenía era saber si dentro de mi estómago crecería un árbol por tragarme una semilla.

—Mami, me tragué una semilla, ¿qué pasará con ella?

—Pues, que te crecerá una planta adentro. Te saldrán ramas por la boca, los ojos y los oídos —decía mientras mostraba una sonrisa pícara.

Su respuesta me parecía aterradora, pero ella afirmaba que así sería.

Al día siguiente, preocupada, insistía:

—Mami, dígame que no es cierto que me va a nacer una mata en la barriga. —Aseguraba que sí, que nacería una planta.

Nunca supo el efecto que su respuesta dejó en mí, desconsuelo.

Fueron años de escasez material y espiritual, porque el arduo trabajo en la pequeña finca no dejaba tiempo para demostrar amor a los hijos. No recuerdo haber recibido muchas caricias.

Mi padre José era un hombre de mediana estatura, delgado, con abundante cabellera negra y de andar ligero. Salía temprano a trabajar en el campo; los hijos debíamos llevarle la parva, como le decía al desayuno, donde estuviese en la finca. Cada día los hermanos discutíamos al decidir quién llevaría el preciado banquete: tortitas de harina, huevo frito y un termo de café con leche.

En algunas ocasiones me tocó llevarle el desayuno. Me preparaba mentalmente para cargar el bolso de tela y recorrer el glacis. Por ser tan joven, el espacio parecía una enorme estructura de cemento, construida en zancos, la cual debía atravesar para tomar las veredas y llegar donde mi padre talaba los bejucos. Era como si me moviese a través de un camino construido por una serpiente.

Lo llamaban el Camino de las seis, porque eran seis veredas muy estrechas y accidentadas que se movían en zigzag. En algunos lugares era tan angosto que debía ir con cuidado, pegar el cuerpo a la pared de piedras para no caer barranco abajo. La última vereda terminaba en una quebrada en la cual había una cascada de agua cristalina y fría. Cuando el camino estaba seco me detenía a tomar agua. Luego, cruzaba y llegaba a la parte más escabrosa de todo el sendero, que era donde se encontraba mi padre. Su machete era tan afilado y trabajaba con tanta precisión que, de tocar las plantas, su conexión con la existencia desaparecía.

Adoraba a mi padre, pero el camino me daba tanto terror que cuando estaba cerca de llegar gritaba su nombre. En ocasiones, tenía que llamarlo varias veces para que me escuchara.

Contestaba desde donde estuviese y me preguntaba si venía acompañada. No le gustaba que fuera sola. Al llegar a su lado le pedía la bendición, como era costumbre.

Se sentaba debajo de un árbol, sacaba el desayuno como un ritual. Después de asegurarse que el terreno era seguro, colocaba el café a un lado y los alimentos en otro. Asentía con la cabeza, como si dijera algo para sí, y, entonces, degustaba el manjar. Hablaba poco, pero comía ligero.

Los pájaros y los sonidos del monte llenaban de melodías el lugar.

Mientras veía a mi padre desayunar me sentía diminuta en medio de la arboleda y la lejanía. La veía tan cerca, pero tan distante.

¿Qué habrá más allá del camino de las seis? Tal vez una gran ciudad, con coches, edificios altos y casas hermosas.

En ocasiones, soñaba despierta que caminaba sin rumbo más allá del Camino de las seis, hasta que algo me regresaba a la realidad de mi niñez. Debía recorrer el camino de vuelta a la casa.

—Nena, vete rápido, con mucho cuidado. No te detengas. Si te pasa algo, grita bien fuerte —decía mi padre.

Me preocupaba aún más durante el regreso, subir era más difícil. Mientras caminaba miraba a ambos lados por si aparecía alguien de improviso y tenía que tomar la decisión de correr hacia arriba o abajo.

Ya en las curvas el miedo se disipaba y disfrutaba la naturaleza. Observaba los árboles más grandes, los cuales parecían enormes estructuras elevadas al cielo. Luego, los árboles medianos, las trepadoras y las yerbas, las cuales intentaban robar un poco de sol en medio de diáfanas laderas. Los lagartijos, estirados a sus anchas en las ramas y tallos. Las pequeñas mariposas amarillas que revoloteaban sobre las yerbas. Las flores del cohitre eran mis favoritas; pequeñas, de color azul añil, parecidas a diminutas orquídeas. Las tomaba en mis manos para observarlas mejor. En lo alto estaban los guaraguaos. Me asustaban mucho, porque los había visto en acción; descender y depredar algún animal muerto, en segundos, para luego, levantar el vuelo hacia lo alto.

—¡Maríííaaa! —el grito de mi madre en lo alto de la montaña volvía a sacarme del ensimismamiento.

—Voy —contestaba con todas mis fuerzas; aunque no siempre oía y seguía llamando hasta recibir respuesta.

Antes de mudarnos al lugar donde pasé gran parte de mi infancia, mis padres vivieron de arrimados en una finca donde el dueño les permitía ocupar una casa humilde con el compromiso de ayudarle a labrar la tierra. Lo poco que le pagaba por la tarea, lo consumía en una pequeña tienda que también era del mismo hombre. Era como vivir de esclavo, pero fuera de la casa del amo.

Para el año 1954, mi padre consiguió una parcela de once cuerdas de terreno. Esa finca fue un respiro para él. El gobierno de Puerto Rico seleccionó a algunas personas que estuviesen dispuestas a labrar la tierra y, por una cantidad mínima de dinero, pagarían, poco a poco, la propiedad. Mi padre trabajaba de sol a sol para cultivar la finca, vender los productos, mantener a la familia y pagarle al gobierno. Fue en esa propiedad que construyó la pequeña casa de madera y zinc de mis recuerdos, con dos dormitorios para seis hijos, una abuela y el matrimonio. La cocina era una pequeña estructura con un fogón hecho con cuatro piedras, sobre el cual se colocaba la olla para cocinar. Se cocinaba con leña de los árboles del campo.

Tuve suerte de ser la menor de seis hermanos. Nací en el 1955.

Mi madre contaba que estuvo de parto durante más de diez horas, que cuando nací, Angelina, la comadrona, dijo que era una niña hermosa.

Nos contó que tenía el cuerpo rosadito, que, a la primera nalgada, se escuchó un grito: que me permitiría tomar el aire del exterior y asirme a la vida fuera del vientre de mi madre. Como era costumbre consultar los nombres en el calendario, me llamarían María de los Ángeles.

¿Sería un compromiso con los ángeles para que cuidaran de mí durante mi existencia?

Tuve el privilegio amargo de vivir en una familia numerosa. Por falta de educación sexual mis padres concibieron diez hijos. Los primeros nacieron uno detrás de otro, los últimos tres, con una diferencia de hasta nueve años. Los más pequeños parecían hijos de los mayores. Tanto que mi hermana mayor, Blanca, estuvo embarazada de su primogénito, al mismo tiempo que mi madre esperaba al décimo y último hijo. Parió a mi sobrino algunos meses antes de que naciera mi hermano menor. El tío era más joven que el sobrino. Como dijo Don Quijote: "Cosas veredes, Sancho".

En un hogar con tantos hijos no había tiempo suficiente para estar atentos a cada detalle. Mi madre se afanaba en las tareas domésticas y mi padre, pasaba gran parte del tiempo en la finca. Crecimos en un ambiente de mucho compartir y jugar con los hermanos. Jugábamos a esconder, cuica con una soga, peregrina, a los maestros y hasta de padres cuando cuidamos a los hermanos menores. En ese ambiente ampliamos el espectro de posibilidades para compartir. En ocasiones, nos escapábamos a la casa de los vecinos para jugar. También peleábamos por tonterías y mis padres se hacían de la vista larga por un tiempo. Si perduraba la trifulca, intervenían. Con solo un grito, todo había terminado. Así se impartía respeto.

Una pequeña sala nos acogía en las reuniones nocturnas. A la luz de un quinqué se hacía todo tipo de cuentos, en especial, de misterio. Sentados en el piso escuchábamos atentos los relatos de aparecidos, milagros y tragedias. Cuando sentía miedo, terminaba en la falda de mi madre, a quien le fascinaba avivar las historias.

Vivíamos en una casa que tenía el fregadero fuera de la ventana de la cocina. Nos asustaba fregar tarde en la noche, porque uno de los cuentos nocturnos era sobre una luz que aparecía en el árbol de panapén, que se divisaba desde la ventana.

—Yo la he visto. La luz se mueve de derecha a izquierda. Luego espero pa' ver si llega alguien, pero no es nadie. Debe ser de un alma en pena que deambula por este lugar —decía mi padre con convicción.

Otro cuento que recuerdo con mucho recelo es el que hacía mi padre sobre un muerto. Lo narraba sin interrupción:

«Sucede que Israel tenía que ir a casa de don Juancho. Se entretuvo en su casa y, cuando se percató, era cerca de las doce de la noche. Con mucho miedo tuvo que guiar su carro destartalado. Temeroso a que un desperfecto momentáneo le hiciera detenerse en el camino. Mientras guiaba, encontró a una persona pidiendo pon, y aunque tenía recelo por no reconocerlo, decidió darle un aventón. La persona se subió al carro y siguió hablando con Israel. Luego de un largo trayecto, Israel le preguntó:

—¿Dónde usted se queda? —el hombre no contestó.

Israel se preocupó y volvió a preguntar:

—¿Qué dónde se va a quedar? —no recibió respuesta.

«Intranquilo por no saber dónde dejaría a su pasajero, se detuvo y miró pa' el asiento trasero. Pa' su sorpresa, no había nadie en el carro. Él estaba seguro de haber recogido a una persona y de hablar con ella durante el trayecto.»

«Atando cabos, ese era el espíritu de su abuelo paterno, quien murió en un accidente de carro, en el mismo lugar que Israel aseguró haberlo recogido. ¡Sí, porque los espíritus de los muertos trágicamente andan deambulando!»

Así terminaba mi padre su historia. Asustados, no queríamos ir a dormir. Por suerte, esa noche nadie dormía solo. El calor humano que nos trasmitíamos era suficiente para subsanar cualquier temor.

Al mirar en retrospectiva, siento un gran privilegio por tener tantos hermanos. Pasábamos mucho tiempo juntos. No obstante, lo amargo de ese privilegio fue tener que compartir lo poco que había. Jamás tuvimos la oportunidad de comer más allá de la ración que nos servían, aunque gran parte del estómago estuviese vacío. En ocasiones, se le compraba algo a unos y los otros, teníamos que esperar a que mi padre volviera a reunir algún dinero para suplirnos las necesidades. Como decía mi madre: "Nunca es tarde si la dicha es buena". Había que esperar sin hacer berrinches. Me distraigo al recordar que mis hermanos y yo, compartíamos una pequeña habitación, con dos camitas de una plaza. Que una hamaca se mecía orgullosa sobre la cama al lado de la mía.

A los cinco años, compartía una de las camitas con dos de mis hermanas y, en ocasiones, alguna se orinaba. Amanecíamos mojadas, mucho más si la que se orinaba era yo, quien era la que dormía en el centro. Enojadas pasábamos el día hablando del suceso y luego, se burlaban de mí en la escuela.

A la hora de bañarnos, los menores no teníamos toalla. Nos secábamos con un pedazo de tela. Afortunadamente, al crecer tuve el privilegio de tener una. Las limitaciones de espacio y dinero no permitían que en la casa hubiese clósets. Por eso, guardábamos las pertenencias en cajas de cartón colocadas a los pies de las pequeñas camas. Había tres cajas de cartón en fila. En ellas se encontraban los tesoros de tres hermanas. Las pocas pertenencias que teníamos eran: piezas de ropa interior, algunos trajes desgastados, uno o dos pares de medias, y refajos cosidos por mi madre. Allí también guardábamos libretas viejas, y cualquier otro detalle que considerábamos de gran valor.

Si mi mente no me falla, sobre la cama que estaba al lado de la que ocupaba había un tubo que atravesaba el techo, que servía para colocar algunos ganchos con piezas de ropa. En ocasiones, se doblaba por el peso y la ropa caía sobre los que dormían debajo. Luego, era necesario enderezar el tubo. Tarea que realizaba mi padre, para volver a colocar las piezas de ropa.

Como aún no me correspondía tener el privilegio de tender la ropa en ganchos, no me preocupaba por la situación.

Poder asistir a la escuela a los seis años fue un gran privilegio. Para el año 1961, en Puerto Rico todavía no existía el programa preparatorio para el kindergarten o el de *Head Start*. Este se estableció en la Isla cerca del año 1970, mediante una legislación que permitía a los pueblos preparar pequeños salones para impartir educación que servía de base para el primer grado; el cual debía iniciar cada niño al cumplir los seis años.

En ocasiones, las familias con niños de edades cercanas esperaban a que el segundo niño cumpliera los seis años para enviarlos juntos al primer grado.

La escuela primaria tenía seis grados, de primero a sexto; la intermedia, de séptimo a noveno; y la superior de décimo a duodécimo o cuarto año. En algunos pueblos en las segundas unidades ofrecían clases de primero a noveno grado.

Asistí a una escuela segunda unidad, bastante distante de mi hogar. Diariamente junto a mis hermanos, caminábamos tres kilómetros a pie, por caminos de barro.

En muchas ocasiones, regresamos a la casa cerca de que oscureciera, porque como llovía a cántaros, debíamos esperar hasta que escampara. El camino de regreso era más difícil tras la lluvia, pues el fango hacía que resbalásemos, aunque llevábamos capa y zapatos plásticos. Al llegar a la casa, hacíamos fila para lavarlos con el agua de la lluvia que bajaba por una chorrera desde el techo de zinc. También lavábamos las medias que debían secarse para reusarlas al próximo día. En muchas ocasiones tuvimos que ponérnoslas mojadas. Años después, convertimos la parte trasera de una pequeña nevera en secadora de medias.

La comida del comedor de la escuela no era digna para consumo humano. La cocinaban con agua de cisterna que no estaba purificada. Las larvas de los mosquitos, *trincayos* (como se les conocía popularmente), eran parte del menú diario. Sin embargo, a pesar de esto nuestros padres nos motivaron y apoyaron para que continuáramos estudiando, con la esperanza de tener un mejor futuro. No teníamos periódicos, libros de referencia, ni amigos a quienes pedirles prestados los materiales, pues todos los vecinos estaban en la misma situación precaria.

Contrario a hoy día, para aquellos años los maestros tenían autoridad irreprochable. Si alguno presentaba un argumento, no había por qué debatirlo. Mis padres enfatizaban en que jamás lleváramos a casa una queja de algún maestro, por problemas de disciplina u otra índole.

—Si un maestro los castiga por una falta de respeto o a las reglas, prepárense porque saben lo que les espera —decía mi padre para amedrentarnos.

Afortunadamente, mi paso por la escuela fue muy positivo. Mis padres nunca recibieron, de ninguno de mis hermanos o mía, alguna queja de maestros o directores escolares. Aprendí a respetar y a valorar la labor de los maestros, porque soñaba con ser maestra.

A los seis años recibí la triste noticia que se había quemado la escuela, donde cursaba el primer grado; cerca del edificio donde estaban los salones de segundo a noveno. La maestra de primer grado, la Srta. Luz Leyda Almodóvar, tenía su pequeño salón en una estructura de un piso.

A pesar de que para esa época no contábamos con suficientes materiales educativos, *miss* Almodóvar tenía un salón de película. En su salón estaban los dibujos y libros que jamás había visto en otro lugar. Incluso, en su salón también había una alcancía, donde los niños que podían depositaban un centavo diario para la fiestecita de Navidad.

Nunca se supo cómo ocurrió el incendio, pero dejó la pequeña estructura hecha cenizas. Solo quedó el piso porque era de hormigón. La maestra lloraba con sentimiento y todos lamentamos el tesoro perdido. Para poder terminar el año académico tuvimos que ocupar un lugar en el edificio principal. Nunca recibieron dinero para construir otro salón en el mismo lugar que estaba. El piso de hormigón permaneció durante décadas como muestra de lo importante que fue esa pequeña estructura. Los recuerdos de la fatídica historia permanecieron intactos en las mentes de todos los que estudiamos allí hasta después que crecimos.

Los días especiales eran celebraciones en la escuela; *Halloween*, Navidad, San Valentín, Día del Árbol. Esperábamos con emoción cada uno. Recuerdo la celebración del Día del Árbol durante el segundo grado; la maestra me dio un papel con un poema sobre un árbol. Lo cargué durante toda la semana antes de la actividad. Incesante, repetí las estrofas para que no se me olvidaran.

—Déjame decirte el poema para el Día del Árbol. A ver si ya me lo sé —le pedí a mi hermana Connie mientras le entregaba el papel donde estaba el poema.

—¡Claro!

Recité el poema mil veces para que no se me olvidara. El día de la actividad, cuando llegó mi turno en un pequeño salón de actos, parecido a un auditorio, anunciaron mi participación. Muy dispuesta, subí al escenario. Lucía orgullosa con un hermoso traje que mi madre me había cosido con retazos de tela. Observé a los maestros y estudiantes, me asusté. Con la vista fija en el suelo, y lo más derecho que pude mantener el cuerpo, crucé mis manos en la espalda. Recité.

"Árbol pomposo y centenario,
tú albergas en la copa verde oscura
toda el alma, la esencia y la dulzura
que emerge de un pasado legendario.
Árbol amado, viejo relicario…".

De repente me detuve porque olvidé por completo el próximo verso. Observé a la maestra con un grito ahogado en la garganta, para que fuera en mi auxilio. Nunca llegó. Esperaba por el empujón que me sacaría del abismo en el cual me encontraba. Algunos minutos después, alguien me llevó de la mano fuera del escenario. Cuando ya estuve fuera del alcance de los ojos que me miraban, llegó a mi mente el verso. Lloré sin consuelo. Ese día aprendí, que no debía esperar a que otros me socorrieran, que debía estar siempre atenta, y a hacer el mayor esfuerzo.

Jamás recriminaré a mis padres por no tener dinero para disfrutar de un refresco, helado, bizcocho o cualquier otra golosina que los niños tanto ansiaban. Se esforzaron para darle, a diario, diez centavos a mis hermanas mayores, cinco centavos a mí y mis hermanos menores. Con ese dinero compraba dos límbers de un centavo y tres centavos de galletas Ricas. Fue una época muy difícil, porque no había alternativas para conseguir dinero y éramos muchos. Si encontraba un centavo en el camino hacia la escuela o cerca de la tienda, sentía que me había pegado en la lotería.

Para esa época, Benigno, primo hermano de mi padre abrió una tienda para vender comestibles en un barrio colindante con Purísima Concepción, donde vivíamos. Mi padre vio una gran oportunidad para comprarle la comida a un costo menor, ya que estaba cansado de comprar comida a un costo exagerado y de siempre estar debiendo. Benigno aceptó despacharle comida durante todo el año. Por su parte, mi padre se comprometió a pagarle luego de vender la cosecha del café y otros productos de la finca.

Un compromiso verbal era palabra de caballeros. Por muchos años mi padre mantuvo a la familia con un solo pago anual al colmado. Luego que se recogía la cosecha del café, con el dinero recibido, saldaba las deudas. Por eso era tan importante que no se perdiera ni un grano de café. Cada uno estaba comprometido para el pago del sustento familiar. Los frutos menores, permitían que mi padre pudiera disponer de unos dólares adicionales para necesidades apremiantes de la familia, como: darnos cinco o diez centavos diarios para la escuela, lo cual valorábamos.

La compra se hacía mensualmente. Mi padre llevaba a caballo la nota de la compra, era parte de sus responsabilidades. Luego, en dos o tres días, el primo enviaba la compra en una vieja camioneta, la dejaba en el Camino Real, como se le llamaba al camino principal, y de allí mi padre la bajaba en sacos hasta la casa. No eran muchos sacos, pero era el sustento para todo un mes.

Había productos que se consideraban lujos, como el jabón de baño. Se adquirían cinco o seis, que mi madre velaba como pepitas de oro. En más de una ocasión se acabaron los jabones. Cuando solo quedaba un pedazo pequeño, de lo que conocíamos como "balitas de jabón", mi madre guardaba alguna para su baño y el de mi padre, que era el proveedor de la familia. Confieso que hubo ocasiones en las que me robé una "balita de jabón", lo que provocaba discusiones entre mis padres y, al final, alguien tenía que bañarse sin jabón. También me bañé sin jabón después de un día de juegos.

—No hay jabón, tienes que bañarte con agua solamente. Hay que esperar a que se haga la compra —ripostaba mi madre.

Lo mismo sucedía con el pan, mi madre lo guardaba en un "lugar seguro" para que al próximo día tuviéramos para el desayuno. Se conseguía entre semanas. Cuando mi padre tenía que ir al pueblo, aprovechaba y traía varios bollos de pan, pero la jauría de niños hambrientos de pan nos la arreglábamos para disfrutar del banquete fuera de lo permitido. El día en que mi padre traía pan, mi madre preparaba lo que se llamaba el "café de las tres". En casi todos los hogares se servía café a esa hora y en mi casa, no era una excepción. Casi siempre se servía con una o dos galletas, si no estábamos a fin de mes. Servir pan con el "café de las tres" era un privilegio. Mi madre nos sentaba en un círculo, unos en el suelo y los más grandes, en sillas de madera, el único mobiliario del que disponíamos. Luego, servía el café en envases que originalmente habían contenido algún alimento que ya habíamos consumido. Los potes de salsa de tomate eran las mejores tazas porque conservaban el calor. Comíamos el pan, poco a poco, sacándole el interior, la tripa, para saborear aquel suculento antojo.

—¡Mira, a mí me queda todavía! —decía para darle envidia a alguno que ya no tenía pan.

—Dame —ripostaba otro extendiendo la mano.

En ocasiones, éramos generosos y compartíamos nuestro pan. Si eran galletas, las mojábamos en el café con leche o negro, lo disfrutábamos. Era un buen momento para compartir. Mi padre, cuando se encontraba en la casa, nos acompañaba a tomar café. Los días que él estaba parecíamos soldados.

A pesar de que en el Caribe las estaciones casi no se pueden distinguir, los que vivimos en el campo notamos la diferencia. Por eso, sentir la brisa de una tarde de invierno, era un gran regalo de la naturaleza. La puesta del sol, por encima de los árboles, mientras nos sentábamos en el batey de la casa a hablar de cualquier tema, nos hacía sentir la bendición de vivir en familia, olvidando las carencias. El batey era como llamábamos al área frente a la casa, donde las hojas insistían en caer, aunque mi madre se esmerase en mantenerlo limpio y fuésemos nosotros los encargados de hacerlo.

Tenía diez años cuando compraron el primer juego de sala. Era de tres piezas, en madera, tapizado en vinil. Eso era a lo que una familia pobre podía aspirar. Recuerdo que el día que lo trajeron no queríamos levantarnos de ellos. Estábamos apiñados, cuatro o cinco sentados en el mismo sofá. Fue un lujo al que no habíamos podido acceder hasta ese momento.

También recuerdo experiencias no tan agradables, como que mi padre tomaba licor cuando éramos pequeños. Como los sábados era el único día que, por lo general, sacaba para salir en su caballo, aprovechaba para beber. En más de una ocasión llegó borracho. Para evitar que estuviésemos en medio de alguna discusión, mi madre nos encerraba.

—Por ahí viene su padre ¡Escóndanse! —ordenaba.

—Mami, pero ¿otra vez? —preguntaba queriendo obtener respuesta.

—Sí, otra vez. Ve con tus hermanos —contestaba.

Nos escondíamos. Si mi padre comenzaba alguna discusión por cualquier motivo insignificante, nos asustábamos y abrazábamos. Si la discusión se acaloraba, nos metíamos debajo de la cama. En una ocasión, mi padre protestó por la comida y no había forma para resolver. Mi madre intentó explicarle y él, que estaba sentado en la mesa frente al plato de comida lo tomó en la mano, la amenazó con tirarlo por la ventana, y lo hizo. Aún recuerdo el ruido del plato al chocar con un árbol de china. Apreté las manos sobre mi cabeza y comencé a llorar; mis hermanos también. Fue una experiencia traumática para todos. Cuando no bebía era distinto, esperábamos ansiosos a que llegara. Traía dulces para cada uno, los sacaba de una pequeña bolsa de papel de estraza que guardaba en un bolsillo del pantalón o la camisa.

—María, Chilo, Milagros, Irma, Oscar... —llamaba a cada uno para darnos el esperado dulce que siempre era bienvenido.

16

Lo mismo hacía con la ración de comida. Cuando mi madre le servía, todos esperábamos para recibir el tan ansiado *boca'o*. Nunca estaba de más, porque no nos saciábamos con lo que nos servían. Como conocía su proceder, mi madre separaba una porción sustancial para él, aunque al final, terminaba comiendo menos que los demás.

Poco a poco fuimos mejorando nuestras condiciones de vida. Mi padre construyó otro cuarto como dormitorio y logró ampliar la pequeña casa. El piso de la cocina ya no era de tierra, sino de cemento. Las paredes y el techo eran de madera y zinc. El hacer la casa más grande nos permitió dormir menos apretujados y contar con más espacio para nuestras escasas pertenencias.

—¿Sabes? Me dijo Mingo que, si quería comprar su nevera, porque él va a comprar una nueva.

Me escondía detrás de la puerta para escuchar las conversaciones de mis padres.

—Eso sería una maravilla. ¿Imaginas tener agua fría y poder guardar algunas cosas de comer para que no se dañen? —contestó mi madre emocionada.

—Me dijo que me la vendía por cincuenta pesos —mi padre se refería a dólares—. Voy a vender algunas viandas en las próximas semanas y creo, que podremos comprarla —aseguró.

De esa forma llegó a mi casa la primera nevera. Un tesoro para nuestra familia. Disfrutamos ver cómo al depositar agua en nuestras tazas o vasos de metal, inmediatamente se ponían fríos y bajaban gotas convertidas en hilos de agua ¡Sentir las manos frías y saborear el líquido era extraordinario!

Nuestra madre comenzó a hacer *límbers* con las chinas de la finca. Esperábamos ansiosos y nos los comíamos sin estar congelados.

Al igual que en la mayoría de los hogares, teníamos un perro. Se llamaba Regalo, era el fiel guardián de mi padre. La escasez de agua no nos permitía bañar al perro con frecuencia. Siempre apestaba, por eso nunca quise tocarlo ni acariciarlo. Cuando tronaba, el perro aprovechaba si las puertas de la casa estaban abiertas y se escondía debajo de las camas. Sacarlo era un suplicio y el lugar quedaba impregnado de su hedor.

A pesar del mal olor, lo queríamos mucho. En una ocasión se desapareció por varios días y todos lo lloramos. Gracias a Dios que lo encontramos. Cuando murió, mi padre sufrió mucho, porque perdió a quien lo acompañaba en la finca. Tras su muerte lloré mucho.

Mi madre pasó gran parte de su vida embarazada. Una mujer de mediana estatura, y de unas ciento cuarenta libras, se esforzaba por cargar una barriga tras otra. Aunque mi madre estuviera embarazada, continuaba realizando las tareas del hogar. Recuerdo una ocasión en que mi madre, con una barriga como de seis meses, llevaba un latón de agua del pozo del vecino, pegado al cuadril derecho subiendo por una cuesta. A mi corta edad, me sentía impotente al ver a mi madre con las dos cargas. En el hogar, siempre estaba como una hormiga, realizando tareas desde la aurora hasta el oscurecer. Luego de cinco hijas mi madre estuvo embarazada y tuvo un varón. Otra boca que alimentar, otro espacio que conseguir en la casa, aunque todos fuimos bienvenidos.

Oscar apenas caminaba, cuando mi madre ya estaba embarazada otra vez. La recuerdo cabizbaja y triste. Imagino que por tanto embarazo no deseado. Después de los partos su actitud cambiaba. Sentíamos su amor cuando esporádicamente nos acariciaba y aconsejaba. Pienso que la realidad de la vida no le permitió disfrutar su maternidad con cada uno de sus hijos, o tal vez en su paradigma lo hizo.

Durante el 1963 cursaba el tercer grado. Adoraba ir a la escuela, a pesar de que nuestra cotidianidad era difícil. Para aquellos años, algunos sucesos marcaron mi vida: Millie, una de mis compañeritas de salón enfermó con una condición que nunca supe cuál era, pero dejó de asistir a la escuela y luego, la hospitalizaron. A pesar de que la extrañamos y oramos para que volviera, nunca regresó.

Al velorio, en casa de uno de sus tíos, llegamos algunos de sus compañeros de salón, acompañados por la maestra. A esa edad en la que todo parece ser idílico, no se piensa en la muerte. Sin embargo, mis compañeros de clase: Marilí, Vladimir, José Ramón, y otros, observamos en detalle a nuestra querida compañera dentro de un ataúd. Esa imagen perduró muchos años en mi mente, solo de adulta pude entender un poco lo que me dijeron:

—Está con papá Dios.

Años después, la madre que perdió a esa niña también enterró a otro hijo y a su esposo. ¡Una carga emocional muy pesada para unos hombros frágiles!

Recuerdo que en ocasiones antes de su enfermedad, Millie y yo, nos escapábamos durante la hora del almuerzo para escondernos debajo de los árboles en una finca aledaña a la escuela. Habíamos hecho como una casucha con palos y hojas donde pasábamos el almuerzo o cuando faltaba algún maestro. Varones y hembras compartíamos en camaradería. Nunca percibí algún gesto parecido al hostigamiento. Éramos ingenuos, sin malicia.

Otra bendición fue tener como amiga a Marilí. Ella y su familia fueron vitales para hacer llevadera mi experiencia en la escuela. Marilí vivía a poca distancia de la escuela, en una casa de dos niveles. En el nivel superior compartía la casa con sus padres, una hermana y hermano, además de una tía paterna. En la parte inferior de la casa su padre tenía una tienda en la que vendía golosinas y algunos productos de primera necesidad. Su hermana Awildaliz era muy amiga de una de mis hermanas, Milagros. Ambas cursaban el tercer grado cuando yo estaba en primero. Gracias a mi hermana pude establecer relación con Marilí, quien también estaba en mi salón.

De niña, Marilí era llenita y la cintura de su uniforme era muy ancha; era obligatorio que todos los niños utilizaran uniforme para asistir a la escuela. El nuestro era color azul marino: una falda con tabletas y dos tirantes que se cosían a la faja de la falda. Llevaba una blusa blanca de botones con mangas cortas. Mi madre cosía mi uniforme y el de mis hermanas. Éramos afortunados por tener una madre que supiera coser. Aprendió de niña, pues ayudaba a sus padres en la costura de pañuelos. Así contribuyó con el sustento del hogar.

Marilí iba a almorzar a su casa, porque vivía relativamente cerca de la escuela. Al sonar el timbre, a las doce en punto, los niños corrían hacia el comedor escolar. A algunos no les gustaba la comida, en especial la leche, que era preparada con agua de cisterna y un polvo blanco. Los pobres soportaban la vigilancia de los maestros hasta que se intoxicaban del blanco líquido, que era cuando se les permitía abandonar el comedor. Tan pronto salían, la leche era expulsada como si se abriese una pluma. De esa experiencia tampoco pude escapar. Cuando me escapaba era porque Marilí me invitaba a su casa.

Como parte de sus tareas, Marilí debía ayudar a su padre en la tienda, en lo que su madre preparaba el almuerzo. Anhelaba que me invitaran a ayudarles. Me lo tomaba en serio y era muy honesta. Cada vez que un niño pagaba un dulce, bizcocho o *límber*, entregaba el dinero a Marilí o a su padre. Me tenían confianza. La honestidad fue el gran regalo de mis padres, quienes me enseñaron que es un valor con el que debes vivir. No es conveniencia. Cuando terminaba de ayudarles con las ventas, su papá me pagaba con un *límber*, hecho de una mezcla única de jugo de china con piña y alguna otra cosa. ¡Me encantaba! En otras ocasiones me invitaba a que tomara algún bizcocho, el que más deseara; uno redondo con jalea de guayaba en el centro era mi preferido. Un lujo que solo yo podía darme, gracias al corazón generoso de don Franco, el padre de Marilí.

En ocasiones, me distraía al sonar el timbre y Marilí se iba sin mí. Caminaba sola y me paraba en el primer escalón de la escalera de acceso a la planta alta de la casa. Permanecía allí durante la hora del almuerzo. Por lo general, don Francisco me invitaba a ayudarle en la tienda. Hubo ocasiones que, por lo ocupado que estaba, no me vio. Pero igual, permanecía allí, hasta que doña Awilda me llamaba para darme almuerzo: arroz blanco con huevo frito.

—María, sube para que almuerces —esperaba con ansiedad su llamado.

Subía a toda prisa la escalera, cruzaba el balcón y luego la sala, que estaba dividida por un mediopunto (parecido a una credencia), donde guardaban la vajilla y otros utensilios de cocina. Detrás del mediopunto, estaba el comedor. Me sentaba con cuidado, y comía a toda prisa. En más de una ocasión me quemé la lengua, porque estaba caliente y era tarde.

Recuerdo una escalera muy ancha con un descanso antes de llegar a los dos escalones que daban acceso al balcón. Cuarenta años más tarde, fui a visitar a los nuevos dueños de la propiedad. Sentí tristeza al ver que la enorme escalera se había encogido, era pequeña y angosta.

Corría el año de 1972 cuando mi padre, por fin, saldó la cuenta al gobierno y la finca se convirtió en su propiedad. Estaba orgulloso por tenerla. Era como un milagro en su vida.

Para esos años ya todos en la casa participábamos en ese esfuerzo familiar. Mi hermano mayor colaboraba con mi padre en la finca. Lo poco que recuerdo de mi hermano a esa edad era su delgadez en un cuerpo muy alto, el cabello voluminoso oscuro y por lo general muy serio. Impartía respeto y temor.

Alfredo había abandonado la escuela al concluir el noveno grado, porque sus notas eran deficientes. Cuando ocurrió mi padre fue a la escuela, que quedaba como a tres kilómetros de la casa, habló con los maestros y les dijo que mi hermano no regresaría el año próximo por sus malas notas y que, además, él necesitaba ayuda en la finca. Para esa época no era compulsorio asistir a la escuela. Fue así como mi hermano se convirtió en un adulto al contribuir con su trabajo al sustento del hogar. A ninguno se le ocurrió analizar si su bajo aprovechamiento académico era por problemas de aprendizaje o por el cansancio de trabajar en la finca.

Mi padre sembraba chinas (naranjas en otros lugares), guineos, yautía, café y otros frutos menores. Todo se cosechaba en pequeñas cantidades. Lo escarpado del terreno no permitía ampliar la producción. En ocasiones, sembró habichuelas y maíz, pero para consumo familiar.

En la finca también se sembró café. Tengo emociones encontradas con este recuerdo, pues desde que cumplí seis años, mi madre, durante los sábados y domingos, nos levantaba a las seis y media de la mañana para recoger café. No me gustaba. Prefería ir a la escuela, aunque tuviera que caminar tres kilómetros de ida y de vuelta. Madrugar durante los fines de semana para ir a la finca era un suplicio. Debía vestir con camisa de mangas largas. Usaba las que mi padre descartaba, que me quedaban como traje. Llevaba los pantalones largos de alguno de mis hermanos y un turbante hecho con un retazo de tela, de alguna pieza de vestir en desuso. Esa transformación permitía que me protegiera de los insectos del monte, aún no existían los repelentes para insectos.

Si había llovido la noche anterior, al tratar de doblar un arbusto de café, recibía la lluvia acumulada en el tallo y las hojas. En segundos quedaba empapada. Si me picaba algún *abayarde*, pequeños insectos parecidos a las hormigas, pasaba el día rascándome el cuerpo. Cuando el cansancio agobiaba, nos sentábamos debajo de los árboles a jugar con las hojas y con los granos de café. Mi padre nos regañaba.

—¿Qué pasa aquí? ¿No los veo recogiendo café? Es tiempo de trabajar, no de jugar.

Para nosotros era el mejor tiempo para jugar y compartir como hermanos.

Cuando llegaba el momento del empaque y carga del café recogido, usábamos una canasta de un tamaño apropiado para cada cual. No había dinero suficiente para comprar canastas para cada uno. Se usaba lo que teníamos a mano. Mi canasta era una lata de algún producto, a

23

la que se le hacía dos perforaciones a los lados en las que se colocaba una tira de tela resistente, por lo general, de un pantalón en desuso. Grano a grano se llenaba el envase con el preciado grano. Como solía decir mi madre: "grano a grano la gallina se llena el buche".

El café recogido se colocaba en pequeños sacos. Para facilitar el trabajo, cada uno de mis hermanos tenía un saco en el cual depositaría el café. Yo era muy ágil en el recogido del grano maduro, casi llenaba mi saco. Olvidaba que después debía cargarlo por un área empinada y resbaladiza. En alguna ocasión caí camino abajo derramando el contenido del saco. Si el contenido estaba desparramado por la superficie empinada, debía recogerse grano a grano.

Gracias al esmero que ponía para que el saco quedara bien amarrado, en muy pocas ocasiones su contenido fue a parar al Camino de las seis. Luego de lo que parecía una tragedia, restaba mirar al cielo y pedir clemencia al Altísimo para volver con el proceso de echarme a los hombros el saco. Los que venían detrás no podían ayudarme, porque ellos tenían sobre sus hombros los respectivos sacos. Si encontraba un corte en el camino que semejara una barranca, empujaba el saco hacia arriba y, cuando estaba a una altura de aproximadamente tres pies, me doblaba y lo ponía sobre la espalda. Trataba de hacer balance y continuaba con la vista fija en el camino, para no atormentarme por lo que faltaba por recorrer.

Cuando la suerte me acompañaba, con la lengua de dos kilómetros, llegaba a la casa con el saco a cuestas. Sentía un gran alivio al depositar el saco en la escalera de la casilla. En otras ocasiones, si mi padre llegaba primero a la meta, me socorría. Sin embargo, el trabajo no terminaba ahí. Durante la tarde, luego del almuerzo, teníamos que regresar a la finca para repetir el ritual. Cuando terminaba la cosecha, ocupábamos las tardes trillando el café, o sea, separando los granos verdes de los maduros, pues se recolectaban todos los granos que quedaban en los árboles. Los granos maduros se molían en la pequeña máquina despulpadora, y los verdes se recogían en unos toldos que se colocaban al sol hasta que el grano estaba seco. El proceso podía durar casi dos semanas.

Era una buena ocasión para compartir en familia. No faltaban las anécdotas, las tiradas de granos de café que molestaban a todos, pero que disfrutamos y aún recordamos.

Cuando se acercaba la lluvia mi padre siempre me llamaba para que lo ayudara a recoger:

—Necesito que vengas rápido pa' subir al techo de la casa porque va a llover —gritaba.

El corazón se me ponía chiquitito, porque eso representaba subir por una escalera de madera hasta el techo de zinc. El café se secaba en toldos sobre el glacis; pero si, era mucho, no cabía y se colocaba en el techo de la casa.

—Avanza, yo te aguanto la escalera —ordenaba mi padre.

—Me da mucho miedo.

—No mires pa' abajo, solo sube cada escalón.

Agradecía a Dios al llegar a la meta. Luego, tenía que ayudar a recoger los extremos de cada toldo para que mi padre los amarrara bien, pues al próximo día había que volver a subirlos. Sentía terror cuando mi padre se paraba al borde del abismo y me permitía pararme en el lado contrario en el techo. Después, lo ayudaba a colocar cada toldo lleno de granos sobre su cabeza.

—Te quedas quietecita en ese sitio hasta que yo vuelva a subir —me indicaba. Luego, bajaba poco a poco la escalera. Una hazaña increíble.

Permanecía inmóvil mientras esperaba a que mi padre regresara a recoger lo que faltaba. Me sentía aliviada cuando bajaba el último en su cabeza y me pedía que esperara para bajar. Una vez colocaba el último, en la casilla, volvía a sujetar la escalera para que yo bajara. Una verdadera odisea para una niña que, a lo mejor, tendría nueve años.

Cuando pasaba la época de cosechar el café, la vida de niños era un poco más llevadera. Teníamos más tiempo para dormir y jugar durante los fines de semana.

Tenía una amiga, Miní, hija de los dueños de la finca donde vivía mi padre de arrimado, antes de comprar la finca del gobierno. Ella vivía en una pequeña casa de cemento, la única de ese material en todo el barrio. Su abuela, doña María, era la madrina de casi todos los niños de la comunidad. Por supuesto, también la mía. Miní era como mi hermana. Jugábamos mucho, y sus padres la dejaban ir a mi casa para compartir, aunque éramos muy pobres. Yo pasaba más tiempo en su casa que ella en la mía.

El recuerdo más remoto que tengo de la niñez en su casa me ubica cerca del glacis y de una cisterna donde se recogía el agua de lluvia. Llevaba un trajecito fruncido en la cintura, cosido por mi madre, y en pésimo estado por el uso. El traje se había descosido por la cintura y mi mamá le había puesto un imperdible para cerrar el roto. Ese recuerdo triste me llega cada vez que veo niños en necesidad.

Miní compartía sus juguetes conmigo, al igual que la comida. Sus padres tenían un poder adquisitivo superior a los míos, ya que su papá era dueño de una finca próspera y grande. Su mamá trabajaba como maestra en una pequeña escuela del barrio. Casi siempre cuando Miní regresaba temprano de la escuela, si no había llovido o durante los fines de semana, subía la cuesta que me llevaba a su casa. Jugábamos toda la tarde. En ocasiones, oscurecía y, aunque sabía debía regresar pronto a mi casa para que mis padres no se enojaran, esperaba en casa de Miní hasta que servían la cena. Me quedaba porque allí podía comer cosas que en mi casa no había, como carne. Siempre agradeceré que la familia de Miní nunca discriminó conmigo. Aunque llevara ropa desvencijada, me sentaban a la mesa con ellos. Esa inclusión nos permitió mantener una relación de amistad y aprecio, de por vida.

Cuando llegaba el momento de regresar a mi casa ya estaba muy oscuro. El camino era una vereda que se ponía "como boca de lobo". Me paraba al comienzo del sendero, me encomendaba a papito Dios para que me cuidara y comenzaba a correr. ¡Ni el mismísimo cuco habría podido alcanzarme! Al llegar al batey de mi casa, mi madre enojada estaba esperándome. Permanecía callada y cabizbaja durante todo el regaño. La recompensa de una buena comida en casa de Miní bastaba para pagar ese mal rato, "barriga llena, corazón contento".

Mi madrina María, la abuela de Miní, la chantajeaba. Le decía que si se comía toda la comida la dejaría ir a jugar conmigo a mi casa. Era delgadita, porque casi no comía. Para que le permitieran ir a mi casa a jugar, velábamos a que madrina se fuera a la cocina y, cucharada a cucharada, Miní ponía su comida en mi plato. ¡Me comía toda su comida! Mi pequeño estómago estaba disponible para comenzar una nueva digestión. En algunas ocasiones, su abuela me reprendía por comerle la comida. Para mí era un buen negocio, ella podía ir a jugar conmigo mientras yo me alimentaba. Cosas de niños que mi adultez se niega a olvidar. Gracias a esa familia, mi niñez no fue tan desolada ni triste.

El Día de Reyes era uno muy especial. Estrenaba algún trajecito diseñado y cosido por mi mamá; ese ritual se seguía, aunque no fuésemos a salir de la casa. Para mí, visitar la casa de madrina María era toda una expectativa. Subía a su casa junto a algunos de mis hermanitos menores. Nos obsequiaba con algunas monedas y dulces, que apreciábamos mucho. Siempre tuvo un buen corazón para ayudar a mi familia en tiempos difíciles.

Otro acontecimiento familiar era el Día de la Candelaria. Pasábamos dos días recogiendo hojas de guineo para hacer una pila, la cual se encendía el dos de febrero. Desde la esquina del glacis se divisaban las fogatas que hacían las personas que vivían a lo lejos, en las montañas. Cuando llegaba el momento de encender la nuestra, mi padre daba las instrucciones:

—No quiero que se acerquen mucho al fuego. Se pueden quemar. Cada uno echará una rama a la hoguera. Cuando el fuego esté bastante alto, comienzan a gritar:

—¡Candelaria, vieja de las patas largas! ¡Candelaria, vieja de las patas largas! —gritábamos con fuerza y saltábamos.

Ni siquiera sabíamos que esa era la fiesta de Nuestra Señora de la Candelaria. Era una gran algarabía. Mi padre nos miraba con asombro y ternura, lucía feliz.

Hoy, al recordarlo pienso en lo poco que necesitábamos para ser felices.

Para la época en que crecía, en Puerto Rico existía la llamada PRRA, una ayuda federal para las familias pobres. Debido a su familiaridad con la PRERA (Puerto Rico *Emergency Relief Administration*), agencia que precedió a la PRRA (Puerto Rico *Reconstruction Administration*), todos le siguieron llamando PRERA. Ese beneficio surgió como una legislación del presidente de los Estados Unidos de América, Franklin D. Roosevelt. Mi familia cualificaba para recibir la ayuda: queso, leche en polvo, carnes enlatadas, arroz, y otros productos de primera necesidad. Esperábamos con ansias la PRERA, especialmente el queso, riquísimo con galletas. Esta compra, aunque pequeña, aportaba para el sustento de mi numerosa familia. Una vez al año, a través de la PRRA, también recibíamos zapatillas de plástico para ir a la escuela. Recuerdo que nos maltrataban los pies hasta que se estiraban un poco.

En mi proceso de no adjudicar culpas puedo interpretar mis memorias con mayor compasión y empatía. Mi madre, con tantos hijos y limitaciones, en ocasiones, no teníamos suficiente para comer. Para esa época éramos once: ocho hijos, mi abuela paterna y mis padres. Si una o dos gallinas ponían huevos, no era común consumirlos en el hogar. Mi madre enviaba a uno de nosotros, sus hijos, para canjear los huevos por arroz, bacalao, habichuelas o manteca, ya que no había dinero para comprar esos comestibles cuando llegaba el final del mes.

—María, lleva estos tres huevos donde la comay María, dile que me los cambie por habichuelas, pero no tardes, porque es casi hora de cocinar —decía mi madre con aplomo.

Cogía los huevos que estaban en una bolsita de papel estraza, y como si fueran un santo, los llevaba donde mi madrina para intercambiarlos. Si un tropiezo me hacía

29

perder el balance y caer a tierra, ¡pobre de mí si se rompían los huevos! En otras ocasiones, mi madre canjeaba parte del queso de PRRA, por arroz, bacalao, o alguna otra cosa. Hoy puedo ver los dos lados de esta historia; mi familia intercambiando los productos necesarios para consumir, y mi madrina, colaborando con nosotros. Mi padre trabajaba de sol a sol para llevar el sustento al hogar. Nunca nos acostamos sin comer, aunque las porciones eran limitadas.

Mi abuela materna, quien vivía en el pueblo de Mayagüez con mi tía Dorada, nos visitaba de vez en cuando. Dorada era una joven muy elegante. Trabajaba en una fábrica de atún, vestida de blanco y de pie, durante todo el día. Cuando la vi por primera vez pensé que era enfermera. Se quejaba porque al salir de trabajar llevaba el olor a atún impregnado a la piel. Se sentía por todas partes. Era difícil quitar el hedor de su cuerpo.

La tía Dorada tenía un esposo muy guapo. Trabajaba como chofer de automóvil público de Mayagüez a San Juan. Una noche se quedó dormido mientras guiaba y tuvo un accidente fatal. Mi tía, con apenas veintiocho años, quedó viuda con un niño. Una verdadera tragedia para toda la familia.

En casa muchos le temíamos a Rita, mi abuela materna, sobre todo cuando llegaba sin avisar para quedarse algunas semanas. Pues eso suponía dormir más apiñados que de costumbre, y compartir las pequeñas raciones de comida. Lo más difícil de aguantar era que mi abuela nos tenía derechitos y sin descanso. Era nuestra responsabilidad mantener llenas las vasijas de agua. Como para esa época no había agua potable, teníamos que ir a casa de don Mingo y madrina María para recogerla en cubos. Para llegar hasta su casa, había que subir una cuesta muy larga y luego regresar con los envases llenos. Complicado para una niña; subir y bajar con envases. Muchas veces caí, cuesta abajo.

Alguna vez comentaba con mi hermana Connie:

—¿Por qué tuvo que venir abuela Rita?

—Nadie la llamó —decía Connie.

—Ojalá y se vaya rápido, no la aguanto. Siempre está con el moño trepa'o. Cree que somos esclavos, —murmuré—. Ojalá se muera —me aventuré a decir.

Perdón, Señor por ese pensamiento en medio de una niñez tan difícil.

Mi madre siempre contaba que, en una ocasión, mi abuela Rita fue a visitarnos con Papo, el hijo de mi tía Dorada. Mi madre mató una gallina para preparar la comida. Como éramos muchos, se dificultaba el que a cada uno le tocara un pedacito de pollo. Por eso, cuando se acercó donde nosotros, mi primo y yo, que estábamos sentados en el piso, tuvimos esta conversación.

—¿Qué te tocó a ti? —preguntó Papo.

—Me tocó el ala —respondí resignada.

—A mí me tocó una pierna —comentó Papo, refiriéndose a la pata de gallina que le había tocado.

Mi madre soltó una carcajada, al escuchar la ocurrencia. En esos tiempos no había espacio para protestar y menos exigir.

Recuerdo el huerto que con mucho amor cultivaba mi madre con las semillas de algunas hortalizas que llegaban a sus manos. Sembraba tomates, pimientos, berenjenas, orégano y culantro, en un pequeño predio de terreno rectangular, empinado y cercado con tres líneas de alambre de púas.

Como tenía unos seis o siete años, no podía entrar al huerto, porque el alambre lo impedía. Mi madre era muy celosa con su cosecha, por eso prohibía que entraran al huerto. Solo ella podía recoger las verduras cuando estaban listas para su consumo.

—Mami, mira qué lindo el tomate que recogí en el huerto. —Irma mostraba el tomate como si fuese un trofeo.

—¿Sabes lo que les tengo dicho sobre entrar al huerto y recoger tomates? —Irma sabía lo que le esperaba.

Mi madre se acercó y le exprimió el tomate encima.

—Esto es para que respetes.

A pesar de lo triste de la experiencia, a partir de ese día nadie, que no fuese ella, volvió a entrar al huerto a recoger verduras. Años más tarde, aún compartíamos la anécdota en las reuniones familiares. Mi madre se arrepentía por su proceder, mientras Irma, se lo disfrutaba. Hacíamos una fiesta con la historia desafortunada. Gracias al cielo que nos permitió superar las dificultades del entorno en el cual crecimos.

Asistir a la escuela no era solo caminar largas distancias, sino soportar las limitaciones de materiales de aprendizaje. Además, en muchas ocasiones, la naturaleza nos exigió regresar a casa bajo el sol o la lluvia. La mayor parte de las veces, regresábamos sin haber comido durante todo el día. Luego, debíamos caminar otro largo trecho para llenar de agua las vasijas. Sin olvidar, las tareas que nos correspondía hacer en la finca durante la cosecha del café. Vivimos en situación difícil. Me sostuve con la ilusión de que algún día todo sería distinto.

2

Consciencia de vida

Despertar poco a poco a la vida, crear consciencia de quién eres y qué te puede esperar a medida que el Señor te permite vivir, duele; porque crecer es un proceso de alegría y sufrimiento; más aún si tu entorno es hostil.

En el año 1968 llegué a la escuela intermedia, luego de completar los grados primarios. Como estábamos en el campo, ese nivel lo cursamos en la misma escuela en que estudié mis primeros seis años. Para la graduación de sexto grado, no utilicé toga, sino un traje cosido por mi madre. Se utilizó la misma tela y modelo para todas las niñas. Los niños utilizaron un pantalón negro con una camisa blanca. ¡Jamás olvidaré ese día! No me gustaba para nada mi traje, pero eso era lo que habían acordado los padres.

Después de comprar la tela para el vestido, mami me llevó a cortar el cabello porque estaba muy largo. Cuando mi padre me vio salir del salón de belleza por poco infarta.

—Nena, ¿qué te pasó? No puedo creer que te hayas cortado to' el pelo. Pareces un macho —gritó mi padre, mientras buscaba con los ojos la aprobación de mi madre, quien bajó la vista ante el comentario.

—¡Toda! —como llamaba a mi madre—. ¿Cómo es posible que hayas permitido que le hagan eso a esa nena?

Mi madre guardó silencio.

Asustada, pensé que mi padre me agarraría por el pelo y me daría una pela. Luego caí en cuenta que no tenía pelo.

Mi madre, con la vista fija en el piso, dijo:

—El pelo crece. No hay nada más por hacer.

El día de la graduación me levanté muy temprano. Mi madre me acompañaría al igual que una de mis hermanas. Estaba muy emocionada al ponerme ropa nueva y estrenar zapatos. Mi madre me miraba muy orgullosa de su pequeña hija. Estoy segura de que lo estaba. No recuerdo haberlo escuchado de sus labios, pero lo sentía. Caminamos los tres kilómetros hacia la escuela. Llegamos sudadas. Los invitados subieron al auditorio mientras los graduandos formábamos la fila en el patio para la procesión de entrada.

Recuerdo lo emocionada que estaba al subir al escenario del salón de actos de la escuela. Recibiría la primera medalla por aprovechamiento académico.

Ese día fue muy significativo, además recuerdo que extrañé a mi padre. Ir a la graduación era un lujo que no podía darse. Recibí una medalla por notas excelentes que aún conservo con nostalgia. Para esa época no existía el derroche de medallas por materia de la actualidad. Tal vez, por eso, la valoro más que las recibidas en los siguientes años.

Me enfrentaría a nuevos desafíos. El más grande, completar la escuela intermedia en medio de otros retos académicos y sociales. Aún no sabía si podría lograrlo.

A los doce años inicié el séptimo grado. La situación económica en mi casa había mejorado un poco. Mi tía Mercedes, hermana de mi padre que se había ido para New York en la guagua aérea durante los años cincuenta, era un ángel para la familia. Ella nos enviaba paquetes con artículos de primera necesidad, era un privilegio. En una ocasión, para Navidad, que recibimos uno, esperamos que don Mingo trajera la correspondencia, pues no teníamos casilla de correo y él, nos permitía recibirla en el suyo. Cuando llegó el paquete, parecíamos ratones encima de la presa, tratando de ver lo que iba sacando mi hermano mayor, Alfredo.

Fue la primera vez que tuve un traje que no fuese cosido por mi madre y una sortija. Gracias a la tía, mis hermanas y yo, tuvimos la primera prenda de oro. En esa ocasión también recibí un peluche. El pobre peluche pasó de mano en mano, hasta que mi hermano liberó otro de la caja. Si mi mente no me falla, había otros cinco dentro de la caja que envió la tía. Fue un sueño hecho realidad tener juguete, sortija, un traje para mí y mis hermanas. Esa Navidad fue maravillosa. Observaba a mi madre y a mi padre disfrutar esos gratos momentos.

Algo que también nos causaba alegría era escuchar la música de la guagua de helados. Era todo un sobresalto en la casa, intentábamos conseguir algunos centavos para comprar y compartir. No había suficiente dinero para que cada uno disfrutara de un helado en vasito de cartón. Los dividíamos por la mitad y esperábamos que cada cual comiera su porción.

Hubo ocasiones en que sentimos el sonido de la guagua de helados y corrimos cuesta arriba hasta llegar al Camino Real, frente a la casa de don Mingo. Con la lengua de tres kilómetros y el corazón en la boca, llegábamos a esperar. En ocasiones, no llegamos a tiempo y en otras, nunca llegó. Llorábamos y seguíamos en espera por horas para ver si teníamos suerte. No se vendían en la tienda a la que teníamos acceso, pero tampoco había dinero para el lujo. Cuando crecimos tuvimos el privilegio de saborear un vasito completo de helado.

Prepararse para el primer día de clases, estrenar el uniforme que había utilizado mi hermana Connie, por varios años y llevar libretas nuevas me daba felicidad. No recuerdo haber tenido bulto. Colocaba las libretas y lápices en bolsas reusables de plástico grueso para que no se dañaran ni se mojaran cuando llovía. Sabíamos que si perdíamos las libretas no habría dinero para reponerlas.

Llegar a la casa durante las tardes y preparar el baño requería de un protocolo. El pequeño lugar para bañarse estaba debajo de la casa. El acceso era por el lado derecho o por el izquierdo al salir de la cocina. Como no había calentador de agua, se utilizaba una pequeña estufa de gas para calentar el agua en un recipiente.

—Nena, recuerda poner agua fría en el balde antes de echar el agua hirviendo. No quiero que te vayas a quemar —comentaba mi madre.

—Sí, lo sé, siempre lo dices —contestaba molesta.

Un día que tenía prisa por bañarme porque iba a oscurecer y temía subir del baño en tinieblas, deposité el agua caliente en el balde, lo tomé con mi mano derecha y con la otra, sujetaba la ropa y la toalla. Levanté el pie para bajar el escalón que me llevaría fuera de la cocina, pero me percaté que todo estaba mojado por la lluvia.

Mi madre me dio una sombrilla que abrí como pude, miré con sigilo el pequeño trayecto de cemento que me esperaba y pensé que podía resbalar. Continué mi camino sin hacer caso a la advertencia de mi yo interior. Algunos pasos después, resbalé y mi ropa cayó a varios pies de distancia junto con la sombrilla. Sentí un intenso dolor en el brazo derecho y me di cuenta que, al resbalar, metí el brazo dentro del balde.

El accidente fue una tragedia. Mi madre trató con ungüentos y remedios para sanarme. Sufrí por días.

Mis hermanos atónitos miraban lo que hacía mi madre. Otros, me pasaban la mano por la cara y la cabeza para consolarme.

Mi padre advirtió que de no mejorar me llevaría al hospital el próximo día.

Mi madre ni yo dormimos, ella por la preocupación y yo, por el dolor. Aunque la quemadura era severa, en mi ignorancia, pensaba con alegría que al día siguiente me llevarían al pueblo. Era la novedad que calmaba un poco mi dolor. Al día siguiente mi brazo estaba rojo e hinchado. Mi madre me puso un trajecito, de los pocos que tenía, para que mi padre me llevara al hospital. Subimos caminando hasta casa de don Mingo, quien nos transportó hasta el hospital. De regreso, volvimos en automóvil público. Pasaron meses antes que me recuperara, aunque solo falté a la escuela por una semana. Con esa experiencia aprendí a escuchar mi voz interior y a los que me quieren.

La adolescencia llegó en la escuela intermedia y con ella comenzar a ver a los compañeros de clase de otra manera. Había un jovencito, Esteban, a quien le tenía cierta aversión porque se decía que, en una discusión, su padre accidentalmente había lastimado a un hermano. Le sacaba el cuerpo, pero siempre trataba de hablar conmigo. Con el tiempo, la aversión se convirtió en atención y llegó el momento en que siempre quería estar hablando con él. Mis padres se enteraron de que hablábamos y me confrontaron inesperadamente.

—Hemos oído que parece que tienes un amiguito en la escuela. Recuerda que en esta casa la que se enamore tiene que dejar la escuela.

—Eso no es cierto. Solo estoy en la escuela para estudiar —respondí con miedo, sabiendo que mentía.

Las palabras de mi padre taladraron mi corazón. Era una niña con notas excelentes a pesar de que en mi casa no había un libro, un periódico, ni unos padres instruidos para ayudarme con las tareas. Sentí un peso enorme sobre mi cabeza y el corazón parecía estallar. Había desarrollado mucho interés por ese jovencito, pero no quería jamás dejar la escuela. La escuela era el refugio, mi única arma para poder salir de la pobreza en que había nacido.

Además, de los diez hermanos, solo tres apenas terminaron la escuela intermedia. Mi hermana Irma, inició la escuela superior con ansias de completarla y estudiar para maestra. De pequeña demostró su vocación. Cortaba palitos de los árboles, los recostaba sobre la barranca del batey y les daba clases, eran sus discípulos. Más tarde tuvo una escuelita en la planta alta de la pequeña casilla donde se preparaba y despulpaba el café. Cuando terminaba la cosecha, Irma preparaba su escuela. Daba gusto ver los dibujos pegados en las paredes. Dibujos preparados por ella y por sus alumnos; los hermanos más pequeños. También conseguía dibujos en libros o catálogos viejos que les regalaban sus amigas en la escuela. Tenía vocación innata para enseñar y controlarnos. Su salón de clases era una verdadera experiencia donde aprendimos contenido y sentido de unidad.

Me tocó sobrellevar la adolescencia con la incertidumbre de que me gustaba un chico, pero tenía el compromiso de estudiar. Me preguntaba, ¿por qué no había alternativas más reales?

Mi carta de salvación era, por lo menos, terminar la escuela superior. Para esos años, Marilí era mi confidente. Ella también tenía un enamorado, un joven que vivía cerca de su casa. Su padre era tan estricto como el mío y eso la inquietaba.

La escuela era mi mayor escape. Cuando no había clases o, por alguna razón, nos enviaban temprano a las casas, lo detestaba. Pues, aunque no deseaba irme de la escuela, tenía que hacerlo. Si mis padres sabían que me quedaba, aun sin clases, tendría un problema; porque respetaba a mis padres, pero, sobre todo, les tenía miedo. No sabía cómo manejar esa primera ilusión de la adolescencia.

En séptimo grado, una vez terminó la recolección de la cosecha de café de ese año, mi papá hizo malabares para comprar un televisor, pues para ver televisión íbamos a casa de don Mingo y pasábamos horas allá. Eso no agradaba a mis padres, no querían que molestáramos a los vecinos.

Cuando llegaban los días de ir al pueblo de San Sebastián durante las navidades nos poníamos ansiosos. La mayor parte de las compras las hacían en una tienda que vendía toda clase de misceláneas, llamada Tienda La Magdalena. Su propietario era un señor a quien mi padre apreciaba, por la confianza que le había dado y, porque, le permitía comprar a crédito.

Una vez mi madre tomó una tira de tela y midió los pies de cada uno de los hijos, para comprar el tamaño exacto de zapato. Para ese entonces no se compraban los zapatos por número o talla, sino por la medida. Entre las expectativas de ese viaje estaba comprar un televisor en una mueblería que les habían recomendado.

Mi padre quería saber si le fiarían un televisor de consola en blanco y negro, la tecnología de vanguardia, que costaba aproximadamente trescientos dólares. Como solo contaba con setenta y cinco dólares, aspiraba poder ofrecerlos como pronto y poder pagarlo a plazos.

Pasamos el día en espera de que nuestro padre regresara. Deseosos de saber si había comprado el televisor. Mis padres regresaron como a las cinco de la tarde. El chófer que los trajo los dejó en el Camino Real y mi papá, con la ayuda de mis hermanas, bajaron las cajas por la cuesta y las colocaron en la puerta de entrada. Se abrirían luego de que mi madre preparara la comida. Cuando abrieron las cajas y nos dieron lo que correspondía a cada uno, se volvió una algarabía, todos hablaban al mismo tiempo. Mis padres nos miraban entusiasmados al vernos felices. Para esa época ya mis hermanos Wilfredo y Blanca se habían casado, mientras que José (Pito) aún no nacía.

Aquel día, entre los artículos que compraron había dos cortes de tela para mí, que mi madre convertiría en trajes. Uno de ellos era muy feo; mis zapatos también. Comencé a pelear y a gritar porque no los quería. Mis padres ni se inmutaron. Al tiempo mi madre cosió el traje, llegó a ser el más preciado. Ahora lamento el mal rato que les causé, "hacían de tripas corazones" para cubrir nuestras necesidades.

A pesar de que entregaron todo lo que trajeron, no mencionaban el televisor. Nos entristecimos porque sabíamos que, si no lo habían comprado, tendríamos que esperar al año siguiente. Alguien se atrevió a preguntar.

—¿Y el televisor?

—Lo traen dentro de dos o tres días. No podían entregarlo hoy —dijo mi padre mientras observaba la reacción de todos.

—Síííí —grité emocionada. Mis hermanos, emocionados, se unieron al grito.

Los próximos días fueron de gran tensión. Esperábamos con ansias al nuevo integrante de la familia; el televisor. El día de la entrega salimos de la escuela entusiasmados. Al llegar a casa de don Mingo, bajamos la cuesta y corrimos con los libros agarrados dentro de la bolsa de plástico que servía de bulto. Durante la carrera me caí al tropezar con el desagüe del terreno.

Mi bolsa con los libros fue a parar a varios pies de distancia. No recuerdo lo que pasó con mis otros hermanos, ya habían volado de mi vista. Me levanté, "más rápido que ligero", recogí la bolsa, los lápices que se salieron y continué corriendo. Mi prioridad era llegar a casa y ver el televisor en la sala.

Con el mismo ímpetu subí a la sala, no me detuve en el portal; la puerta permanecía abierta y no había balcón. Al entrar me sorprendí al ver el mueble del televisor. Una caja con pantalla que en la parte inferior tenía lo que parecía ser bocinas incrustadas y cuatro patitas largas. Era hermoso. Estaba apagado.

Mi madre al verme, gritó:

—Pero ¿qué te pasó, nena?

Por la emoción no me había dado cuenta de que un chorro de sangre brotado de la rodilla se deslizaba pierna abajo hasta encontrar en la media un lugar donde refugiarse. Mami se acercó, levantó la falda y observó el golpe.

No sentía dolor, tampoco miedo a la sangre. La emoción de un televisor era suficiente estímulo para opacar los otros sentidos. Me llevó a la cocina, limpió la herida con un paño, pero solo quería regresar a la sala para mirar el televisor, aunque estaba apagado.

Durante la noche, luego de la cena, nos sentamos en la sala. Algunos en sillas, otros en los muebles, pero la mayoría prefirió el piso para estar más cerca del invitado. Estuvimos atentos al programa que uno de los mayores seleccionó. No importó el que fuera, lo novedoso era el televisor. Se podían ver tres canales, pues vivíamos en un sitio donde, a pesar de haber colocado una antena, no había buena la señal. Una de mis hermanas mayores era quien tenía el control para cambiar los canales. Tenía que levantarse y mover la perilla que indicaba los canales. Todo era manual.

Aquel televisor fue el amigo inseparable de la familia durante muchos años. También fue lo que nos mantuvo unidos. Cada noche veíamos y disfrutábamos del mismo programa. Acordábamos qué programas veríamos y en qué secuencia, así todos quedábamos complacidos. No todo era tan simple, hubo ocasiones en que no llegamos a acuerdos y terminamos peleando. Los golpes y halones de pelo decidían lo que se veía o el grito de alguno de nuestros padres que aseguraban que, si no nos poníamos de acuerdo, apagarían el televisor.

Estas vivencias se sumaron a muchas otras en las cuales aprendimos a renunciar al yo y al hedonismo, para tener como consigna que el nosotros era lo más importante dentro del núcleo familiar.

Mientras cursaba el octavo grado se pusieron de moda las botas cortas, unas que llegaban hasta más arriba del tobillo. Con los chavitos que iba consiguiendo logré que la mamá de Miní me comprara unas en Mayagüez, donde había tiendas grandes. Me las ponía con *pantyhose* blancas, de esas que no se veía la piel. Sobre esas me ponía otras de tipo bermudas. Era mi moda preferida. Me entristecía cada vez que se rompían las botas, porque eran de mala calidad, aunque solo las usaba los viernes. Llegué a tener dos pares de esas botas. Fueron mis zapatos preferidos.

Estar en escuela intermedia te hacía ver como alguien importante. En aquel plantel había muchos niños de escuela elemental. Tengo vagos recuerdos del séptimo, octavo y noveno grado. Creo que no hubo grandes acontecimientos. La mayor parte de mi vida giraba en torno a la escuela, el trabajo en la casa, en la finca y a mi ansiedad para que mis padres no supieran de mi querido amigo. Este no dejaba espacio para hacerme la vida de cuadritos, porque creaba celos con otras chicas en la escuela.

Tener un enamorado hacía que lucieras maduro. Todas las chicas de mi edad tenían alguno. La mayoría eran amores platónicos. A lo más a que se podía aspirar era a un beso robado en la mejilla. En mi caso, siempre tuve reservas de que me tocaran, aunque fuera la mano.

Como la escuela ni los padres educaban sobre la sexualidad, llegué a creer que por el simple hecho de que me tocaran en alguna parte del cuerpo podría quedar embarazada. La falta de información era un problema.

En la actualidad, el exceso de información es el problema. En la escuela intermedia no hubo un solo embarazo y en la superior solo recuerdo uno, aunque éramos muchos estudiantes.

Gracias a aquel enamorado mis vacaciones durante las navidades y verano eran eternas. Añoraba el inicio de clases para volver a verlo. Mientras estábamos en receso nos comunicábamos por carta. Una amiga se la pasaba a otra, quien la hacía llegar a su destinatario. A pesar de que en esa época y siendo una niña creía que mis sentimientos eran fijos, me acompañaba la incertidumbre de que él no era la persona correcta para mí. Surgía la interrogante sobre cómo dejarlo, pero en mi paradigma de ese momento, no era una alternativa.

Mi hermanita Ana, quien tuvo la suerte de nacer cuando yo tenía nueve años, se benefició de estudiar *kindergarten*. Para aquella época se iniciaba ese ofrecimiento para desarrollar destrezas básicas en los niños de cinco años, antes de comenzar el primer grado de escuela elemental. Jamás olvidaré la actividad de fin de curso de dicho programa. Ana, a quien apodábamos Tati, tenía un trajecito rosado, sin mangas y tabletas en la cintura. Usaba sandalias color verde que cubrían sus diminutos pies, por supuesto, regalo de mi tía Mercedes. Como aún era muy pequeña, su maestra la paró sobre una mesa para que todos pudieran verla recitar una poesía que le habían asignado. Era como un espejo de María y disfruté de verla recitar.

Completé la escuela secundaria con grandes limitaciones económicas y emocionales. Prevalecía la incertidumbre de saber si continuar mis estudios podría hacerse realidad. Cuando llegó la graduación de nivel intermedio, en la misma escuela en la que estudié desde el primer grado, me emocionó poder utilizar una toga negra con esclavina en forma de paño blanco. Recuerdo que costó siete dólares. Mi pareja de graduación fue el adorado compañero de tribulaciones, a quien ayudé en sus tareas para que no fracasara. Era bastante desatendido con sus compromisos académicos y cuando me suplicaba que lo ayudara, lo socorría sin pensarlo, aunque era un irresponsable. Gracias a realizar tareas dobles, desarrollé mejor el intelecto.

Emocionada subí al escenario, el mismo que pisé para recibir el reconocimiento de sexto grado. Recuerdo que para esa época comenzaron a otorgar medallas por categorías y materias, recibí varias. Una vez más mi padre no pudo asistir, porque debía atender la finca. Siempre pensé que nunca le dio la importancia que merecían dichos acontecimientos, pero mi madre, sí estuvo presente, lo cual valoré. No obstante, él era el proveedor, motivo suficiente para agradecerle su contribución a mis logros.

Me llenaba recitar poemas. Por eso, con motivo de mi graduación, me aprendí el poema, *Soy del Campo*, que describe la vida en el campo y el orgullo que debemos sentir los que hemos nacido fuera de la ciudad.

Soy del Campo

Si me hicieran la pregunta,
si soy del campo o del pueblo,
sin calcular la respuesta
contestaría sin rodeos.

Soy del campo, de la altura,
de las montañas del centro,

de allá arriba de lo alto,
donde el tiempo siempre es fresco.
Soy de la maleza brava
que no conoce otro dueño.
Del cafetal sombrío,
del platanal espeso.

Me crie en humilde casa
que tuvo yaguas por techo,
soleras de capa blanco
y de tabla astilla el seto.
Por eso cuando nací,
nací entre olores a cedro
y a maderas del país
con las que llené mi pecho.

Me arrullaron en la hamaca
los zorzales mañaneros,
y entre cantares de gallo,
iba tejiendo mis sueños.
Mientras mi madre encendía
con tabonuco el bracero
y mi padre en el batey
les cantaba a los luceros.

Del campo, del matorral,
de las montañas del centro,
de la empinada de ortigas
donde mana el chorro de hielo.

De la quebrada escondida
con su cañita de berros.

Del bosque de camaseyes
y del pomarrosal nuevo.
De ahí soy yo por pura esencia,
de ahí soy yo por nacimiento.

Autor desconocido

En esa ocasión recité sin problemas. Consciente de haber memorizado todo el contenido. Recibí el aplauso de la audiencia como reivindicación a lo ocurrido en la escuela elemental.

Llevaba la maleta llena de recuerdos de los primeros nueve años de estudios; unos gratos y otros, no tanto. Seguía acompañándome la incertidumbre por el futuro. Continuaba más enamorada de aquel joven, con consciencia de que nada positivo podría traerme la relación.

Tenía la ilusión de que al concluir el noveno grado la vida me daría lo que nunca tuve, pero las circunstancias continuaban difíciles. Cuando preguntaban a lo que aspiraba a ser cuando fuese adulta, mantenía los dedos cruzados. Suplicaba a la vida por una oportunidad diferente para mí: ser maestra.

Luego de la graduación de escuela intermedia, estaba lista para comenzar la escuela superior. Un gran logro para mi familia y, muy especial, para mí. Era la segunda en intentar romper el ciclo de la ignorancia académica. Fue un reto poder asistir a la escuela superior, pues quedaba casi a diez kilómetros de mi hogar, además, tenía un ambiente distinto porque quedaba en la zona urbana.

Graduarse de la escuela superior era algo extraordinario para mi familia. Mi hermana Irma fue la primera del núcleo familiar en obtener el diploma. Los maestros la recomendaron para estudiar en la escuela especializada CROEM en el pueblo de Mayagüez. Luego de múltiples gestiones, no pudo lograr su sueño, por falta de recursos económicos. Aunque le pagaban el hospedaje y la comida, la transportación era muy difícil, porque en la casa de mis padres no había automóvil ni oportunidad de pagar a alguien que pudiera transportarla. Fue frustrante reconocer que el sacrificio para estudiar en situaciones precarias y obtener calificaciones excelentes, no servía para nada. Experiencias similares vivieron jóvenes contemporáneos con mi hermana. Era un ambiente hostil para el desarrollo académico. Pienso que por esa frustración se enamoró y casó en muy corto tiempo. Perdimos al modelo que seguíamos, porque las circunstancias no permitían un cambio generacional hacia una sociedad más instruida.

Antes de comenzar la escuela superior trabajé. Por lo general, el gobierno asignaba fondos para que los estudiantes de escasos recursos, entre los catorce y dieciocho años trabajaran un mes en distintas actividades de la comunidad. La experiencia les permitía ganar algún dinero que se utilizaba para comprar los uniformes, libretas, zapatos y otros materiales escolares.

Tuve la gran suerte que la mamá de Miní, mi amiga, logró que me dieran esa oportunidad de trabajo. Fue mediante conexiones, ya que en muchas ocasiones beneficiaban a hijos de personas que en realidad no tenían tanta necesidad económica. Creo que no gané ni doscientos dólares, pero para mí fue una fortuna. Después de un adiestramiento que duró una semana, estuve lista para comenzar. Me correspondió ir por varios de los barrios para explicar y distribuir literatura sobre el problema de drogas y su efecto nocivo a la salud. Éramos tres: Marta, la hermana del novio de Marilí y yo. No podíamos ir solas para protegernos de situaciones de peligro por los campos. Pues para las décadas de los sesenta y setenta, en Puerto Rico y en el mundo, aumentó el uso de drogas y con ello, los problemas sociales, por lo que el gobierno federal asignó fondos para educar a la sociedad sobre el particular. La experiencia me dio una perspectiva distinta de lo que podía hacer fuera del salón de clases, aunque no la disfrutaba.

La convivencia en el hogar era un reto para todos. Los mayores, vieron frustrados sus deseos de estudiar para combatir la realidad en la cual vivíamos. Dos de mis hermanas, Milagros y Connie, abandonaron la escuela elemental porque estaban cansadas de tanto sacrificio. Pero, al encontrarse con que el trabajo en el hogar era mayor que en la escuela, suplicaron a mis padres para volver y nunca se lo permitieron.

¡Qué unas adolescentes tomaran decisiones que no pudieron reconsiderar! Me parecía terrible. Solo les quedaba continuar con las tareas del hogar, y lo que era aún más delicado, colaborar en la crianza de los hermanos más pequeños. Connie y Milagros nunca volvieron a estudiar, aunque suplicaron a mis padres para hacerlo. Según me compartieron, desertaron de la escuela, no por problemas de aprovechamiento académico, sino porque se sentían extenuadas por tener que estudiar y colaborar en las tareas del hogar.

No puedo adjudicar culpas, la realidad en que se vivía las llevó a tomar decisiones desacertadas. Al no estar en la escuela, mi padre no tendría que preocuparse por proveer uniformes, zapatos, libretas y mi madre, tendría ayuda en el hogar. Siempre lamentaré esa decisión.

En agosto de 1970 ingresé en la escuela superior. El ritual para ir a la escuela era un poco complicado.

Madrugaba para caminar unos tres kilómetros y llegar a las siete de la mañana a la carretera principal, cerca de donde estudié la escuela intermedia. Allí tomaba la guagua escolar que me llevaba hasta la zona urbana donde ubicaba la escuela. En primavera y verano era un poco más cómodo, ya que a las cinco y treinta de la mañana el Señor nos regalaba las primicias de la aurora, por lo que el camino de tres kilómetros a la escuela lo hacía sola con la claridad del alba que se mostraba poco a poco. No obstante, en tiempos en que la luz del alba se tardaba un poco más, llegaba el reto de salir de mi casa a oscuras, sola y con miedo. Temía a la oscuridad, a que algún perro me mordiera, a que alguien me interceptara y me hiciera daño.

El Departamento de Instrucción Pública, como se llamaba para esa época, estableció un programa vocacional secretarial en la Escuela Superior Eugenio María de Hostos. Con gran entusiasmo me matriculé en este. Me guiaba la ilusión de adquirir conocimientos y destrezas que me permitieran conseguir un empleo en una oficina. Algo ambicioso, ya que no había suficientes negocios y oficinas de gobierno en la zona urbana. Desde el inicio de mis clases me entusiasmé con las maquinillas, impecables porque acababan de recibirse. Una maestra joven, como de unos veinte años, administraba el salón. La señorita Montesinos era una gran inspiración y motivación. Por primera vez observé con admiración a una profesional recta, fuerte, con determinación, amor por su profesión y un gran corazón. Ella fue un modelo que grabé en mi memoria e imité.

A pesar de todas las circunstancias adversas, con resiliencia pude continuar en la escuela. Gracias a Dios, mi hermana Milagros se casó cuando estaba en segundo año de escuela superior y fue a vivir en una casa pequeña en la zona urbana frente a la escuela. Fue una salvación, ya que me permitía compartir su hogar algunos días a la semana. Me animé a seguir los consejos de una compañera de estudios y solicité un trabajo parcial en una fábrica de manufactura en el pueblo. Mis hermanas, Milagros y Connie, trabajaban en ese lugar. Tuve la buena suerte de que me brindaron la oportunidad de trabajar de lunes a viernes de cinco a nueve de la noche.

Fui feliz al saber que podría ganar dinero que me ayudaría a cubrir los gastos de la escuela. Además, me permitía estar fuera de la casa durante la semana, sin la carga del trabajo doméstico y los contratiempos de los viajes. En muchas ocasiones, cuando viajaba en la guagua al salir de clases llegaba a mi casa a las seis de la tarde, bajo lluvia y con tareas escolares por completar. Era una vida difícil. Enfrentaba otro gran reto; estudiar y trabajar. Como no disponía de tiempo para hacer las tareas durante el día en la escuela, las hacía luego que llegaba de trabajar, después de las nueve de la noche, cansada, hambrienta y sin deseos. Me motivaba saber que estudiar era lo único que, podría hacer que mi adultez fuera distinta a la de mi familia.

En la fábrica, cosía la banda de la parte de arriba de los mahones, donde se colocan las tirillas que luego sirven para sujetar la correa. Los paquetes de pantalones fluctuaban entre cuarenta y cincuenta piezas. La máquina con la que se cosían los pantalones doblaba la tela a ambos lados para que quedara fija en el resto del pantalón. Había que guiar la tela para que, al llegar a las esquinas, no se saliera de su lugar. Era preciso cotejar cada pieza para asegurarse de que no se hubiera saltado el hilo. Esos desperfectos en las piezas no se podían permitir.

En muchas ocasiones tuve que sacar la banda para volver a colocarla. Si cosía un paquete y no me había dado cuenta del desperfecto, lo devolvían hasta una semana más tarde. En ese momento era necesario buscar en una gran cantidad de ruedas de bandas para encontrar el color y textura indicados para el reemplazo.

Dedicar hasta tres horas arreglando los desperfectos en un paquete de mahones me trastornaba, molestaba e inquietaba, no lo toleraba. Hubo ocasiones en que estuve dos días de cuatro horas arreglando pantalones, lo que no me permitía adelantar en las demás tareas. No faltaron las amenazas; me despedirían si no evitaba esos errores por lo que no podía darme el lujo de seguir cometiéndolos. Eran veintiocho dólares a la semana, muy importantes para subsistir.

Siempre estaba disponible para trabajar, aun los sábados. Me sentía afortunada por poder obtener un ingreso adicional a pesar de las dificultades. Cuando tenía que cargar un paquete de cincuenta pantalones, debía levantarlo y colocarlo sobre un carrito de madera, aunque era muy pesado. Fueron muchas las veces en que se caía al piso. En alguna ocasión, un buen samaritano se enteró, y me ayudó con la carga. En otras no tuve la misma suerte.

Me cuestionaba todo el trabajo que estaba pasando para lograr el sueño de poder estudiar.

Motivada por mi amiga Maritzabel, traté de cambiar de trabajo. Era posible ganar mucho más en una empresa farmacéutica ubicada en el vecino pueblo de Maricao, a unas seis millas de Las Marías. Pero, ¿cómo lograrlo? Maritzabel se ofreció a alojarme en su casa durante algunas semanas. Ya no contaba con mi hermana Milagros, porque se había mudado con el esposo a la antigua casa de mis padres en el campo.

Sin embargo, decidí ir a la entrevista. Al llegar, una estructura imponente se presentó a la vista. El moderno edificio se proyectaba ante mis ojos como un gigante blanco. Después de esperar por un rato en la recepción, me permitieron entrar. Durante la entrevista me hicieron preguntas rutinarias. Al terminar, me recogió Rubén, el esposo de Milagros, quien era el que transportaba a la familia.

A la semana me dieron cita para cumplimentar la documentación necesaria y comenzar a trabajar. El horario de trabajo era de cinco de la tarde a doce de la noche, un gran reto.

Mi trabajo consistía en inspeccionar bolsas plásticas, que luego servirían para envasar sueros los que se administrarían a pacientes en hospitales y clínicas. La sala donde se realizaba ese proceso era muy fría. Inmensas mesas rectangulares acomodaban a ambos lados los empleados, mientras que de un horno se sacaban las bolsas expuestas al calor. Una correa móvil permitía que la materia prima llegara hasta los empleados en los extremos. Había que ser muy ágil para ir secando las bolsas y colocarlas en la misma correa.

En ocasiones, se me congelaba el cuerpo, aunque mis manos estaban más calientes, me daba sueño y lamentaba tener que vivir ese martirio. Pensaba en la rutina: salir de la escuela, cambiarme de ropa allí, viajar en transporte que teníamos que pagar, regresar pasadas las doce de la madrugada para bañarme, comer y hacer las tareas de la escuela. No sabía por cuánto tiempo iba a poder hacerlo, aunque esa no era la interrogante, sino si sería capaz de adaptarme a esa rutina y sobrevivir.

Me quedé con Maritzabel y su madre durante algunas semanas. Siempre agradeceré su generosidad.

Como me sentía incómoda si abusaba de la ayuda de la madre de Maritzabel, acepté la sugerencia de hospedarme con doña Tina, quien vivía en un barrio cercano a la zona urbana. En ese momento, la madre de Rubén, era la única alternativa, aunque lo pensé y medité bien, como si tuviese otras opciones.

De esa forma, el transportista me dejaba a orillas de la carretera principal y de ahí en adelante, caminaba por una vereda oscura y desolada hasta llegar a casa de doña Tina. Me angustiaba tener que recorrer sola esa distancia después de las doce de la media noche. Sentía tanto terror que, a pesar del cansancio, corría hasta la casa. Cuando llegaba al balcón, con el corazón en la boca, abría la puerta de la pequeña estructura de madera y daba mil gracias a Dios por estar a salvo. Sentía mucho miedo, porque para esa época la policía perseguía a un temido fugitivo, a quien apodaban Toño Bicicleta. Me sacrifiqué mucho para alcanzar el sueño de estudiar. En ese trabajo permanecí durante el último año de escuela superior.

Me esforcé por destacarme en las clases de comercio. Obtuve buenas calificaciones, a pesar de todos mis compromisos. La máquina de escribir me permitió canalizar las pocas energías que me sobraban. Ponía todo mi empeño en dominarla a la perfección. No era fácil. Las maquinillas son piezas que hoy solo vemos en los museos, que nada tienen que ver con la tecnología que se desarrolló a partir de las últimas décadas del siglo veinte.

Escribir a maquinilla requería esfuerzo, concentración, la vista fija en la copia y exactitud. Gracias a Marilí, Maritzabel y Wilmary, quienes fueron las compañeras que colaboraron para lograr la excelencia en mecanografía, por mantenerme enfocada en la meta.

La suerte nos bendijo; éramos realmente competentes. Aquel espíritu de sana competencia nos acompañó hasta finalizar los estudios de escuela superior. Nos emocionó cuando las cuatro recibimos reconocimientos por excelencia académica.

A pesar de todos los obstáculos, me hice una experta en el desarrollo de habilidades motoras para el manejo de la máquina de escribir (maquinilla). Además, los cursos medulares en esa área fueron de gran beneficio para el desarrollo de mis capacidades. Gracias a Dios y a mis maestros estaba lista para desempeñarme en un puesto de primer o segundo nivel en una oficina. Mis notas eran excelentes, pese a los muchos compromisos.

Mi relación con Esteban, el novio/amigo, se deterioró desde el inicio de la escuela superior porque conoció a otra persona. Fueron días y semanas muy difíciles. A mi corta edad, la desilusión amenazó con afectar mi estabilidad emocional. Pero, el Señor siempre iluminó mis pasos para ser fuerte y tomar decisiones asertivas. Luego de dos años de estudios en la escuela superior, Esteban se convirtió en desertor escolar. Mientras tanto, me refugié en mis proyectos. Como solía decir mi madre: "No hay mal que por bien no venga." Pero, en honor a la verdad, no fue tan fácil de superar.

La poesía llenó mis espacios de alegría, también los de tristezas. José Ángel Buesa, escritor cubano, fue uno de los grandes poetas que más leí durante mi adolescencia. Tomaba libros prestados en la biblioteca de la escuela y poco a poco adquirí una colección de sus poemas. El *Poema del Renunciamiento*, fue el primero que me cautivó:

Pasarás por mi vida sin saber que pasaste.
Pasarás en silencio por mi amor y, al pasar,
fingiré una sonrisa como un dulce contraste
del dolor de quererte... y jamás lo sabrás...

Con el tiempo, me adapté al trabajo, a los estudios y a sentir mi soledad interior. Sin darme cuenta la vida me permitió completar la escuela superior con excelente promedio académico.

El 1973 fue muy significativo para nuestra familia. Mi abuela paterna, Francisca, vivía con nosotros desde hacía más de un año, porque la tía Fana, necesitaba ayuda después de haber cuidado a la abuela, encamada, en su casa por más de quince años. Mi madre aceptó que la llevaran a vivir con nosotros, cosa que resentí, pues después que había criado tantos hijos, ahora se imponía cuidar a la abuela. Cada vez que la tía nos visitaba, en la casa, se respiraba un clima de tirantez porque protestaba por la más mínima cosa y se molestaba cuando mi madre le pedía que colaborara. Fueron meses difíciles por tener que soportar situaciones delicadas en mi hogar. Mi madre, quien siempre tuvo un temperamento tranquilo decía: "A mal tiempo buena cara".

En las navidades anteriores nos mudamos de la casa en la finca, a otro terreno que mi padre había comprado luego de pagar la finca al gobierno. Esa nueva realidad vino a subsanar la situación de que éramos muchos en la casa. Vivir en una casa de hormigón era una maravilla. La nueva casa nos permitió tener un servicio sanitario con retrete dentro de la misma estructura. Ya no tendríamos que utilizar las espantosas letrinas caseras. Celebramos el regalo de nuestro padre para mejorar nuestra calidad de vida.

En la Nochebuena de aquel año, mi hermana Connie y yo, fuimos a buscar unas papayas (lechosas) a la casa donde vivíamos antes, para hacer un dulce para Navidad. Al regresar, encontramos a todos sobresaltados;

sucedía algo que no podíamos entender. Subimos con prisa, dejamos las lechosas en la cocina. Encontramos a nuestros padres y a Milagros en el cuarto de la abuela. Mi padre clamaba a Dios.

—¡Llévatela Señor, si ha llegado el momento, pero que no siga sufriendo! —Entramos perplejas a la habitación, la abuela luchaba entre la vida y la muerte. Mi padre comenzó a gritar.

—Por favor, alguien que rece un Credo al Gran Poder de Dios para que se vaya tranquila.

Connie y yo, nos miramos asustadas, llorosas. Nos tomamos de la mano, fuimos a nuestro cuarto y nos arrodillamos aún tomadas de la mano. Como nos habían enseñado a rezar el Credo desde pequeñas, lo rezamos en voz alta. En el trasfondo se escuchaba lo que sucedía en el cuarto de la abuela. Al terminar de rezar, nuestro padre volvió a gritar.

Mi abuela había expirado. Nunca supe si mi abuela murió por nuestro rezo o porque ese era su momento. Solo sé que mi padre pensó que fue nuestra oración. Muchas veces, con creer que algo puede suceder, sucede. Por eso, mi consigna es que, si crees que puedes lograr algo, con que esté presente en la mente, es suficiente para que se manifieste.

La muerte de la abuela fue un acontecimiento familiar. De acuerdo con la costumbre de la época, los empleados de la funeraria prepararon el cadáver en mi casa. El ataúd se colocó en la sala que apenas hacía unos meses ocupábamos. Pasamos la noche en vela. Dormitamos, tomamos café, chocolate y me inicié con el rezo del rosario. Era la primera vez que lo hacía para un difunto.

Mi abuela paterna era muy querida, fue como una especie de fantasma gigante. Gigante porque era muy alta, pero también porque lo representaba para todos en la familia. Desde que la conocí, estuvo enferma. Padecía de migraña sin diagnosticar. Casi todo el tiempo estaba encerrada en la casa. Sus últimos años los pasó en tinieblas al perder la visión y hasta la movilidad. Así se mantuvo en una cama por más de quince años.

Su entierro fue el 26 de diciembre. Recuerdo ese día, pues nunca había visto cómo se comportaba alguien tras perder a la madre. Mi padre demostró sin reservas todo el dolor y sentimientos por ella, quien enviudó cuando él tenía trece años. Creo que aquel sepelio fue el más emotivo que he experimentado.

Depositaron el ataúd en un hoyo en la tierra, porque no podíamos darnos el lujo de poseer un panteón. Luego, fuimos a la casa, pero era como si aún estuviésemos en el cementerio. Durante treinta días no se prendió la radio ni la televisión. Ni siquiera podíamos tararear alguna canción, porque decían que se le faltaba al respeto a la memoria de mi abuela y a mi padre. Con dificultad completamos el mes de duelo. Mi padre se quejó de que nos estábamos insensibilizando. Solo sabe lo que significa una pérdida el que ha dado el máximo de su ser para hacer feliz a la otra persona. Feliz dentro de las posibilidades existentes, ya que mis abuelos paternos crecieron en un ambiente de miseria.

Contaba mi padre que desde la muerte de don José, mi abuelo paterno, él se comprometió con la crianza de dos hermanas y un hermano. Desde los trece años, trabajó en el campo. No le pagaban lo que correspondía porque era menor de edad. Algunos patronos le pagaban diez centavos por un día de trabajo de sol a sol. Dinero que entregaba a su madre para que resolviera y pudieran proporcionarse algo de sustento. Además, mi padre ayudaba a su madre a coser pañuelos a mano.

Una historia que mi padre siempre contaba giraba en torno a un río que había cerca de su casa. Cuando llovía torrencialmente, las personas no podían cruzar de un lado a otro por temor a que la corriente se los llevara. Mi padre era voluntario para ayudar a pasar a las personas a la otra orilla. Con el río crecido, cargaba a sus espaldas una persona para ayudarle a cruzar.

En más de una ocasión estuvo a punto de morir junto con su pasajero. Las aguas del río eran "muy traicioneras", como solía decir mi padre. Pero, la necesidad obliga a las personas a sacar fuerzas de lo escondido para lograr una meta.

Cobraba cinco centavos por exponer su vida los que aportaban al sustento para su madre y demás hermanos. Mi padre demostró desde niño voluntad y empuje.

Cuando mi abuelo José estaba vivo su vida era diferente, porque lo que le pagaban a mi padre por trabajar complementaba el ingreso familiar, pero tras la muerte del abuelo todo se trastocó para mi padre.

Con mucha tristeza mi padre contaba que tuvieron vicisitudes hasta para conseguir el ataúd para enterrar al abuelo. Tuvo que coordinar con los vecinos para construir un ataúd con madera del campo. Según su relato, el velatorio fue en la pequeña casa de madera donde vivían arrimados en una hacienda. Decía que se colocaron cuatro velas encendidas sobre cada uno de los laterales del ataúd. Al consumirse las velas, la cera fue cayendo por entre la madera del ataúd y, en un descuido, por poco se incendia.

Tras la muerte del abuelo, mi padre buscó trabajo donde lo pudieran contratar, aunque fuese por algunos centavos. En ocasiones, tenía que caminar muchos kilómetros para llegar hasta la hacienda donde trabajaría todo el día. Surcaba veredas, riachuelos, montañas y cruzaba un río para llegar a la Hacienda Lealtad en el pueblo de Lares. Su cuerpo tenía que conformarse con una botella con café y unas fritas de harina. Si encontraba algunas frutas en el camino, como guineos maduros, chinas, guayabas, estas se convertían en un buen complemento para su restringida dieta. Cuando terminaba de trabajar en la hacienda de café, recorría el trayecto de regreso a la pequeña casa. Llegaba cerca del anochecer, cuando los insectos nocturnos se aprestaban a montar su orquesta. Comía lo que su madre había conseguido preparar para luego acostarse y continuar con la rutina seis días de la semana. Todo ese sacrificio para, desde muy joven, sacar adelante a su familia.

Mi padre José se enamoró de mi madre, una joven del pueblo de Lares que vivía junto a sus padres, don Lorenzo y doña Rita, y cinco hermanos. Soltero y deseando compañía para que ayudara a su madre, mis abuelos aceptaron que Confesora se casara, aunque apenas tenía diecisiete años. Mi padre, diez años mayor que mi madre, demostraba madurez y compromiso.

El domingo, 24 de junio de 1943, en la iglesia católica del pueblo de Lares, José y Confesora se casaron. Dos jóvenes marcados por las vicisitudes de la época, con principios y valores definidos. Fueron a la iglesia a sellar su compromiso como lo demandaba la sociedad de entonces. No hubo bizcocho. Un asopao de pollo fue el banquete por imposición de las circunstancias. Tampoco hubo luna de miel en un hotel de lujo. Una pequeña casa de madera fue el escenario para consumar la unión.

Parecía que no había nada en medio de tanta miseria, pero ellos estaban equipados con amor, perseverancia y resiliencia, lo que les permitió vivir aquel compromiso por más de cincuenta años.

Cuando mi madre, Confesora, quedó embarazada de su primer hijo mi padre se emocionó. Alardeaba con el suceso y aseguraba que sería varón a pesar de que mi madre le decía que sería niña. Al final ambos querían hijos saludables.

El 12 de enero de 1945, mi madre sintió dolores de parto. José, mi padre, se montó en el caballo, recorrió subidas y bajadas hasta llegar a la casa de la comadrona. Esperó a que doña Angelina preparase su bulto de partera. Esta era una mujer muy diminuta, pero la salvación de todas las parturientas de la comarca. Con determinación, se montaba en el caballo, hasta regresar a la casa donde esperaba mi madre. Tras horas de parto, con mi padre en vigilia en la pequeña sala, mi madre parió un hermoso niño a quien pusieron por nombre Wilfredo, aunque todos le diríamos Alfredo.

La vida de mi madre fue una muy difícil. Además de vivir en condiciones de pobreza, pasó gran parte del matrimonio embarazada. Tuvo la suerte de concebir y parir diez hijos, sin contar los que no llegaron a ver la luz. Los últimos dos, por llevarse casi seis años, no tuvieron la suerte de convivir junto a los demás hermanos. Cuando nacieron, ya el hermano mayor y Blanca se habían casado y vivían fuera de la casa donde nos criamos.

Vivir con muchos hermanos fue una bendición en distintos aspectos. Mi madre no tenía tiempo para estar demasiado pendiente de nosotros, eso nos daba libertad. Disfrutamos del campo a cabalidad y sufrimos tener que trabajar duro en la finca para contribuir con el sustento familiar. Una cortadura, la picada de un ciempiés, la mordedura de un perro fueron experiencias que superamos con medicinas orgánicas en medio de todo aquel ambiente de precariedad.

La experiencia de no celebrar cumpleaños, bautizos ni fiestas familiares fue parte de nuestra cotidianidad. Algunos días eran sagrados para nuestra familia: Navidad, Nochebuena, Reyes y Viernes Santo, aunque por la falta de recursos económicos no podíamos hacer grandes cosas. Tampoco íbamos a la iglesia, pues no había iglesia en el barrio. La más cercana estaba en el centro del pueblo, como a siete kilómetros de la casa.

Sin embargo, conscientes de lo que significaba la fe en Dios, mis padres bautizaron a todos los hijos. Esporádicamente el sacerdote se encargaba de administrar el sacramento a niños y adultos de la comunidad. Como había pocas personas religiosas comprometidas, cualquiera podía ser padrino o madrina del bautizado. Si estaba en una posición económica mejor que la nuestra, era un buen candidato, puesto que, de esta forma, aseguraban, al menos, un buen regalo al año. Por eso, María, mi madrina, fue testigo de bautismo de casi todos los niños de la comunidad.

Mi hermano mayor se casó a los veinte años, en una boda sencilla. El día antes, mi padre fue al pueblo y regresó con unos bultos enormes. Eran quintales de hielo, con el que enfriarían las cervezas para la fiesta. Mi tía Mercedes viajó desde New York y trajo el vestido de novia. Quien sufrió las consecuencias de la fiesta fue el cerdo que criaba mi padre para Navidad. Ese cerdo fue el que proveyó para preparar la suculenta cena.

El sacerdote fue a mi casa a oficiar la ceremonia, algo común en esa época. Bajó la cuesta a pie, después que alguien lo transportó hasta el Camino Real. Mi cuñada, desfiló vestida de novia desde una pequeña habitación hasta la sala, donde mi hermano la esperaba. Sin dilación, se ofició la primera boda a la cual tuve el privilegio de asistir.

Mi hermano se mudó por corto tiempo al espacio superior de la casita en la cual se procesaba el café. Allí colocaron una pequeña cama y, separaron su nido usando paños de tela a modo de cortinas. En aquel lugar improvisado estuvieron algunas semanas. Observaba con incredulidad y curiosidad el que mi hermano se encerrara con su mujer.

Cierto día escuché una conversación entre mi padre y Alfredo, el primogénito:

—¿Cómo que te vas? —preguntó mi padre perplejo.

—Sí papá, me voy con tía Mercedes a New York. Aquí no tengo qué hacer.

Debido a la situación precaria que vivíamos, Alfredo planificó en secreto viajar con mi tía a New York para independizarse. La tía Mercedes no tenía hijos y vivía en un apartamento.

Entristecido mi padre intentó convencerlo, mientras que la tía Mercedes trató de que entrara en razón y entendiera por qué debía irse el muchacho. Según ella, la única alternativa que tenía mi hermano para progresar y salir de la pobreza era yéndose con ella. Le explicó que vivirían en su apartamento, en lo que conseguían trabajo y, más tarde, podrían independizarse.

La tristeza paralizó a mi padre. Después que mi hermano se fue con la tía Mercedes, comía muy poco, lloraba en la casa y en la finca. Fueron meses de pura agonía en lo que internalizó que su hijo se había ido y que no volvería pronto.

Como no teníamos teléfono, el correo postal fue el único recurso para comunicarse con Wilfredo. Con frecuencia, una carta tardaba tres o cuatro semanas en llegar a su destino. Mi madre era un poco más consciente de la situación y, además, no tuvo mucho tiempo para extrañar a mi hermano. Debía atender a los demás hijos y hacer tantas tareas en la casa que pienso que no sintió tanto la ausencia del primer hijo.

Sin embargo, ambos esperaban ansiosos las cartas de Alfredo. Cuando llegaba la comunicación era especial para todos. Nos sentábamos a escuchar a que alguna de mis hermanas les leyera la carta. Mi hermano y su esposa trabajaban mucho. Nos ponían al día sobre un clima helado que no lográbamos entender, porque no habíamos salido del país. Compartía otras tantas situaciones de vida que solo podíamos imaginar. Hablaba de trenes, del otoño, del trabajo en las fábricas. Mi padre lloraba en silencio, mientras mi madre lo observaba y secaba sus lágrimas. Una gran paradoja.

Al día siguiente de la carta mi padre mandaba a comprar un sobre y un sello con mi hermana Irma. De los que vendían en la tienda cerca de la escuela. Ese mismo día dictaba la carta a alguna de mis hermanas y la llevaba a casa de don Mingo para que su esposa la depositara en el buzón del correo.

Casi diez años después, mi hermano decidió regresar a Puerto Rico y se estableció con su esposa en el pueblo de Cabo Rojo. Nunca tuvieron hijos.

Después que se fue en 1965, Blanca la mayor de las hermanas, también se fue a New York con la tía Mercedes, en busca de una mejor vida. Se había casado a los diecinueve años con un joven del barrio con el cual mantuvo una relación corta. Blanca y su esposo vivieron ocho años fuera del país, pero también regresaron y se establecieron en la Isla junto a sus dos hijos. Se divorciaron y casaron dos veces hasta que a los veinte años de matrimonio se separaron finalmente.

Recuerdo cómo me sentía con esa historia:

—¿Mi hermana se casará de nuevo con el mismo marido? —me atreví a preguntar.

—Pues sí, eso demuestra lo decente que es. Antes de casarse con otro, ha decidido volver a intentarlo —comentó mi padre muy orgulloso.

—Lo siento, pero eso es una estupidez de su parte —riposté.

—¿Qué dices? —preguntó.

—Pues, si fuera yo, me buscaría a otro. Si me van a volver a hacer infeliz, que me haga infeliz otro, pero no el mismo —dije en voz baja.

Mi padre me miró furioso, porque decía que siempre le llevaba la contraria.

Mi vida fue imprevista desde muy joven. Próxima a terminar la escuela superior, llegó la incertidumbre de dónde haría la práctica. Como no había suficientes oficinas en el pueblo, me correspondió hacerla en una escuela elemental. Me enviaron a trabajar con un maestro el cual tenía la responsabilidad de visitar otras escuelas del pueblo durante la mañana y, en las tardes, estaba en su pequeña oficina. El maestro también era responsable del equipo audiovisual de la escuela.

Usaba una antigua maquinilla ubicada en una esquina. Por un tiempo la experiencia en el lugar fue positiva. El maestro era una persona responsable, que me hacía sentir bien. Supe que tenía tres hijos a quienes amaba, al igual que a su esposa.

Llegaba a la una de la tarde y salía a las cuatro. En una ocasión, mientras escribía a maquinilla sentí una mirada fija en mí. Me sobresalté y miré a todos lados. Mi mirada se confundió con la suya, me sentí incómoda. Continué con mi trabajo, aunque la conducta se repitió. Reconozco que el maestro era muy guapo, pero podía ser mi padre.

Seguí sintiéndome incómoda. En otra ocasión, cerca de la hora de salida me dijo que quería hablar conmigo. Me preocupé por cómo lo dijo.

—Pues, usted dirá —me aventuré a contestar.

—Es algo muy delicado lo que tengo que decirte —respondió con voz temblorosa.

—¿Hice algo incorrecto?

—No, es que... —se quedó mirándome fijo.

Me sentí acorralada. No sabía qué responder. Todo mi cuerpo temblaba. En unos segundos reaccioné, me separé de su lado.

—Dígame —insistí.

—Pues, sé que es una locura, pero no sé lo que voy a hacer. Me he enamorado de ti —contestó.

Sentí un balde de agua fría por todo mi cuerpo. No sabía qué decirle ni si debía permanecer en el lugar o salir corriendo. Cuando intenté salir, me agarró suavemente por una mano y dijo:

—No te vayas, ayúdame con esto. No quiero hacerte daño.

Reflexioné, respiré hondo y no sé de dónde me salieron las palabras.

—Pues, eso que siente tiene una solución.

—Sí, sé que soy un hombre casado —contestó con voz entrecortada.

—Y con tres hijos. Tiene que pensar en eso y olvidarse de mí. Voy a colaborar. De hoy en adelante, no volveré a la práctica. Me faltan unas horas para completar el semestre, pero le diré a mi maestra que ya no tengo nada que hacer aquí. Ella buscará otra alternativa.

Salí de aquel lugar consciente de que no podía volver. Tampoco debía estar cerca de él, por el bien de ambos. Algunos años después, me lo encontré con la esposa y sus cuatro hijos; tenían un bebé recién nacido.

Agradecí a Dios la fuerza de voluntad que, junto con los principios y valores aprendidos en el hogar, permitieron que me alejara. La voluntad de la otra persona también fue positiva para convertir lo que se perfilaba como una tragedia familiar en una gran lección para ambos.

Culminar la escuela superior trajo inseguridad. Me esmeré por obtener buenas calificaciones, por proveerme los recursos necesarios para no sacrificar económicamente a mis padres. No obstante, mi futuro seguía incierto. Busqué apoyo, pero eran muy pocos los que podían salir de la caja en la cual nos habían colocado casi al nacer; si eras del campo, tus posibilidades de estudiar y terminar una carrera profesional eran casi nulas.

Tuve la suerte de contar con el apoyo del director y el orientador de la escuela, quienes se ofrecieron a visitar a mis padres para dialogar sobre mi futuro. Interesaban que fuera a la universidad.

Me enteré de su visita cuando regresé de la escuela. Mis padres me contaron que ellos los habían visitado y que les habían explicado su interés de que estudiara en la universidad. También, que me ayudarían a conseguir becas para que ellos no tuviesen que comprometerse económicamente. Sería la primera de la familia en asistir a la universidad y daría ejemplo a los demás hermanos. Ellos aceptaron, mas se quedaron preocupados. Mi padre insistía en el posible trabajo y mi madre, sobre lo que habían expuesto los directivos escolares.

Continuaron argumentando sobre mi futuro. Una vez más me preocupé. Lo más importante era lo que yo quería hacer con mi futuro, pero no podía exteriorizarlo. Luego, pensaba en mi vida, en la niñez llena de carencias y veía la universidad como una gran ventana que se abría ante mí, pero a la que no podía acercarme para mirar lo que había en el horizonte. Semejante a lo que escondía el Camino de las seis.

Mis amigas Maritzabel y Wilmary estaban decididas a conseguir un empleo como secretarias, ya que poseían muy buenas destrezas de oficina. En cambio, aunque Marilí se perfilaba como una posible universitaria, antes debía casarse, porque sus padres no le permitirían hospedarse fuera del hogar teniendo novio.

El día de la graduación la despedida fue muy triste, porque el grupo se desintegraba y cada cual tomaba su camino, su destino. Recibimos nuestros reconocimientos, compartimos y lloramos. Ya éramos adultos, debíamos establecer nuestras metas, aunque estas no eran del todo responsabilidad nuestra. El entorno tenía buena parte en la decisión que cada uno tomaría. ¿Y yo, encontraría lo que había más allá del Camino de las seis?

3

Un sueño imposible

Dicen que hay sueños imposibles de lograr, pero no es cierto. Si existe un sueño, es porque se ha gestado en la imaginación de alguien. Por lo tanto, si se encuentra en ese espacio abstracto, puede convertirse en realidad solo si se trabaja con tesón y pasión para lograrlo.

Fue un gran privilegio y una odisea completar la escuela superior. Luego todo era muy abstracto. La incertidumbre me embargaba. No tenía modelos para emular, alguien que hubiese abierto la senda, a quién seguir sus huellas para luego, crear las propias.

Continuaba con el trabajo en la fábrica de Maricao durante las tardes y, en ocasiones, como ya no tenía clases durante la semana, me daban la oportunidad de quedarme algunas horas en el día. Coordinaba la transportación con cualquier persona conocida que viviera en la zona urbana, lo que me permitía ganar un dinero adicional. Así pasé el verano de 1974, sin novedades.

Con frecuencia, conversaba con mi madre sobre la posibilidad de ir a la universidad, pero ella lo consideraba muy difícil, aunque nunca utilizó la palabra imposible. Ya sabía que mi padre no podría aportar para mi educación, que mi hermana Connie era la única que trabajaba, y contribuía al sustento del hogar. Mis hermanos Oscar, Arcángel y Ana cursaban la escuela primaria.

—Tengo un dinerito ahorrado, si consigo la beca, tal vez podré estudiar —decía a mi madre.

Ella, consciente de las limitaciones económicas y físicas que enfrentábamos, me detallaba todas las dificultades.

—Entiendo tu interés, sé que eres una estudiante muy inteligente, pero Pepe no puede aportar. Sabes que tendrás gastos de comida, libros, hospedaje, transporte, vestido y otros. Si trabajas, podrías aportar a los gastos de la casa que son muchos.

—Mami, pero lo que quiero es estudiar. Otras personas menos inteligentes han conseguido beca y estudiado. Al graduarse tienen un buen empleo para ayudar mejor a su familia. —suplicaba.

—Sí, pero para eso hay que invertir. De todos modos, si consiguieras una beca para cubrir los gastos, tal vez sería diferente.

Cada día la conversación se volvía más tensa. Era difícil de entender que siendo tan inteligente no pudiera ir a la universidad. Sin embargo, con el tiempo comprendí a mis padres. Veían en mí un respiro para sus preocupaciones económicas, pero yo estaba en otra dimensión, intentando cambiar el paradigma de los pobres.

Dado que me quedaba en el pueblo con la suegra de mi hermana, un día al regresar a mi casa estaba ansiosa, pues esperaba correspondencia de la universidad.

—¿Llegó carta para mí? —pregunté inquieta.

—Sí, está en el cuarto —respondió mi madre.

Caminé a mi habitación con el corazón en la mano, pensé que tal vez había llegado la tan esperada carta. Sin el consentimiento de mis padres, había sometido solicitudes de admisión a dos universidades que presentaban un buen escenario en términos de costos y distancia.

Abrí el sobre con urgencia y sin dilación. Había sido admitida a la Universidad Interamericana de Puerto Rico, Recinto de San Germán, para comenzar en agosto de 1974. Era una universidad un poco más costosa que la pública, que no quedaba tan distante de mi casa, pero requería hospedarse. No comenté con mi familia la descabellada idea de que pudiera ir a la universidad, y menos a esa que era más costosa.

Pasaron los días, hasta que llegó el momento de abrir el sobre cuyo remitente era la Universidad de Puerto Rico, Recinto de Mayagüez, que era una ciudad colindante con Las Marías, el pueblo de donde soy oriunda. Me admitieron y asignaron dos ayudas económicas (becas) para sufragar los costos de estudios. Eso pintaba mejor. Inquieta, en la noche le comenté a mi hermana Connie, con quien compartía la habitación, que la universidad en Mayagüez, El Colegio, me había aceptado.

Connie, preocupada me preguntó lo que haría. Le dije que tenía miedo de equivocarme, aunque lo que más deseaba era estudiar:

—Pues, si fuera tú, aunque pasara hambre, me iría —dijo mi hermana.

Le expliqué mis temores con nuestros padres, pero ella me apoyó:

—Cuenta conmigo, puedo darte unos dólares semanales de lo poco que gano y puede ayudarte. Con la beca y algo que ellos al fin puedan darte, te permitirá intentarlo.

—Gracias por siempre estar ahí para mí —contesté llorosa.

—Sabes lo que me ha dolido no poder terminar ni la escuela primaria, por una decisión que tomé cuando niña. No quiero que pierdas ninguna oportunidad de hacer algo que sueñas.

Nunca olvidaré la conversación. Nos abrazamos, lloramos juntas. Esa noche dormí con la esperanza de poder mantenerme firme en la decisión de perseguir mis sueños.

Connie me motivó a seguir abrazando la idea de estudiar. Se comprometió a coserme la ropa que necesitaría para ir a la universidad; practicaba la costura con mi madre. Mi hermana Milagros también se ofreció a servirme de costurera. Su esposo fue otro ente motivador desde mi adolescencia.

Estaba emocionada. Despertaba motivada, aunque luego surgían situaciones y discusiones por asuntos económicos, que me desenfocaban. Abordar el tema de mis estudios era, "echar leña al fuego". Cuando llegó la fecha asignada por el Colegio para hacer matrícula me desvelé pensando en lo que haría. No tuve el valor para prepararme y salir a tomar los dos automóviles públicos que me llevarían hasta el Colegio. Me invadió el miedo. Pensaba en lo complejo de ir a una universidad grande, con tantos edificios, en las historias de prepotentes profesores. Además, debía buscar un hospedaje y vivir con personas desconocidas. Para colmo, a Marilí le tocó otra fecha para matricularse, no pude contar con su apoyo. Me sentía confundida y temerosa, sentimientos encontrados invadieron mi mente mientras veía esfumar la oportunidad para salir de mi realidad. No me matriculé. Escondí mi cabeza bajo la almohada y lloré. Culpé a mis padres, a mis hermanos, a mis amigos y a mí, por la impotencia que sentía.

Tomé ánimo y continué con mi trabajo en Maricao. Me consolaba pensar que todavía habría tiempo para realizar una matrícula tardía, aunque esa alternativa me pondría en una situación más difícil para conseguir los cursos que deseaba.

Tres días antes de que concluyera el periodo de matrícula tardía, caminé hasta la carretera frente a casa de Marilí para tomar un automóvil público e ir al pueblo, porque en la tarde trabajaría en Maricao. Escuché un ruido que me sobresaltó. Marilí abrió la ventana de la cocina y me vio en la calle.

—María, ¿qué haces ahí? Ven, entra.

Me sentía impotente, no quería hablar del tema de los estudios.

—¿Hiciste alguna gestión para matricularte? —preguntó con preocupación.

Con lágrimas en los ojos, le conté lo sucedido. Se lamentó muchísimo de no poder ayudarme.

—En mi hospedaje no hay espacios disponibles, pero en una casa contigua, sí hay vacantes.

Un pequeño rayo de esperanza volvió a apoderarse de mí ante la posibilidad de retomar un sueño.

La hermana de Marilí, Awildaliz, escuchó la conversación. Le dijo a Marilí que quería hablar conmigo. Con "el rabo entre las piernas", como solía decir mi madre, pasé a su habitación. Me hizo explicarle toda la situación relacionada con la matrícula. Con diligencia cotejó el calendario y confirmó que quedaban tres días de matrícula tardía. Había estudiado en el Colegio un bachillerato en Ciencias Sociales.

Entre llantos, ideas y soluciones aleatorias, se ofreció a acompañarme al Colegio para que pudiera hacer la matrícula. Tanta generosidad para mí fue un mensaje del Todopoderoso. Me armé de valor, acepté su propuesta. Me llevó a casa en su automóvil para que se lo informara a mis padres. No fue difícil, porque mi padre estaba en la finca y solo hablé con mi madre. Le conté lo sucedido y prometió que apoyaría mi decisión hasta el final. Nos abrazamos y lloramos. Salí de casa con determinación y alegría.

El apoyo de esas dos grandes amigas, quienes podían considerarse hermanas, me confortó. Como Awildaliz conocía todos los procesos, me ayudó a llenar los documentos para las becas. Solo conseguimos dos clases, a pesar de todos los esfuerzos. Tendría que volver el primer día de clases para completar el proceso de matrícula. Volvió a demostrar desprendimiento y sentido de hermandad al hacerme las gestiones para conseguir hospedaje.

De regreso me quedé en el pueblo en casa de la suegra de mi hermana, pues tenía que ir a trabajar y también renunciar. A las cinco y treinta de la tarde llegué a la Oficina de Recursos Humanos, dialogué con el director, quien intentó convencerme para que me quedara.

—Mira, en esta farmacéutica hay personas con bachillerato y maestría haciendo lo mismo que tú. El estudiar no te garantiza que vas a conseguir una mejor oportunidad. Piénsalo bien. Es más, te ofrezco una oportunidad de trabajo regular de ocho horas diurnas.

Me la puso difícil, pues no tenía las herramientas para salir de la encerrona, necesitaba el empleo, pero también, me moría por ir a la universidad.

—Agradezco infinitamente la oportunidad que me han brindado y la oferta que me hace. Pero quiero ir a la universidad y terminar un grado. Sería la primera persona de mi familia en estudiar a ese nivel. No me importaría en lo absoluto terminar el grado y volver a solicitar empleo en esta farmacéutica. Lo importante es prepararse académicamente para un trabajo que no existe; pero si llega la oportunidad y estoy preparada para realizarlo, puedo solicitarlo. Si no estudio, nunca podré aspirar a este.

Hubo silencio. Me miró fijamente.

—Te felicito, me has dado una gran respuesta. Recuerda, si necesitas volver, sabes que dejas las puertas abiertas.

Le di las gracias junto con un apretón de manos y me marché detrás de un sueño, que aún en ese momento consideraba casi imposible.

La vida como estudiante universitaria no fue muy fácil por la falta de recursos para hacerla más llevadera. Para transportarme los domingos dependía de la generosidad de Marilí. En ocasiones, acordábamos salir entre una y dos de la tarde, pero pasadas varias horas seguíamos en la casa. No tenía alternativas y agradecía infinitamente su generosidad. Regresar los fines de semana era más fácil. Salía de clases temprano y podía tomar un automóvil público. Por unas pesetas me llevaba hasta el pueblo de Las Marías y en otro, llegaba a mi casa.

Me impuse no hablar de la universidad ni protestar. Contribuía en la finca en tiempo de cosecha de café. Cargaba los sacos de café sin quejarme. Me sentía bien psicológicamente, la universidad me absorbía. La recompensa estaba en estudiar lo que tanto había anhelado.

Mis hermanas, Connie y Milagros, cosían mi ropa; no tenía dinero para comprarla en tiendas. Al marcharme los fines de semana, me daban algunos dólares los cuales apreciaba infinitamente. Mi padre, también sacaba algo y lo colocaba cerca del bulto. Cuando cobraba la beca, aportaba con algunos comestibles, lo que me hacía sentir bien.

Contar con dos comidas diarias me permitía no pasar hambre durante la semana. En el hospedaje tenía desayuno y cena. Comía una empanadilla con un jugo o unas galletas con un refresco para el almuerzo. Nada de comida fuerte; no había para más. Pagaba mensualmente al recibir la beca. Me hospedé con cuatro compañeras, que nunca había visto, en una misma habitación y dormía en la parte de arriba de una litera. En el espacio inferior dormía una estudiante que, por las apariencias, parecía de familia acomodada. Tenía ropa muy bonita, variada y muchos artículos personales, hasta un radio. Era una buena persona. Dialogábamos, pero no hicimos gran amistad.

Caminaba a pie a la universidad, siempre con sombrilla en mano, porque en Mayagüez llovía todos los días después de la una de la tarde. Sin dejar de mencionar el hedor de las atuneras que impregnaban el trayecto. Moverme del hospedaje a la universidad era como una odisea. Como hice la matrícula tarde, tomaba tres clases en el programa diurno y dos en el nocturno. Caminaba de noche por un campus enorme. En ocasiones, corría por el miedo, era una jibarita del monte. No obstante, nada de eso minimizó las ansias por continuar mi camino hasta la meta.

En los salones de clases era difícil lidiar con estudiantes presumidos o que provenían de familias con recursos económicos. No obstante, mi aprovechamiento académico siempre fue un arma para lidiar con ese tipo de personas. Sentirse aceptado era de gran importancia en ese momento.

No puedo olvidar a un joven natural del pueblo de Yauco que fue mi compañero de clases en un curso de ciencias sociales. En todos los cursos era necesario auto presentarse y en ese no fue excepción. Cuando llegó mi turno y dije que era del pueblo de Las Marías, el joven comenzó a reírse y a hablar despectivamente.

Siempre lamenté la pobre sensibilidad del profesor que no hizo nada para protegerme. De camino al hospedaje lloré de coraje y frustración. Esa experiencia no me amilanó, por el contrario, me dio fuerzas para seguir adelante.

Hay una percepción generalizada de que muy pocos estudiantes se gradúan de la universidad sin haber obtenido una calificación baja en algún curso o examen. En mi caso, no fue la excepción.

La mayoría de los cursos en las universidades de Puerto Rico son de tres créditos, pero me matriculé en uno de cuatro créditos, Contabilidad Básica. Ese curso requería mayor compromiso. Aunque tenía un buen promedio académico, no me era posible dominar el contenido de esa disciplina. El texto era en inglés y el profesor carecía de destrezas pedagógicas, mientras que la alumna padecía de estrés e inseguridad. Me quedé varios fines de semana sin ir a casa de mis padres para adelantar las tareas. Una compañera me facilitaba la comprensión del contenido y aun así se me hacía difícil. Al recibir mis calificaciones, fue como un baño de agua fría en pleno invierno. No aprobé el curso.

Con determinación, el próximo semestre me matriculé en el mismo curso con otro profesor. Eso me permitiría comprobar dónde residía el problema. Volví a estudiar con mucho esmero y obtuve una calificación excelente en el primer examen; esa era la motivación que necesitaba para continuar enfocada. Aprobé el curso con nota sobresaliente. Esa experiencia me permitió tomar impulso para continuar con mayor entusiasmo y con la vista fija en la meta que me había trazado. Me desenvolvía efectivamente en las otras materias.

Completé el primer año de estudios con retos que pude superar. Para el segundo, conseguí otro hospedaje, aledaño a donde estaba. Fue más llevadero. El servicio de desayuno y cena era en el mismo lugar. Solo podíamos servirnos raciones pequeñas, pues éramos muchos. Recordé la casa de mis padres y me preparé mentalmente para no sentir hambre entre comidas.

Como cristiana, me esmeré por darle un espacio primordial a Dios. Durante el segundo año de universidad me uní a un grupo de estudiantes católicos, con el cual leía la Biblia, meditaba y compartía. Entre los miembros estaba Áurea, estudiante de enfermería natural del pueblo de San Sebastián, quien era mi compañera de hospedaje, al igual que Gladys y Myrna. Áurea era muy activa como su hermana, Rosalinda. En su casa eran ocho hermanos y habían pasado situaciones muy difíciles para estudiar. Para Áurea fue más fácil entrar a la universidad, porque Rosalinda despejó la senda para que sus hermanos menores pudieran ser profesionales.

En las mañanas, algunos días de la semana, subía a pie hasta la Catedral de Mayagüez para escuchar la misa. Me daba miedo pasar frente a la Cervecería India. Escuchaba a los hombres que me pitaban, y decían epítetos que no me agradaban. Oraba a Dios para pasar desapercibida por ese trayecto. Nunca tuve incidentes que lamentar.

Mientras cursaba el segundo año me informaron que el programa de Bachillerato en Educación Comercial en el cual estaba matriculada lo pondrían en moratoria y que no podría completarlo, que solamente lo dejarían en oferta un año a partir de la fecha. Me pareció inaceptable, porque me habían admitido en un programa que no podría completar en Mayagüez. La recomendación fue que debía tomar los cursos de cuarto año en el Recinto de Río Piedras de la Universidad de Puerto Rico, o sea, en la capital.

Me desilusioné al saber que no podría continuar los estudios para ser maestra de Comercio. Ante esa situación, y al saber que no tendría la mínima oportunidad de viajar a San Juan para estudiar, solicité admisión al Programa de Ciencias Agrícolas. Mi padre era agricultor y esa podría ser una buena alternativa. Eso motivó a mi padre. Exploré como segunda alternativa, realizar un bachillerato en Estudios Hispánicos, disciplina que también me apasionaba, pero que no solicité. Cosas del Señor, estuve todo el verano pendiente a mi solicitud y ansiosa por saber el futuro de mi vida académica. Pues, no me aceptaron aludiendo que el cupo estaba lleno y me recomendaron volver a solicitar el próximo semestre. Continué matriculada en los cursos de Educación Comercial con la esperanza de que algo positivo sucediera.

En el segundo semestre, decepcionada y sin saber qué hacer, hablé con Rubén, el esposo de Milagros, quien siempre me tendía una mano y motivaba a superar los obstáculos. Le expliqué la situación y se ofreció a ayudarme.

—Si necesitas quien te lleve a San Juan para matricularte, puedo llevarte con Milagros. Luego, consigues a alguna compañera que tenga el mismo problema, viajas con ella y se le paga algo. Con el hospedaje no tendrás problemas, ya que tienes la beca que paga todo. También puedo ayudarte a conseguir el hospedaje. Vamos un día y tratas de ver si consigues algo.

—¿En verdad crees que pueda hacerlo a pesar de tantas limitaciones? —respondí desanimada.

—Solo te digo que, si quieres hacerlo, cuenta conmigo y con tu hermana. Te ayudaremos.

Motivada a finalizar el bachillerato en el área que interesaba, decidí seguir adelante y superar los obstáculos. A finales del tercer año de universidad, acepté la propuesta de Rubén para ayudarme con el traslado a Río Piedras.

He conocido a muy pocas personas tan desprendidas como mi cuñado. Me motivó, creyó en mis capacidades para lograr una meta. Milagros y él, fueron mis ángeles en el proceso de matrícula y de conseguir un hospedaje en San Juan. Mientras estudiaba me daban dinero para ayudarme con los gastos. A él lo quise como a un hermano. De él podría decir como dijo Madre Teresa de Calcuta: "Quien no vive para servir, no sirve para vivir".

En agosto de 1977 comencé a estudiar mi cuarto año de universidad en el Recinto de Río Piedras de la Universidad de Puerto Rico. Pararme frente a la imponente torre del edificio principal del campus, me dio el valor suficiente para enfrentar los retos por venir.

Viajaba con dos compañeras que estudiaban Educación Comercial al igual que yo. Cuando no podía viajar los viernes, porque no quería padecer los suplicios para llegar a mi casa en Las Marías desde Mayagüez, me quedaba en el hospedaje. En otras ocasiones, salía temprano Sofía Matías, quien viajaba a San Juan con un bebé de pocos meses de nacido, que cuidaba una tía. Entonces ella regresaba a Mayagüez y me quedaba, como decía mi padre, "sin la soga y sin la cabra".

Como Dios "aprieta, pero no ahorca", la dueña del hospedaje, doña Mariana, se hizo muy amiga mía. Cuando me quedaba los fines de semana, me regalaba la comida. El almuerzo semanal eran galletas de soda con salchichas y una bebida de malta que compraba a seis por un dólar.

La convivencia en el hospedaje no era fácil. Un total de once pupilas, más la dueña del hospedaje con su sobrina. Ellas ocupaban una habitación y las otras tres habitaciones las ocupábamos las internas. En mi cuarto éramos cinco. Volver a ocupar la cama superior de una litera fue una pesadilla. Para el segundo semestre, pude ocupar un espacio en la parte inferior, cuando otra compañera terminó sus estudios y se fue.

Me entretenía escuchando las historias de las compañeras de hospedaje, que contaban que se encontraban con diferentes actores y actrices del patio: Johanna Rosaly, Héctor Travieso o Gladys Rodríguez. Como se trataba de la primera institución educativa de Puerto Rico, para esa época era el centro donde estudiaban muchos artistas.

Usar el baño requería de todo un protocolo. En la parte de enfrente de la puerta había un papel. Cada persona anotaba su turno para el baño en la tarde y en la mañana. Se consideraba como primera alternativa que la persona tuviera clases temprano. Era 1977 y solo había un servicio sanitario para once pupilas. La dueña y su sobrina utilizaban otro, ubicado en su habitación. Con frecuencia suplicábamos a la casera para que nos permitiera utilizar su baño, pues la lista de espera era muy extensa y las necesidades fisiológicas no entienden de turnos.

Los jueves en la noche la mayoría de las pupilas iban al cine. Nunca fui. Tenía mucho trabajo y no tenía los recursos económicos para pagar la taquilla. Cuando regresaban, compartían escenas de las películas, me limitaba a escucharlas, a suplicar en mi interior para que terminaran el cuchicheo. Una vez más, la vida me mostraba el valor de posponer la gratificación cuando persigues una meta.

A pesar de ser tantas personas en un hospedaje, la diversidad religiosa no estaba presente. Evoco con satisfacción cuando el Miércoles de Ceniza, acordábamos con la dueña del hospedaje, doña Mariana, subir en procesión a la misa en la iglesia del centro de Río Piedras. Ese era un momento para compartir, sin considerar las situaciones que nos separaban sino las que nos unían.

El segundo semestre académico me correspondió realizar la práctica de maestra en una escuela en Santurce. El tránsito en el área metropolitana era muy pesado durante el mediodía. Viajaba del hospedaje hasta la Escuela Superior Central en Santurce para ir al centro de práctica donde ofrecía dos cursos del Programa de Comercio. Me sentía feliz porque al fin estaba al borde de la meta. Ser maestra me apasionaba.

Luego de tomar mi consabido almuerzo diario, galletas con salchichas y malta, cogía el bulto con los materiales escolares, cruzaba la calle Esteban González hasta la avenida Luis Muñoz Rivera para tomar una guagüita que recogía pasajeros desde Caguas. Los que vivieron en esa época deben recordar que le llamaban las "pisa y corre".

Para tener más contacto con las salchichas, íbamos como salchichas en lata dentro de la guagua que tampoco tenía acondicionador de aire. Me dejaba frente a la escuela. Cruzaba la calle y me sentía muy feliz con el uniforme de maestra practicante que me había cosido mi hermana Connie.

Tuve la dicha de contar con la profesora Álvarez de Barreto como supervisora de práctica. Fue una experiencia retadora, debido a la falta de dinero para adquirir recursos y preparar materiales de aprendizaje. Los planes diarios eran de cuatro y cinco páginas escritas en maquinilla. Para esos años ya tenía una maquinilla portátil que compré por treinta y cinco dólares, con los ahorros de la beca. Quien ha pasado por mi experiencia tiene una idea de lo que significaban aquellos treinta y cinco dólares, sin olvidar la satisfacción de contar con mi propia maquinilla.

En la escuela donde hice la práctica estuve un semestre. Me desarrollé bajo la supervisión de Edna Santiago quien fungía como maestra cooperadora. A ella le debo gran parte de mis conocimientos prácticos en el área de Educación Comercial. Terminé en ese centro de práctica el segundo semestre de mi cuarto año universitario, ya que en el primer semestre tomé cursos de pedagogía. La mayor parte de esos cursos los ofreció la Dra. Aida Santiago, directora del Programa de Educación Comercial en la Universidad de Puerto Rico. Incursionar en el área profesional fue algo que facilitó la doctora Santiago. Para el 1978 se estaba organizando la Asociación de Profesores de Educación Comercial de Puerto Rico. Celebraban talleres en la Universidad de Puerto Rico y la doctora Santiago nos invitó a participar. Ingresé a la nueva organización con la expectativa de continuar aprendiendo.

Con altas y bajas transcurrieron dos semestres en la Universidad de Puerto Rico en Río Piedras. Culminar los estudios de bachillerato fue un gran logro. Ansiaba llegara el día de la graduación. El Centro de Convenciones era el lugar para los actos oficiales como este. Una estructura significativa en el centro del área turística del Condado.

En ocasiones, el tiempo de espera para poder disfrutar de algo que ansiamos nos traiciona. En la Universidad de Puerto Rico han ocurrido infinidad de sucesos relacionados con huelgas estudiantiles. En el año 1977, una estudiante disgustada subió al escenario a recibir su diploma de graduación de manos del presidente de la institución. Aprovechó la cercanía con el académico y le propinó una cachetada. Ese suceso ocasionó un gran revuelo. Por eso, para la graduación en mayo de 1978, año en que me gradué, no permitieron que los estudiantes subiéramos al proscenio para recibir el diploma. Se realizó una ceremonia simbólica. Así pues, no tuve el privilegio de recibir el diploma de manos del presidente, aunque fuese para la foto.

Mi padre no estuvo presente en mis graduaciones anteriores y en esta, no fue la excepción. Mi madre, Milagros, Rubén y mi hermano Oscar, me acompañaron. No culpo a los demás hermanos, el viaje era muy largo y la transportación difícil. Fue un viaje especial desde Las Marías hasta San Juan, con la alegría de que sería el último de ese período de estudios. No hubo fiestas, regalos especiales ni celebraciones, pero en mi interior sentía un gran regocijo, porque la hija de los campesinos había logrado una meta que para muchos de mi época era inalcanzable.

Al evocar ese año de estudios en la Universidad de Puerto Rico, agradezco a la vida las experiencias que aportaron a mi formación; buenas y retadoras. Cada una fue significativa para mi crecimiento profesional y personal. Comprendí que la vida no ocurre en un vacío, las vivencias te llevan de un lado a otro, te obligan a sobrevivir con las circunstancias que se presenten. Estoy segura, que luché "como gato bocarriba" para salir adelante con la ayuda de Dios.

4

Un sitial privilegiado

Lo que ni siquiera has soñado puede ocurrir. Si confías en que eres guiado, ese sueño que está por definirse se desarrollará paulatinamente hasta convertirse en realidad. Es parte de la gran sorpresa que la vida te tiene reservada.

Luchar para lograr una meta que se vislumbra lejana e inalcanzable no es tarea fácil. Comenzar de nuevo cuando algo no sale como esperamos; intentar e intentar para llegar donde has soñado es como caminar sin ver el horizonte, pero con la certeza de que está adelante. Una vez allí, encuentras que todavía falta mucho por hacer. Lo que veías como el final del camino, es una intersección con varios ramales y tienes que decidir para dónde seguirás, pues debes continuar. La vida es un acertijo, depende de decisiones.

Culminé el bachillerato con buen promedio académico. Para mí, el mejor promedio del mundo. Y, ¿ahora qué? La gran tarea de buscar un empleo. Un bachillerato y un buen promedio académico era suficiente. Como el inicio del semestre académico en las escuelas públicas de

Puerto Rico era en agosto, confiaba en la posibilidad de hacer un buen turno en las listas para maestros y, por ende, conseguir un empleo en la docencia. El proceso de selección de maestros se conducía principalmente durante el mes de julio. Pasé junio con mis padres, algo que ellos valoraron. Colaboré en todo lo que me fue posible; siempre tranquila y sin sacar a la luz algún tema que condujera a destacar que estaba sin empleo.

Mientras navegaba por el mar de las indecisiones sobre si estudiar o continuar trabajando, pensé en los profesionales de mi pueblo. La mayoría vivía fuera de Las Marías o en el extranjero. Estaba segura, que una vez completara el grado, haría la diferencia. Me quedaría en el pueblo para retribuir lo que me había dado. Para mi sorpresa, al terminar el bachillerato, el pueblo no tenía nada para ofrecerme. Si quería trabajar, tenía que abandonar mi compromiso de servirle. Como decía mi padre: "No es lo mismo llamar al diablo, que verlo venir".

El mes de julio llegó con la premura esperada. Estaba confiada en que recibiría alguna notificación por correo postal, pues no existía otra forma de comunicación efectiva. Durante la última semana, tuve la oportunidad de pasar por la Oficina Regional del Departamento de Instrucción Pública y ver las listas de turnos. Para mi tranquilidad, estaba entre las primeras tres, pero desconocía de plazas disponibles. Para llegar a mi turno, era necesario convocar a las dos personas que estaban antes que yo y que estas no aceptaran. Además, si al presentar la convocatoria, algún maestro interesaba cambiar de escuela o de pueblo, tendría que esperar por otro turno. Como decía mi padre: "Una de cal y otra de arena". Llamé a la doctora Aida Santiago para indicarle que necesitaba con urgencia de un empleo. Me refirió a un contacto en la

Universidad de Puerto Rico en Ponce. Llegué tarde a la convocatoria, habían contratado otra persona.

El inicio del semestre académico se dio sin recibir la esperada notificación que me permitiera obtener el empleo añorado. Ante la situación y mi desesperación por la falta de un empleo, decidí que solicitaría un puesto como secretaria. Me costaba creer que, a pesar del deseo de ser maestra, solo había puestos disponibles para secretaria. Una vez más, enfrentaba la necesidad de tomar decisiones difíciles, pero necesitaba trabajar.

Llamé a una profesora que tuve en el Recinto Universitario de Mayagüez de la Universidad de Puerto Rico y le indiqué mi situación. Me recomendó que volviera a la Oficina Regional del Departamento de Instrucción y me pusiera a la disponibilidad para ofrecer cursos nocturnos en alguna escuela que tuvieran Programa de Comercio, que eran solo tres. Visité las escuelas y expresé mi disponibilidad. Me indicaron que ya todos los cursos estaban asignados a maestros que trabajaban durante el día a tiempo completo y a tiempo parcial en las noches. Eso me causó mucha frustración, pues me pareció injusto.

Cada día sentía el peso de la mirada de mi madre, que me observaba con pena al saber cuánto me había esforzado sin tener suerte para conseguir empleo. Pensé en la posibilidad de regresar al trabajo que tuve en la fábrica de Maricao, en la que secaba bolsas para suero o quedarme en casa de mis padres a expensas de que me mantuvieran. Comencé a creer en lo que mi padre repetía con frecuencia: "Te quedaste sin la soga y sin la cabra". Decidí volver a llamar a la maestra y contarle mis sinsabores. Ella había recibido una convocatoria de un patrono en el área de seguros en la que necesitaban contratar a una secretaria para brindar apoyo al contralor de la empresa. Me motivó a solicitar y accedí, a pesar mío. Pero, por algo tenía que comenzar.

Regresar al hospedaje en Mayagüez, en el cual estuve por dos años, fue positivo. Antes de volver hablé con la dueña, doña Mary, quien me recibió sin dificultad. Le comenté que iría a una entrevista y que, si me aceptaban, prefería hospedarme allí.

Me preparé para la entrevista de empleo. Como no tenía ropa apropiada, utilicé mi uniforme de práctica de maestra: falda clásica, chaqueta azul marino, blusa blanca y zapatos cerrados, que no eran nuevos, pero estaban en buenas condiciones.

Llegué caminando hasta la entrevista que era en el centro del pueblo de Mayagüez. Sudaba hasta empaparme. Sentía el calor de la mañana más fuerte que nunca. Al llegar al edificio de seis pisos leí la pizarra con las indicaciones de las oficinas. Respiré hondo y me quedé unos minutos recuperando la compostura y tranquilidad por el trayecto. La empresa tenía dos niveles para sus instalaciones: el quinto y el sexto. Me sentía como si fuese para el paredón, pero tenía que seguir adelante. Marqué el piso en el ascensor y observé el panel hasta que subió hasta el lugar indicado. Al abrir la puerta encontré una recepcionista, justo en frente. Me sorprendí porque nunca lo había visto de esa manera. Miré a ambos lados, vi pasillos que me parecieron como túneles. Atemorizada practiqué mi presentación en silencio hasta que decidí hablar.

—Buenos días. Soy María Bonilla, la persona que recomendó la profesora Figarella para la entrevista al puesto de Secretaria del Contralor. —Sentí que salieron las palabras adecuadas.

—Mucho gusto en conocerle, soy Aida. Tome asiento. Le informo al contralor, el señor Astacio, que usted llegó.

Observé los cuadros en las paredes mientras disipaba mis dudas. La espera me pareció de horas, pero solo transcurrieron minutos. Una empleada de nombre Lilliam me condujo a la oficina del Contralor. Un señor alto, corpulento, de cabello negro, me invitó a entrar y sentarme. Se presentó muy cortésmente lo que me dio un poco de confianza. Contesté todas las preguntas que tuvo a bien realizarme y en ese mismo instante me indicó que el trabajo era mío y que, si deseaba, podía quedarme. Acepté quedarme durante la mañana y, cuando salí de la oficina, me sentía como si me hubieran castrado. No quería ser secretaria, sino maestra. Sentía que la vida me daba a probar el dulce equivocado, pero esa era la única alternativa que tenía si quería ganar experiencia de trabajo y no quería ser carga para mis padres.

Cuando se enteraron de que conseguí empleo, lo celebraron. Mis hermanas se las arreglaron para darme algunos dólares para que me comprara algunas piezas de ropa, apropiadas para el trabajo de oficina. Jamás olvidaré que compré tres faldas y tres blusas. Podía intercambiar las faldas y las blusas para hacer varios conjuntos con solo seis piezas. En esa época no era apropiado utilizar pantalones en las oficinas.

El trabajo que realizaba una secretaria para 1978 era demasiado técnico. Escribía en una maquinilla mecánica, un martirio si se cometían errores con alguna palabra. Si se trataba de una o dos letras, podía corregirlas con mucho cuidado; pero si era una o más palabras, había que rehacer el documento. Tuve que reescribir la misma página en repetidas ocasiones, porque me ponía nerviosa y cometía errores. Fueron meses de insatisfacción y sacrificio psicológico, pero me urgía trabajar. Mis compañeros de trabajo no percibían mi estado de ánimo, ya que me esforzaba en parecer feliz.

Para comprar un automóvil, mi padre habló con uno de mis cuñados, quien le prestó mil dólares que pagaría en pequeñas remesas. Nunca había guiado, pero mientras estaba en la universidad había tomado clases para conducir con mi cuñado Rubén y obtuve la licencia. Compré el automóvil más económico en el mercado y fue una odisea volver a guiar. Practiqué mucho antes de conducirlo sin supervisión. Necesitaba conducir para mi nueva realidad de vida.

Adaptarme al trabajo fue una pesadilla. No sé cómo me las arreglé para sobrevivir con un salario muy bajo con el que pagaba: hospedaje, comida, automóvil y gasolina. En ocasiones, mis hermanas también me ayudaban para esto. Con satisfacción, hubiera aportado para los gastos en la casa de mis padres, pero no podía.

Llegó el mes de noviembre y el esfuerzo por sobrevivir en aquel empleo era cada vez mayor. La esperanza de poder conseguir una plaza como maestra en enero era mi consuelo. Un día mientras trabajaba, recibí una llamada de la profesora Figarella.

—Oficina del Contralor, habla María Bonilla, en qué puedo servirle —dije como de costumbre.

—Hola, María. Es Figarella. ¿Cómo te va en el trabajo? —preguntó.

—Muy bien. Hago lo que me corresponde. Todos los días tengo oportunidades para aprender.

—Necesito hablar contigo. Llámame esta noche.

—Así lo haré —respondí emocionada. Pensé que tendría algo positivo para mí.

La tecnología de esa época solo permitía teléfonos de conexión eléctrica o de línea en los hogares y oficinas. Para comunicarme con ella debía llegar al hospedaje y utilizar el teléfono con la condición de pagar por su uso. Las horas en el área de trabajo transcurrieron con lentitud, "como un suero de brea". A las cuatro y treinta de la tarde, fui al ponchador y salí a toda prisa. Tardé cerca de quince minutos en llegar al hospedaje debido al tráfico. Mientras conducía, barajé en mi mente toda clase de ideas sobre la llamada que haría. Me distraje tanto que por poco un automóvil me impacta.

Llegué al hospedaje, me bañé y preparé algo para comer. Cociné temprano, porque doña Mary cocinaba a las seis. Estaba tan ansiosa que decidí guardar la comida para después de la llamada.

Cuando el reloj marcó las siete y treinta de la noche, le dije a doña Mary que tenía que hacer una llamada. Anoté el número de la profesora Figarella en la libreta de control de llamadas y marqué el número. Me temblaban los dedos, pedía a Dios que se tratara de buenas noticias. Cuando sonó y la persona al otro extremo tomó el auricular, saludé.

—Buenas noches. ¿Se encuentra la profesora Figarella? Es de parte de María Bonilla.

—María, soy yo ¡Qué bien que llamas! Necesito hablar contigo con relación a una oportunidad de empleo como maestra. Escribí una propuesta para ofrecer adiestramientos a un grupo de madres desplazadas y la aprobaron. Se trata de ofrecer cursos para capacitarlas en el área secretarial. Estoy segura de que eres la persona indicada para trabajar con ese grupo.

Mientras la escuchaba sentía mi pecho palpitar, era lo que esperaba.

—¿Cuándo debo responder y cuál es la fecha de inicio? —pregunté inquieta.

—El Programa debe comenzar en dos semanas, pero necesito que te integres al trabajo en seis o siete días para que te organices y comiences a preparar los materiales de las clases. Entiendo que vas a aceptar la oportunidad. —daba por hecho que había aceptado.

—Sí, sí, definitivamente. No hay problema, haré lo posible por comenzar cuando usted indique —contesté con alegría e incertidumbre.

—Pues, necesito que me hagas llegar un resumé actualizado y una carta de recomendación.

—Así será. Gracias por su recomendación. No la haré quedar mal.

Cuando colgué el teléfono, me quedé absorta, miré al techo por largo rato. Una nueva inquietud surgió en mi mente. No sabía cómo renunciar al trabajo que tenía y en el cual llevaba apenas tres meses. Esa noche no dormí. Me levanté más temprano de lo habitual. Salí temprano para la oficina, tanto que, al llegar, se percibía el silencio, solo había otro empleado. Caminé hacia mi área de trabajo y me senté a meditar. Tenía que renunciar y no tenía el valor para hacerlo. El jefe llamó a media mañana para indicar que no iría la oficina. Me dio instrucciones relacionadas con tareas pendientes y esto a su vez me puso más ansiosa.

El nivel de tensión creció a medida que avanzaron las horas. No podía concentrarme. Me equivoqué constantemente mientras escribía. Esa noche tampoco dormí. Intentaba encontrar las palabras adecuadas para hablar con mi jefe y explicarle mi renuncia. Volví a levantarme temprano, fui de las primeras en llegar a la oficina. El jefe llegó como a las ocho y treinta. Me llamó a su oficina para darle seguimiento a las tareas que me había asignado, pero no pude decirle. A la hora del almuerzo, salí a coger aire. Sabía que debía hablarle, pues mi futuro dependía de la decisión. Si no tenía valor para renunciar, me quedaría en aquel lugar por el resto de mi vida.

Cerca de las cuatro de la tarde, me dirigí hacia la oficina del jefe y le pedí unos minutos. Me cedió asiento y comencé a explicarle.

—Hace tres meses que trabajo para esta empresa. Me siento muy a gusto, realizo las tareas asignadas y entiendo que he cumplido con las expectativas. No obstante, según le expliqué en mi entrevista de empleo, mi preparación profesional fue en el área de Educación Comercial. Una de mis profesoras en la Universidad de Puerto Rico en Mayagüez me ha ofrecido la oportunidad de dar clases en un nuevo programa y he considerado positivamente la oferta. Mientras hablaba, el jefe, me miraba y analizaba mis planteamientos.

—Como sabes, estoy muy complacido con la forma en la cual realizas las tareas asignadas a tu puesto. No es fácil conseguir personas sustitutas para el tipo de trabajo que realizas. Analizo tus planteamientos y entiendo que es una gran oportunidad para ti, aunque eso nos creará problemas. ¿Sabes?, si tuviera la oportunidad de conseguir el puesto al que aspiro en otra empresa, con mucha pena por esta compañía, iría en busca de esa experiencia. Si decides aceptarla, comenzaremos las gestiones para contratar a otra persona. Necesito tu ayuda en ese proceso.

—Con mucho gusto puedo adiestrar a mi sustituta —contesté con rapidez.

—¿Hasta cuándo estarás en la oficina? —preguntó.

—Una semana más. —Cotejé el calendario y le indiqué la fecha exacta.

—Haré las gestiones con el área de personal para que preparen una convocatoria para el puesto.

Siempre agradeceré a Dios la apertura con que mi jefe aceptó mi renuncia. Muy pocas personas sacrifican algo por el bienestar de otros, y los dejan volar sin ser obstáculos. Muchos años después volví a ver a quien fuese mi jefe para aquellos años, trabajaba en otra empresa. Me recordó sus palabras el día en que le hablé de mi renuncia.

El trabajo como maestra era muy retador, estaba donde quería estar, motivada con mis responsabilidades. La carga académica era de cuatro cursos distintos en formato de trimestre. El grupo era de veinticinco estudiantes, todas mujeres, graduadas de escuela superior, pero con necesidades particulares.

Fue entonces cuando comprendí mejor que el rol del maestro no era solamente enseñar una materia, sino que la empatía y la resiliencia eran de gran importancia para lograr el éxito en ambas direcciones. Superé el primer trimestre, la profesora Figarella estaba muy complacida con mi trabajo.

En el aspecto personal, como ya tenía automóvil, los fines de semana viajaba a casa de mis padres y me podía desplazar al trabajo sin problemas. Continuaba hospedada en casa de doña Mary, quien para entonces comenzó a tener problemas de circulación, lo que redundó en la amputación de una de sus piernas. Habíamos establecido una relación muy estrecha, la veía como a mi madre. En ocasiones, cuando llegaba con hambre, ya ella había cocinado desde su sillón de ruedas, compartía su comida conmigo. Don Arturo, su esposo, era como mi padre. Con frecuencia dialogábamos y escuchaba atenta las historias de sus años de juventud cuando era productivo.

Doña Mary se convirtió en una situación personal. En muchas ocasiones la llevé al médico, porque su esposo ya no manejaba. Resultaba muy difícil tener que mover la silla de ruedas por una rampa que habían preparado tras su amputación, para luego, subirla al automóvil, después recoger y compactar la pesada silla. Cuando llegaba a la oficina del médico, debía repetir el proceso: sacar la silla, subirla, empujarla, cosa que me debilitaba enormemente.

La dejaba sola para regresar al hospedaje a continuar con mis tareas. Luego, la secretaria de la oficina llamaba a la casa y la recogía con el mismo ritual. Me motivaba al servir. El Señor me permitió colaborar con doña Mary, quien tenía una hija y un hijo, pero no siempre estaban disponibles.

Los fines de semana viajaba a la casa de mis padres en Las Marías. El nuevo empleo me permitía ganar unos dólares más, lo que me ayudó a independizarme. Me complacía poderles llevar algunas cosas para consumir.

Desde que estaba en escuela superior comencé a ir a la iglesia en mi barrio. Don Francisco, el papá de Marilí, donó un predio de terreno y junto a personas de la comunidad, construyeron una capilla. Algunos fines de semana íbamos a misa. Al terminar la universidad se organizó un grupo de la Juventud Acción Católica en dicha capilla. Awildaliz, la hermana de Marilí, era la presidenta del grupo. Los viernes en la noche recogía a algunos vecinos y los transportaba hasta la iglesia. Allí cantábamos y alabábamos al Señor. Leer fragmentos de la Biblia nos permitía adentrarnos en las Sagradas Escrituras y compartir ideas. En una ocasión, fui presidenta del grupo, lo que requirió preparación adicional, pero lo hacía con mucho gusto. Era un tiempo especial luego de las tareas de la semana.

Los sábados en la mañana ofrecía catequesis en el barrio Espino. Transportaba entre siete y ocho niños hasta el patio de la casa de don Pino, quien nos permitía reunirnos allí. Por lo menos, tenían la oportunidad de escuchar la palabra de Dios. Mi madre se preocupaba por el poco tiempo que tenía para mí. Le explicaba, que si no lo hacía nadie lo haría. Sin esa iniciativa los niños estarían faltos de una formación muy importante para sus vidas. "Instruye al niño en sus sendas y cuando sea adulto no se apartará de ellas".

Mi vida sentimental estaba un poco trastocada. El amigo de escuela superior había desaparecido. Gracias a Dios no tuvo la osadía de volver a acercarse luego de casarse. De esa forma, cerré un capítulo de la adolescencia sin mayores problemas, gracias a la falta de tiempo para lamentarme.

Un joven, al cual conocía desde pequeña y que era casi diez años mayor, intentó convencerme de que nuestra amistad podría convertirse en algo más, algo que para mí era imposible. Su insistencia y forma de tratarme me llevaron a cambiar de idea. Lo que aún no sabía era que, después de tanto insistir, tenía novia. Me enteré sobre su boda algunos días antes. Me sentí decepcionada. Confiada en que el Señor siempre ha guiado mis pasos, solo tuve la oportunidad para escribirle una carta que nunca contestó. Luché para cerrar aquel episodio de mi vida, aunque no sabía cómo lo lograría. Fue un gran golpe a mi sensibilidad de mujer. Durante meses y quizás años sentí una profunda tristeza y sufrí en silencio. Como el sabio campesino que dijo: "No hay mal que dure cien años ni cuerpo que lo resista", luché por superar otra desilusión amorosa.

Estar ocupada no me permitía dedicar más tiempo a pensar en lo imposible. Los días de soledad me transportaban a una falsa realidad, pero no había vuelta atrás.

"Más adelante vive gente y con vistas al mar", solía decir mi madre cuando me veía perturbada. Y tenía razón, aunque en esos momentos solo experimentaba soledad. La resiliencia y mi fe en Dios me ayudaron a aceptar mi realidad y a buscar nuevas avenidas que me permitieran ver algo positivo en el horizonte.

Dios siempre viene en auxilio de los suyos, si es que confían en Él. En esta ocasión no fue la excepción; confiaba plenamente en que algo positivo tendría que suceder, solo quería que no fuera muy tarde.

5

Donde pocos llegan

Cuando has crecido en un ambiente donde las oportunidades de salir de tu entorno están limitadas, puedes adoptar una actitud conformista. En cambio, si se crea conciencia de que cada día representa una oportunidad para hacer la diferencia, dondequiera que te encuentres, tus acertadas decisiones te conducirán donde pocos llegan.

Sentirse realizado profesionalmente es una sensación inexplicable. El positivismo me arropó y debí tener cuidado de no caer en el falso sentido de superioridad. Esa sensación duró hasta que la vida me presentó otros retos. Me tambaleé y volví a sentirme inestable cuando la profesora Martínez, quien fue mi maestra en la universidad, desestabilizó mi zona de comodidad. En una cita en su oficina me propuso iniciar estudios graduados.

—He visto tu potencial y creo que puedes hacer una maestría en Educación Comercial. Me dijo que hacer la maestría abriría las puertas a mayores oportunidades para quedarme como profesora en el Colegio. Sabía de una estudiante que comenzó a tomar cursos en la Universidad de New York, que ofrecía cursos en Puerto Rico y utilizaba como sede la Universidad del Sagrado Corazón. Propuso coordinar con ella para tomar algunos cursos en Puerto Rico y luego, irme a New York para completar el grado.

Luego de agradecerle su iniciativa, le expliqué que no sabía guiar para San Juan, que mis recursos económicos eran limitados, que esa meta estaba muy difícil de lograr.

—Eso no es problema. Si hablo con la persona y puedes viajar con ella, entonces ese problema está resuelto. En cuanto al dinero, sé que en *ICPR Junior College* están contratando profesores a tarea parcial; con ese dinero adicional, puedes pagar tus clases.

—Pues ya lo pensaré, pero puede darme el contacto en el *ICPR Junior College*.

A partir de aquel día, después de sentir que mi vida estaba encaminada, todo volvió a desestabilizarse porque nació una nueva inquietud, un nuevo reto.

Conocía mis fortalezas, pero tenía dudas del precio que debía pagar. Pensé que era una locura. No sabía lo que pensarían mis padres cuando les dijera. Pasaron algunos días hasta que me comuniqué con la directora académica del *ICPR Junior College* en Mayagüez. Le dije que iba de parte de la profesora Martínez. Me llamaron para entrevista y ofrecieron dos cursos nocturnos.

Acepté a sabiendas de que ya estaba bastante ocupada.

"A lo hecho pecho", como decía mi padre. Decisión tomada; a trabajar. Ese era gran reto que se añadía a los que ya tenía, pero necesitaba dinero, aunque no estudiara la maestría. Sin embargo, el exceso de trabajo me hacía sentir temerosa.

Al comenzar el semestre académico, la profesora Martínez me citó nuevamente a su oficina. Seguía con la idea de que estudiara la maestría. Me ofreció información y una solicitud de ingreso. Para aquellos años la tecnología más moderna eran las copias, y eso me dio, copias. Con los documentos en mano, caminé por el pasillo que conducía a mi oficina. Entré y me senté a pensar. Llegué a sentirme ingrata, al reconocer que pedí tanto a Dios su ayuda para completar el bachillerato y ahora resolvía otro dilema sobre cómo comenzar la maestría, teniendo otras situaciones pendientes. Apoyé la cabeza en mis manos y me desconecté.

Mi contrato casi concluía cuando una compañera de estudios que trabajaba en el Departamento de Instrucción Pública me avisó sobre la convocatoria para una plaza de maestra de Educación Comercial en el pueblo de Aguada; a unos cuarenta minutos de distancia del pueblo de Mayagüez. Solicité y me dieron la oportunidad de ofrecer clases en la escuela superior urbana.

La escuela era más grande que donde estudié. La planta física llamaba la atención porque estaba recién construida. El director me recibió emocionado. La semana anterior había comenzado el semestre y los estudiantes no tenían maestro para los cursos. Me asignaron el programa y conocí las instalaciones.

Es diferente enseñar a nivel de escuela superior que a estudiantes adultos. Aprendí a lidiar con situaciones difíciles en la sala de clases y con los padres de los estudiantes. Fui consejera de la asociación estudiantil, Futuros Líderes del Comercio de América, de la cual era miembro mientras estuve en escuela superior. Colaboré en el comedor escolar durante la hora del almuerzo y eso me daba derecho a almorzar sin tener que pagar.

El trabajo en la escuela, la responsabilidad con la organización estudiantil, los dos cursos nocturnos que ofrecía en el *ICPR Junior College* y mis compromisos con la iglesia requerían todo mi tiempo y esfuerzo. Apenas dormía y, en ocasiones, se me dificultaba asistir a la iglesia los viernes y sábado. Mis padres se quejaban del poco tiempo que pasaba con ellos. Lo entendía, pero no podía hacer más. Sin dejar de mencionar que viajaba a diario de Mayagüez hasta Aguada por una carretera peligrosa. Me aterraba pensar que pudiese tener algún accidente.

Por eso, decidí renunciar al trabajo en Aguada. Cuando tuve la oportunidad de ir a casa de mis padres el fin de semana, le conté a mi madre. Dejaría la escuela y me quedaría con el trabajo a tiempo parcial, con la esperanza de conseguir más clases en el *ICPR Junior College*. Me orientó sobre nuestra situación económica y le aseguré que tendría mayores oportunidades de empleo si estudiaba la maestría y que la profesora me ayudaría cuando terminara. Mi madre, siempre pausada, pero firme, dejó en mis manos la decisión.

No fue fácil renunciar al trabajo de maestra, aquel por el que tanto había luchado. Amaba lo que hacía y más aún a los estudiantes. Me hicieron una gran despedida en la que comprendí que, de no tomar la decisión en ese momento, tal vez nunca habría dejado la escuela pública. La aceptación, el compañerismo y la comunicación efectiva con todos los miembros del núcleo escolar contribuyeron a que me sintiera muy cómoda en mis funciones docentes. En fin, la experiencia fue positiva para mi crecimiento personal y profesional; guardo recuerdos de mucho valor. Estudiantes como Esther, con quien conservo comunicación a pesar de los años, forman parte del cúmulo de vivencias de esa etapa de mi vida.

Al comenzar el nuevo semestre académico me encontré matriculada en la Universidad de New York y con trabajo a tiempo completo en el *ICPR Junior College,* donde tuve buenos compañeros de trabajo y la oportunidad de viajar a una convención de la *Eastern Business Education Association* en New York. Durante aquel primer viaje a Estados Unidos, me acompañaron algunos colegas y, mis profesoras mentoras, Figarella y Martínez. Fue una verdadera experiencia, aunque mis padres estaban temerosos por el avión. La institución aportó económicamente para el viaje, el resto lo pagué con mis ahorros. No tuve que pagar hotel, porque mis mentoras compartieron la habitación conmigo. Además, Figarella me prestó un abrigo; estábamos en octubre y hacía mucho frío.

Recuerdo que como no sabía lo del clima frío, me compré unas sandalias de tacón y cuando salía del hotel se me congelaban los pies. Fuimos a la Quinta Avenida. Ver los rascacielos y las grandes tiendas de lujo fue como estar en un viaje al otro lado del mundo. Una jibarita de Las Marías en New York, extasiada con todo lo que veía. Siempre agradeceré a mis mentoras y al *ICPR Junior College* por brindarme la oportunidad para subir a un avión por primera vez, y visitar una de las ciudades más emblemáticas del mundo. Esa experiencia me motivó para continuar los estudios de maestría. Los sábados viajaba hasta San Juan con alguna compañera de estudios. Salíamos de madrugada y regresábamos alrededor de las siete de la noche, pero como era una vez cada dos semanas, me las arreglaba para también cumplir con los compromisos de la iglesia.

Concluí el número de créditos que podía tomar en Puerto Rico y debía viajar a New York para tomar los cursos restantes en dos secciones intensivas de verano. Era una decisión difícil porque no solo carecía de los recursos económicos, sino que, además, mis padres estaban reacios en darme el permiso para viajar.

Tuve que convencerlos. Logré que mis padres no se opusieran al viaje. Para costear los gastos mi padre habló con uno de sus yernos. Este le prestó mil dólares que, junto con mis ahorros y un préstamo, dieron para pagar la matrícula y la estadía. Ansiaba completar mi grado y conseguir una mejor oportunidad de empleo en alguna institución universitaria. Alguien dijo: "Aspira a lo absoluto si en lo relativo quieres progresar", esa era mi consigna.

Días antes del viaje, y ante la incertidumbre de no contar con empleo al regresar de New York, fui a visitar a la profesora Martínez. Ella me informó que en la Universidad Interamericana de Puerto Rico se había iniciado el año anterior un programa de preparación de personal de oficina. Salí de la oficina con el nombre del director del departamento y dispuesta a llamarlo. Me encomendé a Dios y a la Virgen, como acostumbraba antes de tomar decisiones y lo llamé. Me recomendó que, tan pronto regresara de New York, me comunicara para dialogar sobre alguna oportunidad. No me aseguró un empleo, pero me dio esperanzas que abrigué durante todo el tiempo que estuve en Estados Unidos.

Llegó el momento de hacer los arreglos para el viaje. Me hospedaría en la misma habitación de una compañera de estudios de bachillerato, la cual conocí en la Universidad de Puerto Rico en Río Piedras. Noelia nació en el pueblo de San Sebastián, colindante con Las Marías y, al igual que yo, era hija de agricultores. Estudió el bachillerato mientras estaba casada y trabajaba a tiempo completo, lo que implicaba mucho esfuerzo físico, mental y económico. Tomó la decisión de estudiar la maestría porque aspiraba a un puesto de profesora en la Universidad de Puerto Rico en Bayamón.

Para una persona que solo había viajado a New York en una ocasión era un gran reto. Un edificio de casi veinte pisos albergaba las habitaciones que servían de hospedaje. Mi nueva casa estaba en el quinto. El comedor y la lavandería se encontraban entre el primero y el sótano, respectivamente. Era un edificio construido hacía varias décadas, albergaba varones y féminas. Para suerte, la habitación frente a la mía la ocuparon, Juan y Carmelo, dos estudiantes que conocía desde Puerto Rico.

New York fue un reto, pues mis destrezas en el idioma inglés no eran las mejores. Una estudiante de Puerto Rico, quien estudiaba el doctorado en esa institución, revisaba mis tareas antes de entregarlas. Siempre le estaré agradecida. Éramos alrededor de treinta estudiantes de Puerto Rico y el compañerismo, la camaradería y la buena fe contribuían a un ambiente de trabajo llevadero.

Conocer la ciudad fue interesante. Tuve la oportunidad de visitar las Torres Gemelas, que fueron destruidas el 11 de septiembre de 2001. Las fotos que conservo de ese lugar son, sin duda, una verdadera joya. Visité el *Empire State Building*, el *Chrysler*, y otros edificios emblemáticos de la ciudad. No me perdí la maravillosa experiencia de tomar el *ferry* hasta llegar a la Estatua de la Libertad. Esa imponente señora que te recibe sin preguntar quién eres ni de dónde vienes. Subir los escalones hasta la antorcha fue otra odisea que una jibarita de Las Marías jamás soñó experimentar.

Mientras estudiaba, como parte de un curso, el profesor nos asignó visitar una oficina. En un mapa, la localicé y con la idea de no perder la clase, decidí explorar el lugar. Un domingo, caminé, por más de dos horas, hasta encontrarlo. Estaba exhausta. Perdí el sentido de ubicación y me extravié. Perderse en una gran ciudad es desesperante. Estuve más de tres horas deambulando y pidiendo dirección a quienes encontraba en el camino. Al llegar al hospedaje, me senté en el vestíbulo y lloré por largo rato. A la mañana siguiente, el cuerpo me pasó factura; casi no podía caminar. Nunca me perdonaré haberme distraído en las instrucciones. Todos fuimos en tren a la empresa el día asignado. Moraleja: "No por mucho madrugar, amanece más temprano".

Noelia tenía unos tíos que vivían en Nueva Jersey y, en dos ocasiones, me invitó a visitarlos. Nos llevaron a la playa y compartimos en familia comida puertorriqueña, que ya comenzaba a extrañar. También fuimos a casa de una de las profesoras, quien tenía una computadora en su hogar, algo extraordinario para esa época. Nos asombró con su dominio sobre el equipo y, luego, compartimos unos refrigerios.

Me llamó la atención la monumental biblioteca de la Universidad de New York, la cual recién habían inaugurado. Tenía múltiples niveles con una escalera expuesta al atrio central. Para esa época todos los elevadores de los edificios de la universidad eran manejados por personas.

Con mi mente y alma fijas en la meta, pude completar los cursos requeridos para el grado de Maestría en Educación Comercial. Regresar a Puerto Rico era mi recompensa. Con el poco dinero que me quedaba, fui a la tienda de *66 Cents* donde compré algunos detalles para mis hermanas y hermanos. Lo importante era comprarles algún recordatorio de la extraordinaria estadía en New York.

Al llegar al aeropuerto de San Juan, Rubén y Milagros me esperaban, dispuestos a colaborar con mis proyectos. En ese momento todo a mi alrededor se mostró encogido; me pareció pequeño. Imaginé que era normal después de pasar tres meses en una de las ciudades más grandes de América. De camino a casa divagaba sobre los amores perdidos, las experiencias vividas, y me preocupaba por el futuro incierto.

Me emocioné al divisar mi hogar y familia en el balcón. El corazón palpitó con fuerza cuando el automóvil se detuvo. Salí con prisa a su encuentro. Me recibieron con abrazos, besos, llanto. Me sentí amada y admirada. Agradecían a Dios por traerme con bien. Otro eslabón se sumó a la gran cadena de acontecimientos de mi vida.

Regresé con un grado de maestría, algo jamás soñado, y menos por mi familia. Ahora el gran reto era conseguir un empleo. Como en casa de mis padres no había teléfono, porque aún no traían líneas hasta el barrio, tan pronto tuve la oportunidad de viajar a Mayagüez llamé al director del Departamento de Ciencias Empresariales del Recinto de San Germán de la Universidad Interamericana de Puerto Rico. Me sorprendió que me recordara. Hicimos una cita para el día siguiente, pero no me dijo si existía la oportunidad para ofrecer algunos cursos, y no me atreví a preguntarle.

Ansiosa y preocupada seleccioné ropa apropiada para la entrevista. Nunca había viajado a San Germán, guiar para lugares desconocidos me inquietaba. Fue una noche larga, como todas en las que barajaba una decisión.

Temprano en la mañana mi madre colaboró con un buen desayuno y me encomendó a Dios.

El pueblo de San Germán era emblemático, pues fue la segunda ciudad fundada en Puerto Rico en el año 1573. Tenía una arquitectura peculiar y atractiva. Conducir por las calles fue una verdadera experiencia histórica.

Jamás imaginé que detrás de las estrechas calles, encontraría un campus universitario enorme, con más de sesenta edificaciones, entre las cuales se podía contar una hermosa capilla con una cruz imponente al cielo y un moderno centro de estudiantes. Un guardia universitario me recibió en la entrada, me explicó cómo llegar hasta la entrevista con el profesor Ramírez, director del Departamento de Ciencias Empresariales.

Luego de una explicación que traté de grabarme para no perder la dirección, conduje hasta el lugar indicado, observé el hermoso paisaje. Una topografía accidentada, pero bonita. La vegetación estaba en armonía: plantas ornamentales, árboles medianos y otros que crecían hacia el infinito con enormes troncos anunciando su reinado en ese ambiente. Todo el trayecto extremadamente limpio. Se sentía apacible, acogedor.

Llegué al edificio *Phraner Hall*. Cabe destacar que la mayoría de los nombres de los edificios estaban en inglés, porque la institución educativa fue fundada en 1912 por un doctor misionero tejano, llamado John Will Harris.

—Señor, que este sea el lugar en el cual permanezca el resto de mis días. —Supliqué. Tenía hambre por trabajar en lo que había estudiado. De eso no había dudas.

Una vez en el lugar indicado, estacioné mi automóvil. Me temblaban las piernas, el miedo a lo desconocido trataba de dominarme. Con determinación, me dirigí a la oficina en el primer piso del edificio, según me habían indicado. Empujé la puerta suavemente, saludé a la persona que se encontraba en un escritorio a mi izquierda. Me presenté, la recepcionista me dijo que me estaban esperando. Caminé por el angosto pasillo. Se abrió la puerta y me recibió el director. Un señor de mediana estatura, sencillo, bien vestido; con camisa de manga larga y corbata. Me ofreció asiento.

En la entrevista, la primera pregunta fue relacionada con mi preparación académica y experiencias de trabajo. Luego, dialogamos sobre el nuevo ofrecimiento en el área secretarial. Las proyecciones eran las de crecer y contratar un profesor adicional, por lo menos, durante los próximos tres años. Esa información fue liberando mi tensión, la esperanza de ser seleccionada. La facultad estaba compuesta por dos profesores a tiempo completo y dos a tiempo parcial. Interesaban reclutar otra persona a tiempo completo que comenzara durante el semestre que iniciaba a mediados de agosto.

Dialogamos por unos minutos. Luego llamó a una profesora de apellido Torregrosa, natural del pueblo de Barranquitas. La profesora entró a la oficina. Era una persona sencilla, pero elegante, de mediana estatura y de cabello corto a nivel del cuello. Calculé que tendría unos cincuenta años o un poco más. Me explicó las expectativas de la persona que deseaban contratar, luego me preguntó si podría cumplir con estas. Les dije que era una mujer que aceptaba retos, como mostraba mi resumé. Las personas con quienes había trabajado podían dar fe de mi compromiso y dedicación. Añadí que estaba dispuesta a aplicar mis conocimientos y a aprender todo lo que fuese necesario para ofrecer un servicio de excelencia a los estudiantes.

A juzgar por la forma en que recibieron mi respuesta, entendí que era la esperada. Paso seguido, el director concurrió con ella en que tenía las cualificaciones para el puesto, y llegó lo que tanto esperaba. Procedieron a recomendarme para el puesto de Catedrática Auxiliar.

Me emocioné. Sentí la inyección que necesitaba para recuperar la confianza y la motivación. Agradecí la oportunidad y el director me despidió con un: "Bienvenida a nuestro equipo".

Luego de dialogar con la profesora Torregrosa y conseguir la documentación que debía cumplimentar, me despedí. Caminé al estacionamiento con pasos lentos, pero firmes. Me senté en el automóvil para observar al cielo y agradecer a Dios por la oportunidad.

Al poco rato, nuevas interrogantes me atormentaron. ¿Cómo me transportaría a San Germán? ¿Debería buscar un hospedaje? ¿Dónde podría quedarme?

Conduje hasta casa de doña Mary quien se mostró contenta por mi suerte. No obstante, la noté triste. Me ofreció su casa para quedarme, pero en San Germán me dijeron que, a lo mejor, ofrecería cursos nocturnos.

Mi tía Mercedes, que vivía en Hormigueros con su esposo desde que había regresado de Nueva York, tan pronto supo que trabajaría en San Germán, me ofreció su casa. Su situación económica era buena y no tendría que pagar una cantidad fija por hospedaje. Además, no tenía hijos. Luego de meditarlo y consultarlo con mis padres, decidí aceptar su proposición.

En su casa estuve varios meses, pero su esposo enfermó y decidí explorar la posibilidad de viajar desde mi casa en Las Marías. No ofrecía cursos nocturnos y terminaba a las cinco de la tarde. Viajé por espacio de dos semanas. Me levantaba antes de que saliera el sol y estaba lista para viajar a San Germán. Salía de mi casa cuando la aurora asomaba sus primeros rayos y regresaba cuando el sol se ponía. Era un viaje que tomaba alrededor de una hora y media. Mis padres se preocuparon por los riesgos que implicaba el viaje por una carretera rural con mucha vegetación y pocas residencias.

Fue por eso, que a través de Milagros, establecí comunicación con Alma, quien trabajaba en la Oficina de Extensión Agrícola en el pueblo de Las Marías, pero que vivía en San Germán. Gracias a su generosidad, me alquilaron una habitación en su hogar en lo que podía conseguir otro lugar donde mudarme. Salía alrededor de las siete de la mañana de su casa y regresaba tarde en la noche, para no ocasionar contratiempos. Vivir con un matrimonio y dos niñas no fue fácil. Con frecuencia escuchaba una voz que me alertaba a conseguir otro lugar adonde mudarme. En aquel hospedaje estuve solo un semestre, porque me sentía incómoda. El matrimonio me había rentado su cuarto principal mientras ellos y sus hijas ocupaban otras dos habitaciones. Aunque nuestra relación era positiva, no quería interrumpir la intimidad del hogar.

Averigüé sobre otros hospedajes para así marcharme de la casa donde estaba. Consulté con varias personas en la universidad, hasta que Leomarys, compañera de cátedra, me informó de una señora que vivía sola en la urbanización donde ella residía. Habló con la señora Ondina Nazardy, esta me ofreció hospedaje por un semestre.

La señora Nazardy era una mujer muy peculiar. Vestía con lo último de la moda, gustaba ir a fiestas, al casino y de compras. Tenía su casa impecable, con mobiliario de calidad. Al principio me intimidé un poco, por estar acostumbrada a los hospedajes, pero Nazardy resultó ser un ser humano extraordinario. Me introdujo a la moda en el vestir, y me recomendó varias boutiques donde compraba su ropa. Pude comprar algunas piezas de buena calidad que estaban en descuento. Cocinaba y me separaba comida, compartía su casa conmigo y le gustaba dialogar. Tan solo hacía dos años que superaba un divorcio tras un matrimonio de casi treinta. Era una mujer culta, que me ayudó. Me cayó, "como anillo al dedo".

Al terminar el semestre, Ondina aceptó que me quedara por más tiempo. Me sentía a gusto con ella, pero sabía que en cualquier momento tendría que abandonar el lugar y seguir con mi penitencia de moverme de un sitio a otro. Permanecí en su casa consciente de que debía hacer gestiones para conseguir otro lugar donde mudarme.

En la universidad, ponía en práctica lo aprendido para hacer de la experiencia educativa una significativa para mis estudiantes. Mis compañeros de facultad a tiempo completo eran la profesora Torregrosa y el profesor Valle; a quien conocía desde que trabajaba en el ICPR en Mayagüez. Había otros dos a tiempo parcial. Más adelante, se integró una profesora de apellido Torres.

Me sentía muy a gusto en el empleo. El equipo con el cual trabajaba era de reciente adquisición y la demanda por los ofrecimientos del programa era significativamente superior a lo que podíamos atender. Mi oficina era un pequeño espacio con un escritorio de la época del doctor Harris, si no es mucho decir. Tenía una maquinilla manual, los papeles competían con el teléfono por el poco espacio disponible. En esa máquina procesaba mis exámenes en un material verde llamado estarcido.

Cometer errores en un estarcido era un dolor de cabeza, pues para corregirlos necesitaba una tinta azul. Los estarcidos se llevaban a la oficina del departamento donde coordinaban la reproducción. De ahí se obtenían las copias mediante un equipo especial. Resultaba interesante ver que el material se ponía a secar en un cordel, parecido al que usaba mi madre para tender la ropa. Una vez seco, lo archivaban. Ese procedimiento era necesario, pues aún no existían las máquinas fotocopiadoras y mucho menos las computadoras.

Esperaba con ansias mi primera evaluación. Acostumbrada al proceso, me preparé lo mejor que pude. Al concluir la visita, el comité evaluador se despidió con una sonrisa acompañada por una felicitación por parte del presidente, quien me dijo que ofrecí una clase excelente y motivó a seguir adelante.

Agradecí al Señor por las bendiciones recibidas, a pesar de los escollos en el camino. Logré el pase para conservar mi empleo. Una semana antes de completar el segundo semestre, el director y la coordinadora del programa, la profesora Torregrosa, me citaron a una reunión. Me preocupé porque me habían evaluado positivamente y no entendía la razón para la reunión. Supliqué al Señor que no hubiera surgido algo negativo para la no renovación del contrato para el próximo año académico.

Estuve tensa todo el día. Durante la noche casi no pude conciliar el sueño. Mil ideas se agolpaban en la mente. Me levanté temprano. Seleccioné uno de mis mejores atuendos y me dirigí a la reunión, no sin antes barajear infinidad de situaciones que pudieron provocar la reunión. Al llegar la hora de la cita, estaba sentada frente a la secretaria en espera de mi turno. Llegó la profesora Torregrosa y la secretaria nos hizo pasar a la oficina del director.

Caminamos por el estrecho y corto pasillo que conducía a la oficina. Las piernas me temblaban. El director nos saludó e invitó a pasar.

Observaba todo a mi alrededor. Los segundos parecían minutos, y repetía en mi mente lo que practiqué decir si recibía la noticia de no renovación de contrato. El director interrumpió mis pensamientos.

Anunció que estaban complacidos con mis ejecutorias durante el año académico. Me alivié y agradecí la oportunidad de colaborar en la institución.

Me informó que la profesora Torregrosa, por cuestiones personales, no podría regresar el próximo semestre y que entendían que la persona más calificada, comprometida y con visión para adelantar el programa era yo.

Me inquietó lo que escuchaba. No estaba preparada para responder a la oferta. Pasé la mirada por cada uno de ellos quienes estaban atentos, en espera de mi respuesta.

En un principio me negué, porque como llevaba poco tiempo en el programa no me sentía preparada. Propuse al profesor Valle para el puesto, porque él llevaba años supervisando programas de Comercio en el Departamento de Educación, pero ellos ofrecieron ayudarme en la transición.

Dialogamos algunos minutos y salimos de la oficina. Estaban complacidos y yo, sentía un peso inmenso sobre mis hombros. A pesar de ser un programa nuevo, tenía casi trescientos estudiantes y se proyectaba un aumento en matrícula. Además, tendríamos que adquirir equipo y contratar profesores para cumplir con la creciente demanda.

Luego de meditar, acepté la encomienda. No era propio crear un ambiente hostil que pudiera repercutir negativamente en mi futuro en la institución. Ahora solo había que salir adelante. Llegué a mi automóvil y, al igual que el día de la entrevista inicial, me senté a agradecer a Dios porque todo había salido mejor de lo esperado en un año de tantos retos. También, pedí fuerzas para hacerle frente a mi relación con ese otro profesor, quien a mi juicio debió ser la persona seleccionada.

Veinticuatro años de vida parecían duplicarse. Estaba en plena juventud, pero mi vida personal y sentimental se encontraba en nivel cero. El trabajo ocupaba todo mi tiempo. Por falta de recursos humanos en la universidad, tenía una carga académica excesiva, pero la remuneración me permitía cubrir los gastos personales, ayudar a mis padres y ahorrar algo de dinero.

Mientras ofrecía clases en el tercer piso del Edificio Torres, lugar en el cual se encontraban las instalaciones del programa, los pasillos estaban repletos de estudiantes. Me llamó la atención un joven quien, todos los días, a la hora de una de mis clases se paraba a observar, por las ventanas que daban al pasillo, hacia el interior del salón, porque la puerta de entrada permanecía cerrada. Aquel joven se colocaba a la izquierda de la puerta, miraba hacia la pizarra que se encontraba justo a la entrada en la pared derecha. Me preguntaba qué podía mirar hacia la pizarra, cuando se suponía que observara a las chicas que estaban en la otra dirección.

En una ocasión le pregunté a una estudiante, si conocía a ese joven y para mi sorpresa me indicó que había estudiado con ella y que estaba culminando un bachillerato en contabilidad. Ya sabía quién era. De más está decir que era un joven guapo y bien vestido; no parecía un estudiante.

A la semana siguiente una compañera de trabajo me invitó a las fiestas patronales del pueblo de Lajas. Lo medité y decidí salir a despejarme un poco. Le indiqué a la señora del hospedaje que regresaría antes de las diez de la noche. Como solían hacer mis padres, me dijo que tuviese cuidado.

Fui a Lajas y, mientras estaba en una esquina dialogando con mi compañera, divisé al joven que se paraba en el pasillo frente a mi salón. Sentí curiosidad por conocerlo. Lizbeth me dijo que había estudiado con ella en la escuela superior y fuimos a saludarlo. Nos presentó. Su nombre era Eliezer Romeu, hijo de padres lajeños, residía en el barrio París. Tenía dos hermanas quienes cursaban la escuela secundaria.

Dialogamos un rato y surgió el tema de que en Lajas había piñas cabezonas, las cuales no había visto. En mi pueblo, si alguien cosechaba piñas eran unas muy pequeñas.

Se ofreció a llevarme una piña cabezona al hospedaje. Al principio no le creí, pero cuando me preguntó dónde vivía confirmé su interés, aunque se me hacía difícil confiar en él porque no lo conocía.

Por la forma como hablaba con Lizbeth, sentí que era una persona de fiar. Le di el número de teléfono del hospedaje, para que me llamara el día que fuese a llevar la piña. De esa forma, tendría tiempo para dialogar con Lizbeth sobre el trasfondo del joven. Pensé que no llamaría.

Cuando tienes valores arraigados, eres cuidadosa. Cerca de las diez de la noche, me despedí y fui al hospedaje, no quería llegar tarde. Abrí la puerta, entré a la casa y la señora Nazardy dormía. Cuando me acosté, no podía conciliar el sueño. En verdad, el joven me había impresionado positivamente. Supe, por la conversación que tuvimos, que trabajaba a tiempo parcial en el área de contabilidad de la universidad y que ese año culminaría el bachillerato. Eso lo hacía un adulto responsable ante mis ojos.

A los tres días, no tenía esperanzas de recibir la ansiada piña cabezona. El cuarto día sonó el teléfono y contestó la dueña del hospedaje. Escuché la conversación, la llamada era para mí.

Sentí una inmensa alegría al saber que no se había olvidado de mí. Caminé con paso ligero por el pequeño pasillo hasta la sala donde estaba el teléfono. Contesté. Luego de dialogar tonterías, me pidió la dirección del hospedaje y le pedí que me llevara la piña al trabajo, pues trabajábamos en el mismo lugar.

Sucedió que no solo trajo una piña, sino que eran dos. Dialogamos un rato. Para mi sorpresa, me invitó al cine, lo que dejé en suspenso. Nos despedimos entusiasmados por el encuentro.

Cuando tuve la oportunidad de visitar a mis padres durante el fin de semana llevé una de las piñas. La otra la dejé en el hospedaje, también Ondina tenía derecho a saber lo que sucedía.

Hablé con mi madre sobre el joven que me había regalado la piña; por cierto, muy grande y deliciosa. Sabía que mi madre deseaba que encontrara un buen hombre y me casara. Estaba cansada de verme deambular.

Acepté la invitación al cine porque había ido pocas veces, pero deseaba conocerlo mejor. Acordamos día y hora para que pasara a recogerme. Le dije a la dueña del hospedaje que iría al cine con el joven Eliezer, pero que pensaba decirle que iríamos en mi automóvil. Lo consideró una buena decisión. En caso de que surgiera algo inesperado, podría regresar en mi automóvil. Así lo hice.

Luego del cine fuimos a comer helado. Dialogamos sobre nuestras familias y tratamos de conocernos. Me pareció una persona con metas fijas, maduro para su edad. Sin embargo, su edad se convirtió en un problema porque mi familia, por el machismo, pensaba que para que una relación prosperara el hombre tenía que ser mayor que la mujer y Eliezer era tres años menor que yo. Imaginé que no sería fácil romper con el paradigma.

A partir de nuestra salida al cine, nos veíamos en la cafetería durante la hora del almuerzo. Dialogábamos sobre cualquier tema y cada cual regresaba a sus labores.

La segunda ocasión que me invitó a salir fue al Mayagüez Hilton, un hotel con música en vivo los viernes en la noche. Para esa cita, la señora Nazardy me acompañó a una boutique en San Germán, quería que me comprara ropa apropiada. Adquirí un conjunto de falta y blusa negro que estaba en descuento. Recuerdo que la blusa tenía un solo hombro y la falta era tipo tubo a media pierna. Con mis ciento veinticinco libras, lucía espectacular.

A pesar de que Eliezer me atraía, me sentía extraña porque su edad me martirizaba. Lo cierto era que lucía mayor que su edad cronológica.

Me preparé para decirle que esa sería nuestra última cita, que había tomado la decisión porque consideraba que la edad era un obstáculo en el desarrollo de nuestra relación.

Salimos nuevamente en mi automóvil, pero en esa ocasión permití que él lo guiara. Cuando íbamos por la plaza de San Germán, se detuvo y me dijo que tenía algo para mí. Me entregó un regalo con una tarjeta. Esperó atento a que leyera la tarjeta y abriera el regalo. Era un casete de Camilo Sesto.

De más está decir que me desarmó con lo que escribió. No podía creer que, en tan poco tiempo, esa persona se hubiera enamorado de mí. Le agradecí su gesto. Condujo hasta Mayagüez mientras en mi mente me taladraba la decisión que debía tomar. Disfrutamos de la música y de un ponche de frutas, porque yo no ingería licor. Él, por respeto a mí, pidió otro ponche de frutas. Me sentía bien en aquel ambiente y la música suave me relajó. Allí estuvimos cerca de dos horas. Bailamos y seguimos dialogando.

Cuando salimos del lugar, había una esplendorosa luna que alumbraba el camino hacia el estacionamiento. Una vez en el auto, me tomó de la mano con la mirada fija en mis ojos y me dijo:

—Hemos estado conociéndonos durante las últimas semanas, pero hace meses que te observo sin que supieras que existía. Te vi como algo inalcanzable. Ahora entiendo que puedo alcanzarte, pero quiero estar seguro. No quiero perder mi tiempo ni tampoco hacértelo perder. Necesito saber si deseas continuar con esta relación.

—Pues, lo que me preocupa de todo esto es que eres menor que yo.

—¿Qué dices? ¿Cómo es posible que te importe ese detalle? ¿Acaso no te he demostrado que soy una persona madura y responsable? —respondió molesto.

—No se trata de eso. Es que se me hace difícil aceptar una relación con alguien de menor edad —contesté sin querer ofenderle.

—Eso no tiene que importar. El amor no conoce de edad. Mírame, te interesé porque parezco mayor. Olvida eso, que para ser felices la edad no importa. Yo podría decir lo mismo y no lo hago. Nunca te arrepentirás por aceptarme.

Lo miré fijamente con los ojos llenos de lágrimas. Él no se inmutó:

—Yo vine con dos sacos, uno para ganar y otro para perder. Si entiendes que esta relación no puede madurar, te prometo que a partir de hoy ya no sabrás de mí. Haré lo que esté en mis manos para que no me encuentres en tu camino.

Esas palabras intensificaron mis lágrimas. No sabía qué contestar. Me gritaba lo de su edad, pero no quería perderlo. Necesitaba intentarlo. Nos miramos a los ojos y un beso selló el inicio de una relación con muchas esperanzas de que fuera para toda la vida.

A mis padres les preocupaba verme de sitio en sitio. Soñaban con que tuviese un empleo seguro y estabilidad personal. Cuando dialogué con mi madre sobre la relación que iniciaba con Eliezer, después de muchas preguntas sobre su personalidad, la aprobó. Como confidente fue responsable de informar a mi padre.

Era propio de la época que, si un joven tenía una relación que quería formalizar, lo hiciera dialogando con los padres de la novia. No quería que Eliezer dialogara con mis padres, ya que apenas había concluido el bachillerato y se esmeraba por conseguir un empleo a tiempo completo. Estaba segura de que su estabilidad era muy importante para mis padres. Mi instinto falló. Mi padre me llamó para hablar, luego de que mi madre lo pusiera al tanto de mi relación con Eliezer.

—Tu madre me dijo sobre la relación que inicias con un joven. Lo importante es que te asegures de averiguar qué tipo de persona es. En cuanto a lo del empleo, pues me parece que no hay ningún problema. Está preparado para conseguir un buen empleo porque estudió y tiene una profesión. ¡Ya conseguirá empleo! Dile que puede venir a la casa, si lo desea. Asegúrate de que tomas una buena decisión. Nunca les he impuesto novios a mis hijas y las he dejado que "coman con la cuchara que escogen".

Me alegró saber que Eliezer podría conocer a mis padres y demás familiares.

Mi gran enamorado no tenía auto, porque sus ingresos en un trabajo a tiempo parcial aún no le permitían ese lujo. Siempre que nos encontrábamos conducía el automóvil de su padre, de un primo o amigo. Por eso conocer a mis padres fue una gran odisea. Su primo Anel le prestó una motora, porque el automóvil de su padre no estaba en condiciones de viajar desde el pueblo de Lajas a Las Marías. Fue así como en el verano de 1981, Eliezer visitó a mi familia. ¡Por poco muero al verlo llegar en una motora!

El recibimiento fue mejor de lo que esperaba. Se esmeró por causar buena impresión. Dialogó con mi padre sobre los temas de su interés, respondió a las preguntas de mi madre sobre asuntos personales y comió todo lo que le sirvieron. Demostró interés por conseguir un empleo, ya que acababa de completar el grado de bachiller en contabilidad con calificaciones sobresalientes y tenía alguna experiencia de trabajo.

Cuando tomó confianza, Eliezer comenzó a contar anécdotas de su adolescencia.

—No tienen ni idea cómo de adolescentes nos las ingeniábamos para ir a las fiestas, en especial, las que se realizaban en el Club de Leones. Como era necesario utilizar gabán o chaqueta para poder entrar, tomábamos turnos pues solo uno tenía. Por eso después que entraba por la puerta principal, mostraba su taquilla y como llevaba chaqueta lo dejaban entrar. Ya adentro, caminaba hasta detrás del edificio, se quitaba el gabán y lo tiraba por la verja, donde los compañeros esperaban para repetir el ciclo de entrar con chaqueta y luego tirarla por la verja para que otro la usara.

—¿Y nunca los sorprendieron? —preguntó mi padre.

—Pues no sé si los engañábamos o si ellos se compadecían y nos ignoraban. En verdad que no estábamos defraudando la actividad porque todos pagábamos el boleto, el problema era que no teníamos gabán.

—Espero que pronto tengas dinero, no solo para comprar un gabán, sino para comprar una casa —comentó mi padre con firmeza.

—Así será —contestó con aplomo.

Eliezer se ganó la simpatía de mis padres.

Luego de dos semestres académicos, trabajé durante un mes de verano con la intención de ganar dinero adicional que me permitiera hacer los arreglos para alquilar un pequeño apartamento. Estaba cansada de moverme de un lugar a otro y sin tomar decisiones a largo plazo. Además, mientras estuve en los hospedajes, seguía las reglas, pero siempre me sentía incómoda.

Convencí a mi hermana menor para que se mudara conmigo si conseguía un apartamento o una casa para alquilar. Alquilé una pequeña casa en madera y cemento en la zona urbana de Lajas. Compré el mobiliario básico en una mueblería para pagar en remesas cómodas. Me mudé con mi hermana Ana, quien estudiaba su bachillerato en la Universidad Interamericana de Puerto Rico. Me sentía a gusto, ya que colaboraba con sus gastos y, de esa forma, ayudaba a mis padres.

El segundo año como profesora fue de grandes retos. Aunque pude lidiar con la actitud de mi compañero de labores, sin mayores contratiempos, creo que Valle nunca pudo superar la decisión del director del departamento. Mi carga académica seguía siendo excesiva, pero me permitiría continuar con los planes de contraer matrimonio al siguiente año. El trabajo como maestra me hacía feliz, sentía el estímulo de ayudar a los estudiantes más allá del proceso académico. Llevaba en mi interior el amor que sobre Jesús había aprendido en mi adolescencia y también, con los jóvenes y niños de la catequesis.

Los valores cristianos aprendidos en el hogar, la escuela y la comunidad, no eran negociables. Por lo que Eliezer aceptó estudiar el catecismo de la iglesia católica y recibir el sacramento del bautismo. Milagros y Rubén fueron testigos en esa ceremonia de adultos, la cual representó una gran muestra de su amor y respeto por mis valores y principios. Además, hubo un acuerdo mutuo para conservar la virginidad como un regalo del sacramento del matrimonio y de la nueva etapa de vida.

En 1983, una tarde de verano, esperaba ansiosa a Eliezer en el atrio de la Parroquia Inmaculado Corazón de María en Las Marías. Allí se congregaron mis amigos, familiares y compañeros de trabajo. Mi padre, campesino arraigado a las tradiciones, quiso que se invitara a, "Reymundo y todo el mundo". Al concluir la lista de invitados eran más de trescientas personas. Se esmeró en aportar para que hubiese buena música, comida y bebida. Eliezer y yo estuvimos pendientes de los demás detalles. Gracias a nuestros ahorros, pudimos pagar un fotógrafo y un ajuar de bodas para ambos de corte exquisito para la época.

Me torturaba pensando en que llegaba a la iglesia y Eliezer no estaba. Había escuchado tantas historias sobre mujeres a quienes los novios las habían dejado "plantadas" que me daba terror que me ocurriese. Por eso el día de la boda, una vez llegamos frente a la iglesia, busqué con la vista el automóvil en el cual se suponía que llegara Eliezer y me aturdí cuando no pude identificarlo. Sin perder tiempo, pedí ayuda a una de mis hermanas.

—Por favor, asegúrate de que Eliezer está dentro de la iglesia —supliqué.

Se apresuró a cumplir con la encomienda. Mi corazón palpitaba con prisa.

—Si no está, tengo que irme, pero a dónde. ¿Qué haré? —me pregunté sin deseos de tener alguna respuesta. —¿Por qué estaba tan insegura?

Había pasado semanas decidiendo si debía o no casarme. No sentía en mi alma el embrujo del que hablaban las historias de hadas. Sí, sentía estar enamorada, pero no locamente enamorada como había leído. ¿Sería él la persona indicada? ¿Podría conseguir algo mejor, distinto? ¿Era ese el amor maduro del que hablaban?

Desperté de mi alucinación y el cielo se despejó cuando mi hermana regresó sonriente. Eliezer aguardaba por mí. Ya más tranquila, esperé a que me indicaran cuándo podía comenzar el desfile. La iglesia estaba repleta de invitados, mientras el párroco y la corte de honor estaban en el altar. Caminé con paso lento hasta el altar donde estaba Eliezer con los padrinos, las damas de honor y los hermosos niños, quienes portaban los anillos y flores. Lo vi más elegante que nunca. Aquel día sellamos un compromiso para toda la vida en medio de mis inseguridades, las que, tal vez, compartíamos. Únicamente Dios sabía el desenlace de esa historia.

La fiesta de bodas se celebró en el vecino pueblo de San Sebastián, ya que en mi pueblo no había un lugar para acomodar a tantos invitados. Un conjunto de trío nos recibió en la entrada. Hubo comida y bebida para todos. Llegado el momento de partir, me di cuenta de que había dejado en Las Marías el traje de desposada. La dueña del local me prestó un traje que había comprado en un especial.

—Eres afortunada. A toda novia que le sucede algo como eso, le espera una vida de felicidad. Recibe mi humilde traje como un regalo y una profecía —comentó la señora Marcia.

—Se lo agradezco, pero más, que el Señor escuche sus palabras y se conviertan en realidad —respondí mientras la abrazaba.

Sentí que mis dudas se disiparon y, como siempre había hecho, acepté mi decisión con la certeza de que no había marcha atrás, de que mi esposo era muy elegante, educado e instruido, responsable, respetuoso y, sobre todo, cristiano.

De luna de miel viajamos a la República Dominicana y regresamos a vivir en la pequeña casa alquilada que compartí con mi hermana Ana. Ella había regresado a casa de mis padres luego de completar sus estudios. A pocos días de nuestra boda, enfrentamos el problema de que la oficina donde Eliezer trabajaba la moverían a San Juan. Él no aceptó la oferta de vivir en San Juan y quedó desempleado, algo que no era parte del plan.

Luego de dos meses de gestiones, Eliezer consiguió una entrevista de empleo en una empresa distribuidora de productos de higiene. Se trataba de un puesto de *merchandiser*, o sea, la persona encargada de acomodar los productos en las góndolas para accesibilidad de los clientes.

Llegó el día de la entrevista, Eliezer aún dudaba si quería ir. En aquel puesto tendría que viajar toda la Isla y no estaba preparado para el reto. Además, no era lo que había estudiado.

Aun con las dudas lo motivé para que fuera a la entrevista.

Titubeó, pero se levantó muy temprano, tomó un baño y se vistió. Llevaba una guayabera blanca, que compramos para la entrevista. Le preparé café, nos encomendamos a Dios y salimos en un viaje de tres horas, con mucho tráfico.

La mañana estaba hermosa. El sol matutino forcejeaba con las nubes para hacerse presente, mientras Eliezer especulaba sobre lo que podríamos hacer si conseguía el empleo. No teníamos idea de lo que le pagarían si le ofrecían el empleo, pero a juzgar por la empresa, la expectativa era positiva. El tránsito fluía con normalidad, y yo, hacía lo posible para que el viaje fuese más placentero. La tensión aumentaba a medida que nos acercábamos al destino.

Llegamos al lugar indicado para la entrevista. Estacionamos el automóvil en la parte trasera del edificio. Cuando accedimos al vestíbulo buscamos en la pizarra el octavo piso, donde se encontraban las oficinas. Ya en el ascensor, observábamos la pantalla que indicaba los diferentes pisos por los cuales discurría aquel invento de la tecnología moderna.

Llegamos e identificamos la oficina. Permanecí detrás, lo dejé entrar solo. No es bien visto asistir a una entrevista de empleo acompañado. Luego de unos minutos, regresó para indicarme que podía entrar. Me senté en una silla al otro extremo de la que él ocupaba con la intención de que no nos vieran juntos.

Varios minutos después apareció una persona. Se presentó y lo invitó a pasar. Al estar sola pensé en muchas cosas y oré para que lo seleccionaran.

Esperaba mucho de él. Sabía que se expresaba bien, que se proyectaba mejor con los gestos y tenía una buena personalidad. Pero, me asaltaba la duda y volvía a estar nerviosa. Se tardó mucho en salir. Había llevado un libro, pero no podía concentrarme.

Cuando terminó la entrevista, Eliezer salió solo. Se veía feliz. Se despidió y salimos. Estaba muy ansiosa por conocer el resultado. Me dijo que le dieron el empleo, que debía regresar el viernes para completar los documentos y pruebas médicas que necesitaban.

Agradecí a Dios por su ayuda. Durante el camino de regreso, Eliezer me comentó muy emocionado sobre lo discutido en la entrevista. Me contó que, anualmente, le darían un automóvil, una tarjeta para combustible y recibiría una caja de productos de la empresa cada tres meses.

También me agradeció haberlo motivado a llegar a la entrevista. El salario que recibiría casi era similar al mío.

Pero no todo eran buenas noticias. Tendría que viajar prácticamente la mitad de la Isla. Sus horarios serían desde antes del amanecer hasta la puesta de sol. Eso no me preocupó porque él necesitaba el trabajo, y como teníamos proyectos futuros, sabíamos que para conseguirlos deberíamos sacrificarnos. Así fue cómo Eliezer comenzó una vida muy comprometida, con mucho esfuerzo físico y mental. Siempre confiados en la dirección del Señor en todos nuestros proyectos.

La vida nos permitió comprar una casa en una urbanización, mediante un préstamo hipotecario. Todos nuestros ahorros se utilizaron como base para la propiedad. Una pequeña casa de hormigón, ubicada en el redondel de una calle interior, fue nuestro primer hogar. Por suerte no teníamos vecinos en la parte trasera de la casa. Con mucho esfuerzo comenzamos a amueblarla. Queríamos tener hijos, pero no ocurría. No nos cuestionábamos, confiábamos en que la naturaleza hiciera su parte.

En menos de tres años, Eliezer ascendió a supervisor. Ganaba más que cuando comenzó y también tuvo más responsabilidades. En la compañía, los objetivos de ventas eran muy altos y tenía que ingeniárselas para aumentarlos. Pasamos mucho tiempo preparando hojas sueltas y material para promociones internas dentro de los negocios. Las promociones generales de la empresa las hacían en el nivel central, pero él coordinaba con los pequeños empresarios para mover la mercancía en las estanterías.

Mientras Eliezer se esforzaba por dar el máximo en su trabajo, yo hacía lo propio en el mío. El programa que coordinaba creció, también mis responsabilidades. En ocasiones, salía de la casa a las siete de la mañana y regresaba tarde en la noche. La mayor parte de las veces compraba comida en cualquier lugar que estuviera disponible. Eliezer llegaba cansado y con deseos de dormir, pero tenía que continuar el trabajo con asuntos de la empresa.

Las revisiones curriculares, asuntos presupuestarios, de instalaciones y todo lo que de momento fuera pertinente eran parte de mi agenda diaria. Me esmeraba por presentar siempre mi mejor imagen, ya que tenía que hablar a grupos de estudiantes, profesionales y personas que acudían a solicitar servicios. Continuaba con la responsabilidad de adiestrar a empleados de oficina de la empresa Digital, ubicada en el pueblo de San Germán, la que heredé de la profesora Torregrosa, quien fue la autora de una propuesta para esos fines.

Tenían otra planta manufacturera en el pueblo de Aguadilla a la cual fue extensiva la propuesta de capacitación. En ocasiones, viajé en el helicóptero de la empresa desde San Germán hasta Aguadilla y viceversa.

No podía creer lo que hacía ni las oportunidades que la vida me ofrecía, aunque reconocía que era sacrificado. Los fines de semana mi cuerpo se negaba a moverse, solo quería descansar, pero ese era el tiempo para visitar a la familia. Mis padres entendían mi rutina de trabajo e igual les alegraba que pudiese ayudarles económicamente. En una ocasión les llevamos un televisor a colores. Algo que me emocionó mucho, porque fueron los mejores padres y ahora podía reciprocarles.

Mis padres apreciaban mucho a Eliezer, era muy familiar con ellos. Al llegar a casa, entraba por la cocina y, luego del saludo, destapaba las ollas para ver lo que la suegra había cocinado. Algunos dirán de sus suegras: "Sé que existe, pero no la puedo ver". En el caso de Eliezer, demostró amor por mis padres, lo que agradeceré siempre.

El trabajo en la universidad era cada día más retador. Con el tiempo, además de coordinar el programa, trabajaba con estudiantes de la organización estudiantil Asociación de Futuras/os Secretarias/os, los cuales hacían actividades internas y externas. Para las competencias preparábamos a los estudiantes para ganar. Como dijo alguien: "Aspira a lo absoluto, si en lo relativo quieres progresar".

Como parte de mis responsabilidades como consejera de una asociación de estudiantes, viajé a congresos dentro y fuera de Puerto Rico. Mi hermana Ana era estudiante del programa y miembro de dicha asociación. En el año 1987, luego de infinidad de actividades para recaudar fondos, un grupo de veintitrés estudiantes, junto a Carmen, otra compañera profesora y yo, organizamos un viaje a la ciudad de Denver, en el estado de Colorado en los Estados Unidos de Norteamérica.

Mis padres no autorizaban el viaje a mi hermana, por los costos y, el miedo a que le ocurriera algo que lamentar. Luego de infinidad de intentos, logré convencerlos al asegurar que colaboraría significativamente con los gastos de mi hermana.

Mi hermana soñó que algunos días antes del viaje, llegaba papi al aeropuerto. La buscaba por todos lados. Entraba en el avión y la sacaba por un brazo. Despertaba ansiosa. Deseaba que llegara el día del viaje.

Tal parece que sus sueños eran una premonición, porque cuando llegamos al aeropuerto de Atlanta, tomamos un tranvía, pues recogeríamos las maletas para luego tomar el vuelo a Denver. Mi preocupación era que al momento de tomar el tren no se quedara ninguno de los estudiantes afuera. Atenta a que todos entraran, esperé para ser la última en entrar, junto a la otra compañera profesora. Una vez adentro del tren, al contar a los estudiantes me di cuenta de que mi hermana y otra estudiante no estaban. Perdí el aliento, me descompuse emocionalmente y de momento no podía pensar. Recordé la preocupación de mis padres, sentí que moría.

Como un mensaje del cielo, se me ocurrió decirles a todos que nos bajaríamos en la próxima estación, y que caminaríamos en dirección contraria a la del tranvía para ver si las encontrábamos. Jamás olvidaré la emoción que sentí al divisar a las dos jóvenes esperando en el mismo lugar en que las habíamos dejado. A partir de aquel suceso, siempre tuve a mi hermana pegada a mí. La cuidaría como a una hija, porque sabía que tendría que responder a mis padres por ella.

La experiencia de los estudiantes en Denver fue extraordinaria y obtuvieron algunos premios. Para muchos, prepararse para el viaje y subir a un avión fue la primera experiencia. De camino hacia un campo de esquí, el paisaje por las montañas cubiertas de nieve era un espectáculo a la vista de todos. Nos subimos a un teleférico o funicular sobre una montaña en la que se divisaban personas esquiando. Hicimos muñecos de nieve. Para mí y para Carmen, mi compañera, fue algo significativo. Nunca habíamos tenido esa experiencia.

A pesar de que han pasado décadas desde entonces, aún Ana, mi hermana, tiene pesadillas relacionadas con el día en que se quedó sola en el terminal.

Más adelante tuve la oportunidad de coordinar una convención de la Asociación de Futuras/os Secretarias/os en el Recinto de San Germán. Más de cuatrocientos estudiantes asistieron y coordinar la estadía fue un trabajo retador. Nos comprometimos a que pernoctarían en las nuevas instalaciones de unos dormitorios que se inaugurarían para esas fechas. Sin embargo, las instalaciones no estuvieron listas y los estudiantes tuvieron que dormir en colchones en el piso, pues el mobiliario no se recibió. Fuera de aquel percance, las conferencias y otras actividades en agenda fueron excelentes, según las evaluaciones de la actividad. Tantos retos, con mi escasa experiencia, contribuyeron a enriquecer mi trasfondo académico y personal.

Como parte de mis actividades profesionales, permanecía activa en la Asociación de Profesores de Educación Comercial de Puerto Rico (APEC). En el 1987, la Asociación estableció el premio de Maestro/a del Año en honor a una destacada profesora de nombre Sara Mercedes González, a quien tuve el privilegio de conocer. Al presentar la convocatoria, un miembro de APEC me recomendó. Preparé un portafolio en el cual destacaba, a grandes rasgos, mi competencia profesional. Como requisito, me presenté a la entrevista con el comité de selección.

En octubre de ese año recibí el reconocimiento como la primera Maestra del Año de APEC. La actividad de homenaje, dentro de la convención, fue inolvidable. Cerca de trescientas cincuenta personas asistieron al Hotel Candelero de Humacao. Aprecio mucho el esfuerzo del alcalde de mi pueblo natal, Las Marías, y su deferencia para asistir y ofrecer un mensaje propio para la ocasión. Conservo con gratitud la placa que me obsequió ese día, junto a muchas otras de distintos lugares e instituciones. Además, fue grato recibir muestras de respeto y cariño; tanto de colegas, estudiantes y personas de la comunidad, quienes destacaban mi trayectoria de grandes retos. Contar con la presencia de mis padres y hermanos, fue un gran regalo.

Sin embargo, entre los reconocimientos, algo opacó mi felicidad. Me ubicaron en una mesa con las personas nominadas y que no fueron seleccionadas. También destacaron sus ejecutorias y las motivaron a continuar aportando al desarrollo de la Educación Comercial en

Puerto Rico. Mi mente no me permite recordar el momento en específico de nuestra conversación en la mesa, en que me enteré, que una de las personas nominadas y a la cual conocí el día de las entrevistas para el premio, tenía cáncer.

En ese momento, mi alegría quedó nublada. Pensé que era la persona a quien debieron reconocer. Sentimientos encontrados me invadieron y sé que algunos lo pudieron percibir, aunque no lo verbalicé. Luego entendí cómo separar ambas situaciones y poder discernir sobre lo que evaluaron. Cuatro años después supe de su deceso, lo lamenté mucho.

La participación activa dentro y fuera del Recinto me hizo merecedora de varios otros reconocimientos, que contribuyeron a lograr mi permanencia en la Institución luego de siete años de haber sido contratada.

Tanto Eliezer como yo pasamos los años cosechando éxitos personales y profesionales. Él había ascendido y ocupaba puestos de gran responsabilidad, ganaba buen dinero, aunque no teníamos mucho tiempo para disfrutar juntos. En mi caso, tener un contrato permanente liberó las tensiones de los contratos anuales.

No obstante, nos dimos cuenta de que nuestra relación se debilitaba; estábamos enfocados en lo menos importante. No sabíamos si podríamos recuperar el tiempo perdido, si tendríamos alguna oportunidad de darle prioridad a nuestra vida matrimonial.

6

¿Esa soy yo?

> Hay momentos en que ni si-
> quiera puedes entender lo que
> has logrado, a pesar de todos
> los pronósticos de fracaso. El
> recuerdo de dónde vienes y los
> escollos que has tenido que su-
> perar, crean incredulidad ante la
> realidad de vida.

Transcurría el año de 1988 y en mi trabajo se hablaba sobre la importancia de que los docentes tuvieran un grado doctoral. Grado de gran relevancia en la Facultad.

Ser profesor universitario requiere la responsabilidad de mantenerse al día y demostrar competencia profesional. No solamente es importante para la institución, sino para el prestigio de los programas académicos. En mi caso no fue una excepción, ya que en varias ocasiones se acercaron directivos a dialogar sobre la posibilidad de que comenzara estudios doctorales.

Decidí orientarme con una colega estudiante doctoral en la Universidad de New York. Estela había comenzado a tomar cursos en la misma modalidad en la que estudié la maestría. Recibí su insumo y lo consulté con Eliezer. La mayor ventaja era que no teníamos niños.

Él me apoyó y la universidad acordó hacer una aportación económica para sufragar parte de los gastos de estudios. Lo que me preocupaba era no disponer de tiempo suficiente para dedicarle a mis padres y a mi vida matrimonial. Eliezer continuaba trabajando arduamente, y no teníamos tiempo para compartir.

Así comencé a estudiar el doctorado en Educación Comercial, con la única intención de cumplir con un requisito de empleo. Viajaba a San Juan los fines de semana, cada vez disponía de menos tiempo. Durante dos veranos consecutivos tomé cursos en la ciudad de New York. Eliezer no me acompañó, pues tenía solo dos semanas de vacaciones al año. Cerca de completar los treinta créditos conducentes al grado doctoral, solicité una entrevista con el consejero académico para determinar el procedimiento para mudarme a New York durante un semestre y terminar los cursos requeridos para la disertación.

Me informaron que no aceptarían residencias de un semestre, sino que tenían que ser de un año académico. Si no aceptaba hacerlo, solo me otorgarían un Certificado de Estudios Avanzados en Educación Superior. No tenía salida, no podía dejar a Eliezer solo durante un año y tampoco podría costear los gastos. Dialogué con el rector del Recinto para plantearle lo que sucedía. Entendió mis argumentos y me motivó a no olvidar la meta. Solicité el Certificado de Estudios Avanzados en Educación Superior y me lo otorgaron. Gracias a esa certificación logré un ascenso en rango a Catedrática Asociada.

Años más tarde, tuve la oportunidad de coincidir con el doctor Sapre en una actividad profesional, quien me cuestionó sobre lo que había sucedido con mis aspiraciones, pues había sido mi profesor en esa institución. No estaba motivada a continuar en la Universidad de New York, aunque me hicieran arreglos. Sentía que allí no tenía mucho que aprender. El doctor se mostró interesado en ayudarme. Me recomendó que escribiera a tres universidades de Estados Unidos, que auscultara la posibilidad de convalidación de cursos para completar el grado.

Escribí a las tres instituciones y una profesora de la Universidad de Maryland me contestó, interesada en mi expediente académico. Como consideraba asistir a una Convención de la *National Business Education Association* en Boston, me motivó para encontrarnos y dialogar. Solicité ayuda económica para viajar a la actividad profesional y, por suerte, me la otorgaron. También tuve la bendición de que Eliezer aceptó acompañarme.

Planificar el viaje sirvió para renovar nuestra situación matrimonial. Participamos en las conferencias y aprendimos mucho. Conocimos la ciudad, compartimos el clima frío a finales de octubre y renovamos nuestro compromiso de permanecer juntos el resto de nuestras vidas, cada uno ayudando al otro a realizarse como persona y profesional.

Conocí a la profesora Boyce, quien se mostró interesada en ayudarme. Me refirió al director del Departamento de Educación Comercial, a quien luego escribí y envié mi expediente. Recibir una carta del doctor Peters en la cual me indicaba que me aceptaban al programa doctoral, fue una de las grandes satisfacciones que tuve durante ese período. Luego, reflexioné sobre lo que implicaba dejar el trabajo, el puesto de coordinadora, la nueva oficina, y lo que era más importante, a Eliezer.

Dialogamos varias veces sobre la posibilidad de que me acompañara y que pudiéramos comenzar de nuevo en Maryland, pero él no estaba convencido. Por lo tanto, acordamos que me iría, estudiaría dos sesiones de verano y que regresaría en agosto, entonces él me acompañaría. Eso me pareció genial.

Coordiné con la universidad para que contribuyera económicamente para sufragar parte de mis gastos de estudio. Con una sensación muy rara en mi sistema, le comuniqué a mis padres mi decisión, que no fue bien acogida. Entendían que había llegado más lejos de lo soñado y que era tiempo de dar un detente a mis aspiraciones. Justifiqué mi decisión aduciendo a que era necesario conservar mi empleo y, por ello, requería prepararme mejor, lo cual no era del todo cierto.

Salir de mi casa y dejar a Eliezer no fue tarea fácil. Menos, si a ello le sumamos, que viajaría a un lugar desconocido, otro gran reto. En muchas ocasiones, cerré los ojos y me encontré en Las Marías, en la humilde casa de madera y zinc donde me crie, vulnerable a cualquier acontecimiento.

El día en que me correspondía viajar, nos visitó mi suegra, Ana, junto con su esposo Calé. Una infección había atacado su pie derecho porque era diabética. Se dirigían al hospital. El asunto no pintaba bien. Llamé a Eliezer y dialogamos en privado.

—No me puedo ir ahora. Mira cómo está tu madre. Si la internan, no puedo estar lejos, ella me necesita —dije con un taco en la garganta que se convirtió en llanto tan pronto cerré la boca.

—No te preocupes. Estoy con ellos. Tienes que irte, ya mismo vienen a buscarte. —Un automóvil de transporte privado vendría a recogerme en menos de una hora.

—No puedo, es una señal de Dios de que debo quedarme. Es una locura irme a un sitio desconocido y ahora con este problema. —Ese era mi escape, necesitaba una excusa para no marcharme.

—Lo siento. Se ha invertido mucho en esta decisión. Tienes que ir, aunque tengas que volver si mi madre se pone peor de su pierna.

Cerré los ojos y lloré. Luego salí a la sala, dialogué con ellos quienes esperaban a que el automóvil me recogiera para continuar su viaje al hospital. Llegó el automóvil e insistí con Eliezer que no quería irme.

—Te dije que no hay vuelta atrás —respondió molesto.

Me despedí de todos. Eliezer me acompañó hasta el automóvil, cerró la puerta y con un beso selló la despedida.

—Te amo. No mires atrás, yo resuelvo —fueron sus últimas palabras.

La ruta hasta el aeropuerto estuvo plagada de desolación y tristeza. Cuando el automóvil se alejó del pueblo, me fui controlando. Pedí a Dios una señal que me permitiera saber si la decisión era la correcta. Recogieron a otros pasajeros los cuales comenzaron a hablar de diferentes temas. Los escuchaba en el trasfondo, estaba muy ocupada, una vez más, barajeando un futuro incierto. No había forma de volver a comunicarme con Eliezer hasta que llegara a un hotel; aún la telefonía celular no estaba disponible.

Una vez en el aeropuerto comprendí que no había vuelta atrás. Recogí las maletas que el conductor puso en la acera. No tuve que pagarle, Eliezer lo había hecho antes de salir de casa. En silencio, me moví hasta el terminal correspondiente para el registro de las maletas. Con el gentío, me sentí más aliviada. Registré las maletas, solo restaba continuar.

La espera por el vuelo fue desesperante. Luego del abordaje, en el avión no dormí, maquinaba mi decisión. Decidí que si tenía problemas regresaría, que no estaba dispuesta a sacrificar más cosas en mi vida.

El viaje transcurrió sin contratiempos. En la cartera llevaba un papel con la dirección del hotel que me habían reservado en la agencia de viajes. Estaba cerca del aeropuerto. La mañana siguiente viajaría hasta *College Park*, donde se encontraba la Universidad de Maryland.

Durante el trayecto, el taxista se esmeró por hablar del clima. Estaba fresco porque era finales de mayo. Miraba a través de la ventana. Aún me agobiaba la incertidumbre con la que había dejado mi casa. Cuando llegamos al hotel, el taxista entregó el equipaje a una persona.

En la habitación tomé un baño y salí a buscar algo para comer, antes llamé a Eliezer y lloré mucho. Él me consoló, dijo que todo iría bien, me halagó.

Cuando le pregunté por su madre, hubo silencio, lo que me hizo pensar en lo peor. Me dijo que la hospitalizarían para administrarle medicamentos, y ver si era posible detener la infección.

Insistí en decirle que no debí haber viajado y dejarlo solo con aquel problema. Dijo que sus hermanas resolverían.

Eliezer tenía dos hermanas menores, ambas casadas. Una de ellas tenía dos niños, la luz de los ojos de Ana.

No hablamos mucho tiempo, porque las llamadas eran costosas, algo que no debía permitirme. Como no me podía dar el lujo de ir al restaurante del hotel, tenía que conseguir un restaurante de comida rápida. Era el momento de comenzar a crear conciencia de que no estaba en mi casa donde podía cocinar.

Al terminar la comida, caminé de regreso al hotel, me senté en soledad en el vestíbulo. Medité unos minutos, me animé y subí a la habitación.

Luego de agradecer a Dios por todas las bendiciones recibidas, recosté mi cabeza en la almohada, dormí hasta que el despertador sonó a las siete de la mañana de ese domingo. Me levanté y tomé un baño caliente. Bajé al restaurante donde tenían desayuno continental incluido en la tarifa del hotel y comí de todo lo que pude. Hasta separé una manzana y la coloqué en mi cartera.

Salí a tomar aire por los alrededores del hotel, dialogaba con el Ser Supremo para que mi llegada a la universidad fuera positiva. Luego, subí a la habitación, coloqué en el equipaje todo lo que había sacado la noche anterior y bajé con mis maletas al vestíbulo. Pagué la cuenta y en la recepción me hicieron el favor de llamar a un taxi. Cuando llegó, le entregué un papel con las instrucciones sobre mi destino.

La ruta hasta *College Park* nos alejó de la ciudad de Baltimore, donde había llegado en avión. Pasamos por campos y llegamos a un lugar más poblado. Cuando divisé los rótulos que indicaban *College Park*, me sentí aliviada. El taxista divisó el hotel en el cual me alojaría hasta que consiguiera un hospedaje. Era un edificio de seis pisos, ubicado cerca de un pequeño centro comercial.

Cuando llegué al hotel, hice el registro y subí a la habitación. Me sentía más aliviada y tranquila. Recorrer tantas millas en avión y en automóviles desde la salida de mi hogar, me fue creando conciencia de que solo debía mirar al horizonte. Luego de recostarme en la cama y agradecer a Dios por un viaje en automóvil maravilloso, bajé a explorar el área. Se suponía que el hotel estaba cerca del campus de la Universidad de Maryland.

Crucé un centro comercial. Exploré con la vista las tiendas. Había un supermercado, una farmacia, varios lugares de comida, un banco y una gasolinera. Por ser primavera en Maryland, la temperatura estaba excelente.

Al llegar a la esquina de un *7-Eleven*, entré. Compré un refresco y un bizcocho. Pregunté al cajero cómo llegaba a la Universidad de Maryland. Me explicó qué hacer. Encontré la verja de la que me habló el cajero. Era como de tres pies de altura. Me pareció interesante ver esa verja de ladrillos tan baja, acostumbrada en Puerto Rico a ver verjas muy altas, construidas especialmente para que nadie pudiera cruzar al interior. Pensé que era pequeña porque seguramente allí no había asaltos, ni crímenes, ni personas que brincaran la verja y entraran sin autorización.

A lo lejos pude divisar varios edificios altos y bien pintados, rodeados por espacios con grama verde. Me agradó la primera impresión que tuve de la universidad.

En un rótulo grande había un mapa del campus con todos los edificios identificados. Localicé el edificio al cual debía acudir la mañana siguiente. Estaba preocupada, pues el lunes comenzaban las clases y tenía que hacer matrícula. Los procesos de admisión se habían hecho por teléfono o carta.

Crucé por un espacio donde la verja terminaba y comenzaba a unos cuatro o cinco pies, era como un lugar de acceso, especialmente preparado para cruzar de la calle hacia el campus, pero sin portón. Caminé a paso lento unos treinta o cuarenta pies, y pude ver en la loma la iglesia de la universidad, cuya cruz se erguía imponente al infinito; pintada de blanco y con muchas escaleras que conducían al atrio. Di gracias a Dios por el espectáculo que se presentaba ante mis ojos.

En todo el espacio de grama verde solo había un árbol, cerca de la carretera interior que conducía a la iglesia. La brisa suave y el proceso de liberación del estrés me hicieron recostarme en la grama, bajo la sombra del árbol, donde terminé de comer. No sé cuánto tiempo permanecí en aquel lugar. Luego volví sobre mis pasos. Observé algunas tiendas en el centro comercial, pues no tenía nada que hacer en el hotel.

Más tarde regresé a la habitación e intenté llamar a Puerto Rico. Quería hablar con Eliezer. No lo había llamado por falta de noticias nuevas.

Eliezer se alegró al escucharme, me preguntó si había llegado bien. Le conté que ya sabía dónde estaba la universidad y le agradecí por apoyarme en esa locura.

Después que hablamos, me recosté a meditar. No podía escapar del sentimiento de culpa. Pensaba que el anhelo por alcanzar una nueva meta podría afectar significativamente mi matrimonio y la relación positiva con mis suegros y padres. Más tarde, bajé a conseguir algo de comer. Localicé un establecimiento de comida rápida, llamado *Subway*, que había conocido anteriormente cuando visité New York. Crucé la calle, pero no me sentí cómoda para entrar, porque el establecimiento era muy oscuro. En el interior solo había una pareja. Me encomendé a Dios y entré, tenía hambre. Pedí una pizza, pero no la consumí en el lugar. Ya en la habitación del hotel, me senté en un pequeño escritorio ubicado cerca de una ventana que daba a la calle. Comí con lentitud mientras mi mente divagaba.

El resto de la tarde permanecí en la habitación, vi televisión y revisé varias veces la documentación que debía presentar al día siguiente en la universidad. El sueño me venció cerca de la medianoche.

A la mañana siguiente el Señor me regaló un día hermoso. Desayuné en el restaurante del hotel, incluido en el precio de la estadía. Salí lista para realizar la matrícula. Tomé la dirección que había confirmado el día anterior, crucé la verja y, al llegar frente a la iglesia, me encomendé nuevamente a Dios. Oré: "Señor, has permitido que llegue hasta aquí, solo confío en que me permitas salir de este lugar con una meta alcanzada. Sí, no importa el tiempo que me tome. Conoces los sacrificios que he hecho en mi vida para llegar donde me has permitido. En tus manos deposito mi vida, la de Eliezer y la de mi familia para que las protejas y guíes. Amén."

Pasé frente al edificio de administración donde se encontraba la oficina del presidente. Era un edificio imponente. Al girar la vista, un espacio enorme conocido como *Mall*, en cuyo fondo se encontraba la biblioteca general. En aquel espacio se congregaban los estudiantes para infinidad de actividades.

Caminé hasta el edificio Patterson. Un poco nerviosa me detuve, empujé la puerta de cristal. Subí las escaleras hacia las oficinas del departamento. Volví a implorar a Dios su bendición. Me recibió una mujer de mediana edad. Le dije que tenía una cita con el doctor Peters a las nueve en punto. Me pidió que la acompañara.

Caminamos por un pasillo hasta que la asistente administrativa se detuvo y abrió la puerta.

Un profesor de mediana estatura, tez blanca y aproximadamente sesenta y cinco años nos recibió. Me hizo pasar y sentarme frente a su escritorio. Su oficina era un lugar lleno de libros, que olía a libros, pensé que era porque llevaban mucho tiempo en el mismo lugar.

El doctor Peters se mostró muy positivo al conocerme en persona. Llamó a la Oficina de Estudios Graduados para hacer algunas preguntas, luego me dijo que debería ir a esa oficina para recoger los documentos de admisión que necesitaba para hacer la matrícula. En un mapa del campus me mostró la oficina. Gesto que aprecié.

Al salir sentí incertidumbre, porque debía caminar por el campus; una experiencia completamente diferente a la de mis estudios de maestría.

Caminé por un tiempo, divagando en mis pensamientos hasta encontrar el edificio al que me dirigía. Me recibió un joven de mediana edad, muy amable. Le expliqué el propósito de mi visita y en poco tiempo me informó que no encontraban los documentos de admisión. Afortunadamente, llevaba la carta para certificar la admisión, se la entregué. La revisó y me pidió que esperara.

Mientras esperaba me inquieté. Pensé que esa era la señal de que no debía haber ido. Decidí, que si no aparecían los documentos, debía regresar a casa.

Me invadieron los nervios, aunque debía ser paciente y esperar.

No conseguían mis documentos, pero aceptaron una copia de mis credenciales condicionado a que debían encontrar los de la universidad.

Con "el rabo entre las piernas", como diría mi padre y desmotivada, regresé a la oficina del doctor Peters. La preocupación me invadía. El doctor Peters me recibió tranquilo, acostumbrado a ese tipo de situación. Me dijo que luego resolverían lo del expediente, que debíamos ocuparnos en terminar la matrícula porque ya estaba admitida.

Vi "el cielo abierto". El doctor Peters seleccionó mis cursos y entregó un documento a la asistente administrativa para que completara el proceso de matrícula. Cuando le solicité asesoramiento para conseguir hospedaje, me invitó a volver por su oficina en la tarde. Al realizar el proceso de admisión no había espacios disponibles para estudiantes graduados en los hospedajes dentro de la universidad.

Salí de su oficina tranquila y dispuesta a dar el todo por el todo. Tomaría dos cursos durante la primera sesión de verano y dos la siguiente. De esa forma, completaría doce créditos durante el verano. Por el momento solamente me convalidarían doce créditos de los treinta que había tomado en la Universidad de New York tras completar la maestría. Esa era una noticia negativa, pues albergaba la esperanza de que me aprobarían quince. De todos modos, estaba allí y no había vuelta atrás.

Caminé en dirección al centro de estudiantes. Quería ubicar la librería y la cafetería. Observé todo a mi alrededor para ambientarme. El edificio del centro de estudiantes estaba en la avenida principal, lucía hermoso con columnas romanas imponentes. La avenida donde se encontraba la edificación era amplia, un poco empinada y con edificios a ambos lados.

Entré al edificio. Compré algo para comer, me senté a liberar el estrés que quedaba en mi sistema. Una vez más agradecí al Señor por resolver mis problemas. Dejé en sus manos el asunto del hospedaje.

Cerca de la una y treinta de la tarde regresé a la oficina del doctor Peters. Cuando tuve la oportunidad de pasar a su oficina, le expliqué que me urgía conseguir un hospedaje. Se mostró dispuesto a ayudarme en ese proceso.

Mientras completaba el proceso de la llamada, imploraba al Señor para que me hiciera otro milagro de conseguir ese hospedaje.

Después de varios intentos, el profesor me informó que una dama tenía un apartamento en el sótano de su casa que podría alquilar. Me dijo que la conocía y que, aunque, tal vez, no era el mejor lugar para mí, por lo menos podía resolverme.

Agradecí su ayuda. Me acompañó al hospedaje. Mientras caminábamos hacia el estacionamiento se mostró amable, me contó sobre él y la universidad.

De camino observé el paisaje. El círculo de las fraternidades, un área muy llamativa que, por la arquitectura de los edificios, captó mi atención antes de doblar por una calle. Nos detuvimos en una calle sin salida, frente a una casa de madera pintada de amarillo y blanco. Caminamos, el doctor Peters tocó el timbre de una casa ubicada en un lote de terreno sin verja exterior.

Una dama de algunos setenta años se asomó por el cristal, abrió la puerta. Saludó efusivamente al profesor. Nos invitó a pasar a una sala alfombrada, con mobiliario antiguo. Un perro de gran tamaño era parte del recibimiento. Como temo a los perros grandes me refugié detrás del doctor Peters. Ella aseguró que era un perro amigable, pero seguí temerosa. El olor a perro era evidente en la pequeña sala. Sin dar muestras de percibirlo, el doctor Peters se esmeró en explicarle la necesidad urgente de un hospedaje para mí. La señora Chatten indicó que tenía el sótano disponible, pero no estaba en condiciones, ya que hacía tiempo que no lo alquilaba. Comentó que necesitaría algunos días para organizarlo, con lo cual estuvimos de acuerdo. El doctor Peters solicitó verlo. Cruzamos la cocina y salimos por la puerta interior que conducía a unas escaleras. Bajamos hasta el sótano. Era lúgubre, con un mobiliario desvencijado. Tenía dos habitaciones, una de ellas repleta de objetos antiguos colocados en desorden. La otra estaba recogida y con el mobiliario en su lugar. Había una pequeña cocina a la derecha, seguida por un baño aceptable.

Para el doctor Peters no era lo mejor, aunque solicitó que lo acondicionaran. Su recomendación fue en el sentido de que podría quedarme en ese lugar unos días o semanas, en lo que buscaba algún otro lugar. La señora Chatten dijo que estaría listo para el martes, así podría mudarme el miércoles. Aceptamos su propuesta y acordamos el pago de quinientos cincuenta dólares mensuales.

Como un gesto de generosidad, el doctor Peters se ofreció a dejarme en el hotel. Agradecí infinitamente sus gestiones.

Fue un día de mucha tensión, pero gracias a la bendición de Dios me matriculé y conseguí un hospedaje. Subí a la habitación, tomé un baño y me recosté a meditar. Pensé en todo lo que había logrado, en cómo se seguían abriendo puertas, a pesar de los grandes retos. Nunca imaginé llegar hasta donde estaba, una fuerza interior me motivaba a una constante superación aun en medio de las dificultades. "Si el Señor ha puesto este otro reto en mi camino, de su mano he de salir adelante", oré.

Salí a caminar por los alrededores y terminé, una vez más, en el mismo lugar donde comí el día anterior. Luego regresé al hotel, llamé a Eliezer y le conté lo sucedido.

Me consoló con su apoyo, me habló de "meter mano a las situaciones", que estaría pendiente para que nada me faltara, también me dijo que me amaba.

Al día siguiente, me levanté un poco tarde, pues mis cursos eran nocturnos. Disfruté del desayuno continental y caminé hasta la universidad. Me encantó sentir la brisa sobre mi piel, el cabello moverse al ritmo de la música que traía el viento. Me embargaba una sensación de alegría junto con otra de miedo y tristeza. Saber que estaba en un lugar no soñado sin tener idea de cómo serían los cursos; el gran reto del lenguaje, y la tristeza de haber dejado atrás a Eliezer, a mis padres y hermanos. Sin embargo, a pesar de todo, esa sensación inexplicable se mezclaba con un ambiente rodeado de los residuos de una primavera que luchaba por concluir. Sentí paz.

Crucé el perímetro que dividía la universidad del entorno exterior, caminé con paso lento hacia la iglesia. Me aventuré a conseguir la entrada y me tropecé con una agradable sorpresa. El interior del recinto era una joya. Caminé por los laterales, me senté en un banco en la parte posterior. Cerré los ojos, oré durante algunos minutos. Al salir, pude divisar un letrero pequeño que indicaba Misa Católica Diaria a las doce del mediodía. Esbocé una sonrisa; encontré lo que buscaba.

Me dirigí al edificio de administración para obtener la tarjeta de identificación que me brindaría acceso a todos los lugares y recursos del campus. Ese proceso fue sencillo. También procesé el pago de matrícula con un cheque personal. Caminé a un edificio pequeño en la misma calle, frente al centro de estudiantes, para conseguir mi tarjeta de plan médico, resultó positivo.

Me desplacé hacia la biblioteca graduada frente al llamado *Mall*, que en la entrada tenía una tortuga gigante (la mascota de la universidad) con la concha desgastada en cobre. No entendí lo que sucedía al ver a un estudiante que se detuvo a pasar la mano por aquel lugar y pronunciar unas palabras imperceptibles. Luego, supe que era un símbolo de buena suerte y que los estudiantes lo hacían cuando tenían exámenes o proyectos especiales.

Entré a la biblioteca y exploré el gran acervo de conocimiento. Luego, caminé hasta la biblioteca subgraduada, en medio de jardines, árboles frondosos y edificios. Una inmensa plazoleta custodiaba la entrada al edificio. Entré al vestíbulo, no sin antes mostrar mi identificación al igual que en la otra biblioteca. Me sentía diminuta al observar tan imponente colección de recursos educativos.

Cerca del mediodía, regresé al hotel. Una sensación de inseguridad me invadió con relación al lugar donde se encontraba el hospedaje. Decidí comprobar si sabía llegar hasta allí, pues solamente había ido en automóvil con el doctor Peters. Me acerqué al área siguiendo la explicación de la ruta que él me había dado. Llegué frente a la casa, la miré fijamente y regresé. Otra preocupación surgió al pensar que debía caminar desde la universidad al hospedaje pasadas las nueve de la noche y, sobre todo, sin compañía. Esos "eran otros veinte pesos", como decía mi padre. Tendría que enfrentar los riesgos de la noche, aunque había leído que era un lugar seguro y así lo confirmó el doctor Peters. Volví al hotel intentando memorizar el trayecto.

Cerca de las cinco de la tarde retomé la ruta hacia la universidad con un bulto y lista para comenzar las clases. Tuve la buena suerte de que el doctor Peters sería el primer profesor con el cual me encontraría. Éramos cerca de quince estudiantes de diferentes edades y nacionalidades. El profesor nos sentó en círculo para que estuviésemos más cómodos. Eso marcó la génesis de una historia que comenzaba a escribirse.

Los días en el hospedaje fueron simplemente, aceptables. La señora Chatten era muy conversadora y, en ocasiones, me invitaba a tomar té en el patio de su casa bajo un árbol que luchaba por crecer. Los pájaros nos deleitaban con sus trinos, mientras saciaban su apetito con semillas que, todos los días, la señora Chatten se aseguraba de que estuvieran disponibles.

En algunos fines de semana su hijo y nieto pernoctaban en su casa. Preparaban barbacoa y compartíamos pollo asado con ensalada. Por cierto, un banquete con lo poco que tenía para cocinar.

Luego de las primeras semanas de clases, no tuve que caminar hasta el hospedaje en la noche. Siempre algún compañero me daba un aventón, lo que agradecía infinitamente. Si en algún momento no tenía transporte, llamaba a un taxi; cobraban una tarifa de cuatro dólares y les daba uno de propina.

Vivencias, positivas y negativas, fueron parte de esa primera experiencia en la Universidad de Maryland. Una de las más significativas ocurrió a mi salida de clases, la primera semana. Era tarde en la noche, me distraje de camino en medio de la oscuridad y con el pobre alumbrado en las calles, no encontraba el hospedaje. Mi sentido de orientación se perdió. Caminé como una deambulante y no podía encontrar la casa. Me sentía desfallecer, entraba y salía de una calle a otra sin divisar el lugar. Las calles desiertas tampoco facilitaban orientarme. Las casas parecían monstruos silenciosos acechándome. Pensé en lo peor, sentí miedo de que me atacaran.

En medio de la desesperación, las lágrimas inundaron mis ojos. No podía más y mi pecho amenazaba con estallar. Respiré hondo, me detuve, cogí ánimo y recuperé el sentido. Luego, ubiqué una de las calles por donde recordaba haber pasado y tomé esa ruta. Rogué porque ese fuera el camino.

Sentía deseos de correr y gritar para que alguien me socorriera. De repente había llegado, me sentí aliviada. Corrí desesperada, abrí el portón lateral que conducía al patio trasero por donde se encontraba la puerta de entrada al sótano. Cuando cerré la puerta, bajé unos escalones y me senté a llorar en la escalera.

Una vez más agradecí estar protegida.

No le conté a Eliezer aquel suceso hasta que regresé a Puerto Rico después de tres meses en Maryland.

En otra ocasión, me ocurrió algo increíble. Utilizaba la lavadora de la señora Chatten y un sábado, en la mañana, luego de colocar mi ropa con el detergente, después de unos minutos dejó de funcionar. Intenté arreglar el desperfecto, pero fue imposible. Me sentí abrumada, no sabía cómo decírselo a la señora Chatten, no fuera a pensar que le dañé el equipo.

Esperé cerca de una hora y la máquina nunca funcionó. Poco a poco, comencé a sacar el agua con un recipiente, en una gestión casi imposible. Cuando logré vaciar gran parte del agua, exprimí la ropa para colocarla en una bolsa plástica. Al terminar de sacarla, me eché la bolsa sobre el hombro y caminé cerca de media hora hasta una lavandería donde pude completar el proceso de lavado y secado. La ropa mojada resultó ser un desafío a mis fuerzas.

Al regresar al hospedaje, me aseguré de secar hasta el último rastro de agua en la lavadora. No quería que la señora Chatten supiera que con mi ropa se había dañado la lavadora. Asustada permanecí varios días en espera por la pregunta de la señora Chatten, pero no sucedía. Un día al llegar de la universidad, sentí el ruido de la lavadora prendida y funcionando. Siempre pensé que fue un milagro, aunque, a decir verdad, los milagros no ocurren por cosas tan simples. A partir de aquel día, llevé mi ropa a la lavandería; no quería ser responsable por su equipo. Hoy entiendo que debí enfrentar la situación desde el inicio y haber dialogado con ella al respecto, pero aún era joven e inmadura.

Disfrutaba ser estudiante doctoral, por la conciencia de lo mucho que aprendía y los retos que me esperaban. Mis notas eran sobresalientes, como siempre habían sido. Manejaba bien el idioma inglés y el contenido de los cursos. Me comunicaba con Eliezer, semanalmente, a través del teléfono de la señora Chatten, el cual pagaba cuando le llegaba la factura.

Uno de los mejores modelos que despertó mi inspiración en esa experiencia en Maryland lo tuve en un curso. Me esmeraba por llegar temprano a los salones de clases y ese no era la excepción. Entré al salón, configurado con mesas y sillas, no tan grande como los que acostumbraba a utilizar en el nivel de bachillerato. Poco a poco, entraron los que serían mis compañeros de clase. Uno de los que entró me llamó la atención, pensé que podía ser el profesor, al que, a última hora, habían cambiado. Un hombre de unos setenta años caminó con paso firme, ocupó un asiento a mi derecha y me saludó.

Me dijo que se llamaba John, que aquel era su primer curso del programa doctoral.

En medio de mi sorpresa, contesté su saludo con amabilidad, me identifiqué. Llamó su atención que fuera de Puerto Rico. A partir de ese día, John se mostró muy familiar. Compartía sus experiencias con los compañeros antes de comenzar la clase. Había sido maestro, director de escuela de una región educativa y superintendente. Se había retirado hacía solo unos meses y estaba matriculado en el programa doctoral en Educación Comercial. Me contó que toda la vida había soñado con tener un doctorado: que sus compromisos de trabajo, económicos y familiares no se lo permitieron. Al retirarse, añoraba con volver a la universidad para lograr su meta, por eso estaba allí. Quería ser un ejemplo para el grupo y así lo exteriorizaba.

—Lo importante es mantener viva la llama de una meta. No importa cuánto nos tardemos en alcanzarla, debemos mantener la esperanza de que, si nos lo proponemos, podremos lograrla.

Las palabras de John fueron un gran aliciente. Con tantas situaciones inconclusas que había dejado atrás, estaba allí detrás de un sueño, al igual que él. El testimonio de John fue importante en mi proceso de ajuste en una nueva comunidad académica.

Algo similar había sucedido antes, mientras estudiaba la maestría en la Universidad de New York. En uno de los cursos le celebramos el cumpleaños número sesenta a una compañera de clases. Con mis escasos veinticuatro años, me preguntaba qué hacía una persona de esa edad en clases de maestría. No tardé en recibir una respuesta parecida a la de John.

Con mucho esfuerzo culminaron las dos sesiones de verano. Llegó el momento de regresar a Puerto Rico.

Estaba feliz de volver para compartir con mi familia. En agosto tomaría un curso independiente desde Puerto Rico y otro en enero, según autorizado por el doctor Peters. Trabajaría durante un año y regresaría a Maryland para continuar los estudios.

Regresé a mi trabajo en la universidad complacida por mis logros en los primeros cursos aprobados. Los retos del día a día eran muy grandes. Impartía cursos diurnos, nocturnos y, en ocasiones, sabatinos.

Llegaba tarde a la casa, al igual que Eliezer, quien seguía cosechando frutos en su trabajo con un mayor sacrificio. Durante los fines de semana, visitábamos a nuestros padres y tratábamos de ganar tiempo para nuestra relación, la que parecía progresar.

Culminó el año académico y llegó el momento de volver a Maryland. En esa ocasión estaba más motivada, porque Eliezer se había convencido de que lo mejor era acompañarme. Viviríamos en el sótano de la casa de la señora Chatten y él, podría trabajar o estudiar. Eso significaba dejar atrás lo logrado en sus años de trabajo en dos de las empresas farmacéuticas más importantes del país. Su nueva posición de gerente también sería sacrificada. Por eso, la decisión fue difícil, pero ahí estábamos, listos para partir. En esta ocasión, el viaje sería desde fines de mayo hasta diciembre. Proyecté terminar los cursos y regresar a Puerto Rico a trabajar en la disertación doctoral.

Partimos con la bendición de nuestros respectivos padres en un viaje un poco incierto. El jefe de Eliezer se despidió personalmente de él. Le deseó suerte, le dijo que las puertas de la empresa estaban abiertas para cuando decidiera volver. Eliezer lo agradeció.

Salimos un sábado en la mañana. Mis suegros se ocuparían de atender nuestra casa hasta el regreso. Gracias a Dios la salud de mi suegra era estable. Con el dinero ahorrado, se pagaría la hipoteca y con la beca pagaríamos el hospedaje. La señora Chatten volvió a alquilarnos el sótano.

El viaje en avión transcurrió sin mayores contratiempos. Me sentía triste por dejar atrás tantas cosas; amigos, familiares, estudiantes, colegas. No obstante, llevé conmigo lo que en ese momento era más importante, Eliezer, quien se mostró muy desprendido al renunciar a su carrera; su trabajo lo agobiaba, a pesar de todo. Llegamos a Maryland, tomamos un taxi que nos trasladó a *College Park*. La señora Chatten nos recibió contenta y fue amable con Eliezer. Una vez allí, comenzamos a planificar el verano. Eliezer estudiaría para tomar el examen de entrada a estudios graduados, ante la posibilidad de conseguir una beca y hacer una maestría en contabilidad.

Llegué a la universidad con la matrícula lista; solo restaba realizar el pago, lo que hice el lunes en la mañana. Fui con Eliezer a la Escuela de Estudios Graduados y consiguió el panfleto para solicitar el examen. Luego nos dirigimos a la librería, en el centro de estudiantes, para comprar un libro que le permitiera estudiar para tomar dicha prueba. Se mostraba interesado en la universidad y en lo hermoso del campus.

Los días transcurrían normales para mí, pero Eliezer se aburría. Estudió y tomó el examen. No sabía en qué invertir el tiempo. En cambio, la cantidad de trabajo académico que yo debía completar no permitía tiempo libre para compartir con él. Los fines de semana limpiábamos el apartamento, lavábamos ropa y hacíamos la compra de comestibles.

Los domingos en la tarde salíamos a comer en un restaurante donde se podía consumir todo lo deseado por tan solo siete dólares con noventa y nueve centavos, además incluía la bebida. Estábamos cansados de comer fideos con carne de lata, *cornbeef,* en el apartamento.

Algunas tardes compartíamos un café, té o jugo con la señora Chatten. Otras, tomábamos la guagua para ir a un centro comercial que estaba cerca. Solamente en dos ocasiones tomamos el tren para ir a Washington, D.C. Nunca supe por qué, le tenía recelo a ese gran monstruo que se desplaza, unas veces por debajo de la tierra y otras, por la superficie.

Próximos a completar los tres meses de verano, Eliezer me mostró su interés por regresar a Puerto Rico. Me inquieté. No quería quedarme sola. Decidimos volver a Puerto Rico a mediados de agosto, al terminar las clases de verano. Tenía dos semanas libres antes de comenzar el semestre. Eliezer no se había motivado a solicitar admisión al programa de maestría, porque no tenía beca para sufragar los altos costos de la matrícula y no quería subsidiar sus estudios con préstamos estudiantiles.

El día antes del viaje, estábamos en el patio de la señora Chatten disfrutando de la hermosa tarde. Cuando llegó el momento de despedirnos, ya que el vuelo salía temprano y no nos volveríamos a ver hasta dentro de dos semanas, ella tuvo una premonición.

—Espero que ese tiempo que han vivido aquí les haya permitido concebir un hijo. —Eliezer y yo nos miramos.

—¡Ojalá y así sea, luego de siete años de casados! —contesté sin saber a ciencia cierta si ese era el momento para tener un hijo.

163

El taxi llegó justo a las cinco de la mañana; teníamos todo listo. Nos llevamos lo necesario, ya que regresaríamos en dos semanas. Por lo menos, Eliezer me prometió que regresaría. Llegamos a Puerto Rico ansiosos por ver a nuestras respectivas familias y estar en el hogar, luego de muchas limitaciones.

El hogar, por sencillo o simple que sea, es un lugar especial y cuando lo dejamos por un tiempo, aprendemos a valorarlo. Vivíamos en una pequeña casa en una urbanización de clase media. Contábamos con lo básico, un servicio sanitario, tres habitaciones pequeñas, una cocina en una especie de pasillo donde dos personas no podían cocinar juntas, una sala que parecía ser el espacio más grande de la casa y una pequeña área de comedor.

La casa tenía techos bajos. Por vivir en el Caribe, el calor era sofocante. Para lidiar con la situación compramos unidades para acondicionar el aire para dos de las habitaciones. Tenía un pequeño balcón techado que daba a un espacio abierto, donde se estacionaba uno de los automóviles, el otro se estacionaba en una subida de acceso al garaje. El *laundry* estaba justo detrás del lugar donde se acomodaba el automóvil en el perímetro que ocupaba la casa. Confieso que era mucho más que lo que tuve de pequeña y fue una gran alegría adquirirla luego de un par de años de casados. Y, por supuesto, mucho más que lo que teníamos en Maryland.

Visitamos a nuestras familias y le dimos un poco de cariño a la casa. Durante la primera semana en Puerto Rico comencé a sentirme mal. Estuvimos trabajando en la casa para dejar todo listo antes de regresar a Maryland.

Un domingo en la noche me desvelé "atando cabos" y no sé cómo vino a mi mente que podría estar embarazada;

me preocupé. Me levanté temprano y le dije a Eliezer que necesitaba hacerme unos laboratorios. El médico de cabecera me dio un referido para una prueba de embarazo. Luego que me tomaron la muestra de sangre, me sentía aturdida, pues, aunque anhelaba tener un hijo, no estaba segura de que aquel era el mejor momento, pero sería el momento de Dios. Esperé con ansias hasta las tres de la tarde y fui a recoger el resultado del análisis correspondiente.

Estaba nerviosa, estacioné el automóvil y me dirigí a la oficina. Me entregaron el sobre y salí bastante ansiosa por saber. Subí al automóvil y cerré los ojos mientras apretaba el sobre sobre mi pecho.

—Señor, sabes lo que ansío tener un hijo. Solo Tú sabes si este es el momento. Si es positivo, Tú proveerás, Señor.

Saqué el papel de dentro del sobre y pude leer el resultado. Estaba embarazada.

Emocionada y asustada me dirigí a la casa. Eliezer esperaba.

—¿Cuál es el resultado? —preguntó ansioso.

Lo miré y mis lágrimas le dieron la respuesta.

—¿Por qué lloras? Es una bendición. Gracias a Dios, luego de tantos años.

—Sí, pero ¿ahora qué hacemos? No volveré a Maryland, eso hay que posponerlo. Este bebé es lo más importante en nuestras vidas.

—Pero, ¿qué tonterías dices? Eso no cambia los planes. Tienes que volver, lo que sí es un hecho es que no volveré contigo. Tengo que regresar al trabajo, ahora necesitaremos más dinero. Paco me dijo que mi trabajo estaría disponible si regresaba, este es el regreso para mí.

La semana siguiente tuve emociones encontrados. Mis padres y hermanos estaban contentos con la noticia, pero no aprobaban que regresara a Maryland. En la universidad estaban a la espera de mi decisión. Mis suegros se mostraban alegres. Eliezer era el primogénito y deseaban tener un nieto con el apellido Romeu, ya que Eliezer era el único hijo varón. Era una época en la cual era importante mantener el apellido de generación en generación.

Mientras divagaba entre una decisión y otra, Eliezer llamó a su antiguo jefe y todo quedó listo para comenzar a trabajar dentro de tres semanas. Le pidió unos días para descansar y tomar algunas otras decisiones.

Fue así cómo regresé a Maryland sola y embarazada, sin saber si había tomado la decisión correcta. Eliezer me apoyó para continuar y completar los cursos para diciembre. Todo, con la expectativa de un buen embarazo.

Llegué a casa de la señora Ahalt. Ya no estaría más en el sótano. La señora Chatten había puesto su casa a la venta y decidió no volver a alquilar. Se iría a vivir a una residencia para envejecientes. Ahalt era quien el doctor Peters había contactado cuando llegué a Maryland, que ahora tenía un espacio disponible. Viviría en una casa de tres niveles, no muy grande. Mi habitación estaría en el tercer piso, el cual compartiría con dos estudiantes graduados, una chica y un chico, pues eran tres habitaciones. En el primer piso se encontraba su habitación y en el sótano, había una nevera y un horno microondas en el que podíamos calentar algo, ya que no se permitía cocinar. Una pequeña sala de estar tenía un televisor para el uso de los pupilos.

El trayecto a la universidad era más lejos. Además, el sótano de la señora Chatten tenía mayor privacidad y libertad de movimiento, aunque la humedad y el frío me hacían estar abrigada todo el tiempo.

Así fue como pasé un semestre en otro hospedaje y con nuevos vecinos. La señora Ahalt era muy amable. En ocasiones, me llevó en su automóvil a la universidad. Dialogábamos con frecuencia, hasta tomé el té y café en su cocina. Por lo menos, el frío intenso que taladraba mis huesos en el sótano de la señora Chatten ya no era un problema para obligarme a permanecer tantas horas en la universidad.

Pasaban los días, las semanas. Solo tenía tiempo para estudiar, cumplir con mis catorce créditos y velar por mi embarazo. Estaba determinada y con ansias de que todo terminara rápido. Tuve problemas con el embarazo, ya que los efectos de este alteraron mi sistema. Pasé "la salsa y el guayacán" para conseguir un ginecólogo que me atendiera, ya que solo tenía el plan médico de la universidad porque el de Puerto Rico no lo aceptaban.

Caminar por el campus, con miles de pensamientos e ideas me distraía. No sabía si había hecho bien al continuar estudiando ni si era una irresponsable. Me cuestionaba lo que pensaría Dios de mí. Luego, me convencía de que había puesto mi vida en sus manos.

Por mis oraciones y gestiones conseguí un médico que certificó que mi embarazo progresaba en forma normal. Tenía las molestias normales y como no era una enfermedad, podía seguir con mi rutina diaria.

La llegada del otoño trajo consigo más preocupaciones. En casa de la señora Ahalt tampoco podía lavar, tenía que ir a la lavandería, unos dos kilómetros a pie y con el bolso de ropa. Con dificultad, por la distancia y el frío, continué con la costumbre de ir a comer los domingos al restaurante que frecuentaba un día a la semana con Eliezer.

La idea de tener un hijo me embargaba. En el pequeño centro comercial cerca de la universidad había una tienda de manualidades. Un sábado decidí ir por una manualidad para mi bebé. Seleccioné el bordado que se hace colocando la tela en un círculo de madera para que quede fijo. Me llamó la atención, porque en casa de la señora Chatten había varios cuadros con ese tipo de bordado.

Luego de observar por largo rato la variedad de bordados, seleccioné uno que permitiría bordar y colocar un retrato del bebé dentro de un círculo. Me pareció muy original y menos complejo para realizar. Cuando llegué a la casa, abrí la envoltura y por poco me vuelvo loca, no podía determinar cómo comenzar. Lo dejé de mano y, al día siguiente, por ser domingo lo volví a intentar. Ya sabía cómo y por dónde comenzar. Los días siguientes fueron de mucho trabajo en la universidad, pero poco a poco pude ir completando la tarea de preparar el bordado. Lo colocaría en un marco con la foto del bebé tan pronto naciera.

Mientras, Eliezer continuaba con su rutina de trabajo. Me enviaba paquetes con antojos para que no tuviera carencias. También recibía dinero para colaborar con los gastos. Se motivó a reemplazar las ventanas de la casa, por unas de cristal para mayor amplitud y cerró el área del garaje. Todo eso estaba bien, pero no fue a verme durante el semestre, tenía muchos compromisos. Luego me contó, que uno de sus tíos le sembraba cizaña cada vez que lo veía cuestionándole cómo me dejaba ir a estudiar dejándolo solo y que, de seguro, me buscaba otro hombre. Eliezer sabía que eso era imposible y yo, estaba segura de que él estaría siempre para mí.

El doctor Peters y su esposa continuaban con su apoyo. Jean era una excelente persona, en ocasiones, me invitaban a pasear. Fue así cómo pude ver los árboles cristalizados la mañana siguiente a una nevada. La tarde anterior cerraron la universidad temprano y nos advirtieron de la nevada.

Me quedé por horas en la biblioteca, pues como no tenía radio, y solo veía noticias algunas noches en el sótano del hospedaje, nunca me enteré del anuncio de la nevada, hasta el desalojo.

Cuando salí de la biblioteca a eso de las cuatro de la tarde, estaba casi oscuro. Se percibía en el aire la humedad que precede a una nevada, aunque nunca había visto la nieve caer. A pesar del embarazo caminé y corrí, eran cerca de tres kilómetros desde donde me encontraba hasta el hospedaje. En ese momento, solo pensaba en llegar a la casa antes de la nevada. Me cubría el vientre, mientras el bulto en mi espalda me castigaba al correr.

Cuando divisé la casa, el bebé casi estaba en mi garganta. Disminuí la velocidad ante la cercanía de la meta. Llegué al balcón trasero de la casa, me senté en una silla, respiré hondo, me cubrí la barriga y lloré sin consuelo. Sentí que había puesto en peligro la vida del bebé.

Lloré hasta quedarme sin lágrimas, entonces respiré hondo, abrí la puerta de acceso al pasillo y subí a mi diminuto cuarto. Me recosté y cerca de las siete de la noche desperté. Corrí la cortina y me tropecé con que un manto blanco cubría el patio trasero. Veía plumas de nieve caer. El espectáculo era todavía más maravilloso, porque el efecto de la luz del poste del alumbrado se mostraba como un prisma. Acerqué la silla de mi escritorito a la ventana y contemplé el espectáculo que la naturaleza me regalaba. Acariciaba mi vientre con la esperanza de que mi hijo estuviera bien.

Al llegar el frío de noviembre, me levantaba temprano en las mañanas para que uno de los compañeros del hospedaje me llevara a la universidad. Salía a las siete y treinta de la mañana y estaba prácticamente todo el día en la biblioteca. Cuando ya no podía estar sentada, caminaba por el campus para "matar el tiempo" hasta que llegaba la hora de mis clases. Aprendí a disfrutar el camino y su entorno, a no esperar a llegar a la meta para sentirme realizada.

Ese semestre tuve la mala suerte de tomar dos cursos en las tardes y tres cursos en las noches. Las temperaturas comenzaron a bajar y la nieve se convertía en hielo. Siempre tenía la sensación de que resbalaba y caía; no quería perder a mi bebé por un descuido. Cuando alguien me llevaba en las mañanas, me dejaba en la cafetería. Estudiaba un poco. Luego, desayunaba en el mismo lugar. Cerca de las once y treinta, caminaba despacio hasta la capilla que estaba en la parte trasera de la iglesia donde se oficiaba la misa diaria. Podía observar el cielo y la naturaleza en todo su esplendor, sentirme viva. Muy pocas personas participaban diariamente de ese servicio, tal vez unas quince o veinte. De todos modos, Dios me llamaba y guiaba mis pasos. Cómo no agradecer sus bendiciones.

Al regresar al hospedaje me aseguraba de comer y descansar. Un televisor de mueble, como los que hubo en mi casa cuando era pequeña, ocupaba un espacio en el sótano frente a un sofá. Allí comía a prisa mi ración y veía un poco de televisión, siempre y cuando no hubiese otro inquilino. El 9 de noviembre de 1989 vi cómo los ciudadanos derrumbaron el Muro de Berlín. Un acontecimiento para la historia, que está presente entre mis memorias.

Un día de noviembre, el doctor Peters me invitó a cenar a su casa. Al salir de clases me recogió en casa de la señora Ahalt. Su esposa preparó una comida suculenta. Jean era una persona extraordinaria y muy conversadora.

Me contaba historias de su vida; tenían una hija y tres varones. El nombre del mayor había sido una verdadera odisea, ya que su padre quería ponerle por nombre Robert Peters III y no estaba permitido, ya no se utilizaban los números romanos para indicar la prioridad familiar en nombres idénticos en la familia. Lo cierto fue que él se las arregló para conseguir un abogado que logró su deseo. Luego supe, que pasó el mismo proceso para registrar a un nieto con el número IV.

Ese semestre estudié arduamente para tomar el examen comprensivo doctoral. A pesar de la carga académica de catorce créditos, pude prepararme para el examen. Estudié en las horas que tuve que pasar en la universidad cuando algún compañero de hospedaje me daba un aventón. Practiqué incansablemente para el examen que fue tipo ensayo y redactado en inglés, con el nivel de vocabulario que requiere un grado doctoral. Dios sabe las ocasiones en que me levanté a las cuatro de la madrugada a escribir.

El día asignado para tomar la primera parte del examen me sentía preparada en cuanto al contenido. Solo sentía la preocupación por el manejo del idioma, inquietud que siempre existe cuando te corresponde escribir en un idioma que no es el vernáculo. Recuerdo que en un curso de estadísticas avanzado estudié con una compañera cuyo primer idioma era el inglés. Al corroborar las notas finales del curso, aprobé el mismo y ella no. Fue una tristeza enorme. Ahí entendí que no era tanto el manejo del idioma, sino el manejo del contenido.

Aprobé la primera parte del examen comprensivo a finales de noviembre. Una sensación de triunfo se apoderó de mí. La celebración fue muy corta, porque debía tomar la segunda parte. No podía correrme ningún riesgo. Con un bebé fuera de mi vientre, la situación sería más difícil, por lo que opté por continuar el repaso, aunque estaba exhausta y faltaban los exámenes finales de los cursos. Si lo tomaba y no lo pasaba, tendría el próximo semestre para completarlo y comenzar con la disertación. Debía tomar una decisión.

Abrumada por un semestre agotador, sin mencionar los efectos del embarazo, dialogué con el director del programa quien me aconsejó que tomara el examen, nada perdería. Y así fue. La primera semana de diciembre, un día a las ocho de la mañana me presenté para realizar la segunda parte del examen comprensivo. En la mayor parte de las universidades no se permitía el uso de computadoras para los exámenes, se redactaba a mano. No obstante, en mi caso pude utilizarla.

Pasaron unos días y no quería regresar a Puerto Rico sin conocer el resultado del examen. En varias ocasiones visité la oficina del doctor Peters para ver si era posible que las personas a cargo de la corrección aligeraran el proceso, desconocía quiénes eran. Hasta que un buen día, el doctor Peters me citó a su oficina para darme la extraordinaria noticia de que lo había aprobado. Una vez más, lloré mucho. Era tanta la tensión que tenía que no podía creerlo. Había dudado de algunas respuestas cuando entregué el examen, pero se lo había encomendado al Señor. Él sabía mis sacrificios. Recibí la felicitación del profesor y le agradecí toda su mentoría y ayuda.

El 15 de diciembre de 1989 la señora Ahalt preparó una cena de Navidad. Fue una gran velada; no tomé vino, pero mis compañeros celebraron junto a nuestra anfitriona un semestre de grandes retos y logros. Por primera vez, usé una bata de embarazada. Mi barriga estaba de cinco meses y medio. Se veía muy grande para el tiempo de gestación.

Me despedí de todos y subí a terminar de recoger mis pertenencias. Más tarde, Larry tocó a mi puerta. Me entregó una pequeña caja envuelta en papel de regalo para el bebé. Agradecí emocionada el detalle.

En el interior de la caja había unos hermosos botines tejidos con el emblema de la Universidad de Maryland. Pude notar su gran sensibilidad. Dialogamos unos minutos, nos despedimos y cada uno regresó a su escondite.

Temprano en la mañana llegó el taxi y salí hacia el aeropuerto con la tristeza de dejar mi hogar de un semestre y la incertidumbre de lo que encontraría en Puerto Rico.

Llegaría con todos los cursos aprobados, incluyendo el examen comprensivo y con un bebé que me había acompañado durante la jornada. En ese aspecto estaba feliz por los logros alcanzados, por mi estado de salud y la del bebé.

Mientras tanto, me atormentaba pensando sobre la actitud de Eliezer cuando me viera; en si estaría con otra mujer; qué haría si me quedara sola y algunos otros pensamientos negativos. Añoré que mi bebé estuviese conmigo en todo momento.

Cuando aterrizó el avión, me dirigí al lugar de recogido de maletas. Hice señas a un maletero para que recogiese el equipaje. Salimos al estacionamiento donde se suponía que Eliezer me esperaba, pero no lo encontré. Como no tenía forma de comunicarme con él, esperé; una espera que para mi tensión resultó en horas, aunque realmente no fue así.

Pensamientos negativos me invadieron. Eliezer no me había visto durante cuatro meses, aunque hablábamos por teléfono todos los fines de semana. Mi cuerpo se había deformado un poco con el aumento de peso, pero no me veía mal ni descuidada. Aceptaba con amor el sacrificio que hacía para dar vida.

Mi mente insistió en que, a lo mejor, estaba con otra mujer, aunque lo más importante en aquel momento debía ser encontrarse conmigo. Mi hijo sintió que algo raro ocurría por la forma en la cual acariciaba mi barriga. La gente pasaba a mi alrededor desapercibida, apenas estaba consciente de que debía estar pendiente a mi equipaje, que era mucho.

Como en otras ocasiones, resignada, pedí fortaleza por si ese era el precio que debía pagar por haberlo dejado solo.

De repente, como de la nada, divisé el automóvil de Eliezer acercarse. Confieso que me sacó del aturdimiento. Al llegar lo vi más guapo. Llevaba una chaqueta y corbata que le sentaban muy bien. Tenía el bigote, como siempre, bien arreglado al igual que la barba. Se veía espectacular. Salió del automóvil y me dio un beso y un abrazo que me llegaron al alma. Me tranquilizó, pidió que no llorara. Me acarició el vientre con amor.

Esperaba que me dijera cómo me veía, pero no sucedió. Luego entendí que aquel no era el lugar ni el momento oportuno, pues era un área para recoger pasajeros y la policía supervisaba para que ese proceso fuese lo más rápido posible.

Se excusó por llegar tarde, debido al tráfico, lo cual entendí. Su mirada me hizo entender que le agradaba cómo me veía embarazada. El trayecto a la casa fue especial. Dialogamos mucho, nos detuvimos a comer y llegamos a continuar con la rutina. La casa lucía diferente. Eliezer se había encargado de que mi llegada y la del bebé representasen un nuevo comienzo.

Me tenía una sorpresa; una carta de la Universidad Interamericana de Puerto Rico en la cual indicaban que me habían seleccionado para un reconocimiento. La entrega era en dos días y debía presentarme en la oficina del rector, lo que me hizo sentir un poco más ubicada. La institución me recomendaba para recibir el Premio al Mérito Extraordinario, y yo, ¡Claro que conocía de sacrificios extraordinarios!

Vería a mis compañeros de trabajo luego de varios meses. Vestirme con una bata de las que utilizan las mujeres embarazadas para ir a la universidad me provocó infinidad de pensamientos. Me puse una que había comprado en Maryland, combinada con prendas, zapatos y cartera. "El embarazo es una época muy hermosa para toda mujer. No hay por qué descuidar la apariencia personal, ya el bebé se encargará de hacer su parte."

Insegura, subí los tres escalones que daban acceso al lugar de reunión. Caminé por el pasillo de uno de los edificios más antiguos del Recinto y empujé con cuidado la puerta que daba acceso a la oficina del rector. Allí estaban otros tres compañeros que, al igual que yo, recibirían reconocimiento. También se encontraban los directores de los respectivos departamentos a los cuales pertenecían los seleccionados, además de los decanos. Me saludaron con efusividad y elogiaron mi embarazo luego de siete años de casada.

Caminamos hacia un anfiteatro donde se encontraban facultativos de diferentes departamentos. Seguido del protocolo de rigor, escuché con atención la reseña sobre mí que un colega leyó. Fue un honor recibir de manos del rector y del director del departamento, el Premio al

Mérito Extraordinario, otorgado por el presidente de la Universidad Interamericana de Puerto Rico, junto con un cheque. No recuerdo de cuánto era, pero que vino "como anillo al dedo", ya que con la llegada del bebé aumentarían los gastos.

Luego de ese encuentro y de las debidas fotos para la historia, pasé por el Departamento a saludar a quienes no estaban en la reunión. Fue agradable verlos, además, el espíritu navideño contagiaba el entorno. Estaba lista para regresar en enero, con una barriga más grande y con una visión diferente.

Regresar a mi trabajo fue un poco difícil. Luego de ocho años en la dirección del programa, ocuparía un puesto de profesora. Ese cambio fue un verdadero reto profesional. Estaba acostumbrada a dirigirlo y ahora tendría una carga académica completa. Traté de lidiar con mi cabeza para manejarlo.

De otra parte, mi amiga Lizza había completado el grado de maestría y el departamento la contrató a tiempo parcial. Fue gratificante ver a una de mis estudiantes convertirse en profesora, al igual que Carmen, otra de mis estudiantes destacadas quien fue reclutada como Facultad a tarea completa en el Departamento unos años antes que ella.

Ocupar una oficina distinta con responsabilidad total de cátedra fue algo que me tomó tiempo superar. Las incomodidades relacionadas con el embarazo justificaban un cambio en tareas.

Durante el mes de abril dejé la universidad para tomar licencia por maternidad. Los estudiantes y colegas prepararon un *baby shower* muy especial. En la casa, hicimos los preparativos para recibir al bebé. Compramos una cama-cuna, algunos artículos de primera necesidad y decoramos un poco la habitación que ocuparía el nuevo inquilino.

No hice muchos arreglos, ya que recordaba una historia de estudiante que me aterrorizaba. Una compañera estaba embarazada y le preparamos un *baby shower*. Se esmeró por preparar todo lo material para la llegada del bebé, pero el bebé murió al nacer. Temerosa, decidí tener lo necesario.

Estuve en mi casa dos semanas antes del parto. Tenía dificultad para caminar, mi peso aumentó considerablemente, me veía hinchada. Esperábamos con ansias el día del parto, ya era casi imposible cargar con semejante barriga. Por lo demás, todo se desarrollaba normalmente, aunque mi mente entendía que era anormal.

Cuando un niño crece en el vientre materno la madre se va transformando tanto física como emocionalmente. Percibir que se mueve algo dentro de ti es una sensación rara; en ocasiones, de alegría y en otras de miedo. Ya a punto del parto, cuando me tocaba la barriga, sentía realmente como si tocara un cuerpo. Todas esas experiencias me preparaban para recibir a una criatura que maravillosamente se había formado dentro de mí. Aunque los padres pueden vivir esa experiencia junto a la madre, jamás entenderán lo que se siente. Por ello, es algo positivo invitarlos a presenciar el parto, que les puede unir más como pareja y con su criatura.

Indujeron el parto el 30 de abril de 1990, pues luego de casi once horas de parto era evidente que no podría tener el niño de forma natural. El médico decidió hacer una cesárea. El niño era muy grande. Luego de tantas horas de espera, y de haber trabajado todo el día, Eliezer decidió ir a la casa para descansar y regresar temprano al hospital. Lo llamaron a la casa e inmediatamente regresó al hospital. Allí estábamos, con nuestro hijo. Gracias a Dios todo ese proceso terminó y a los tres días volvimos al hogar con una personita deseada y amada.

Aquel verano estuvo lleno de contratiempos, ya que me iniciaba en otra etapa de mi vida que era totalmente nueva y retadora. No realicé tareas relacionadas con mi disertación doctoral, quería dedicar todo mi tiempo al niño que, por cierto, se llamó igual que su padre. Noches perdidas, llantos por los cólicos, Eliezer trabajando lejos. Todo fue complicado.

Bautizamos a Romi, ese fue el apodo que le dimos, en la Parroquia Nuestra Señora de la Candelaria en Lajas. Mis vecinos, Clara y José, fueron los padrinos. Los había conocido algunos años antes, cuando me mudé a la comunidad donde residía. Clara era de descendencia colombiana y él, puertorriqueño.

Yo, estaba dedicada de lleno al niño y Eliezer, todo el tiempo fuera de la casa, lo que laceró nuestra relación. El día del bautismo no fue uno bueno para recordar, porque tuvimos una discusión muy fuerte. Eliezer no quiso compartir en un almuerzo que habíamos preparado en la casa. De ahí en adelante, seguimos con problemas.

Durante el semestre de agosto a diciembre retomé mis trabajos académicos. Gracias a Betty, la nana que cuidaba a Romi, pude adelantar mi tesis doctoral y cumplir con los compromisos de mi carga de trabajo en la universidad. Por fortuna, Romi era un niño saludable y muy llevadero para cuidar.

En marzo de 1991 me escribió el doctor Peters para indicarme que se retiraría en mayo y era menester conseguir otra persona para dirigir mi disertación. El mundo se me vino encima, no tenía ni idea de lo que sucedería. Mientras, continuaba escribiendo para completar la propuesta de disertación.

En verano de ese año fui a Maryland a defenderla. En aquel momento me reuní con el doctor Peters para conseguir a alguien que estuviera dispuesto a dirigir mi disertación. Había tomado clases con la doctora Hultgren, a quien tuve el privilegio de conocer recién llegada a Maryland. El doctor Peters me la había presentado como un recurso extraordinario, cuando salía de dirigir una defensa oral de una disertación. Recuerdo que, al conocerla pensé: "si tengo a esa profesora como directora de mi disertación, jamás la terminaré". Sin embargo, al tomar varios cursos con ella mi percepción cambió.

Aquel verano ella era la única persona que se encontraba en el departamento que podría colaborar conmigo. Gentilmente accedió a ayudarme, porque me conocía. Fue así como trabajé algunos detalles de la propuesta y pude defenderla exitosamente. Gracias a Milagros, quien me acompañó en ese viaje, por todo el apoyo psicológico que me brindó para poder lidiar con las situaciones que se presentaron. Regresé a Puerto Rico con muchos deseos de completar todo el proceso.

Estudiar y trabajar es una tarea muy ardua. Si a esta le sumamos el cuidar de una familia y tratar de mantener una relación conyugal estable, la situación se complica. Esa fue mi vida durante los años siguientes al nacimiento de Romi. Apenas dormía, siempre estaba cansada, pero aceptaba más responsabilidades en el trabajo y luego me recriminaba.

El momento de recopilar los datos para mi disertación fue agotador. Gracias a los colegas, quienes me brindaron su apoyo, pude completar ese primer proceso. El estudio piloto, el de campo y la redacción del documento de disertación fue un proceso retador.

Por otro lado, me esmeraba por darle tiempo de calidad a Romi, aunque fuese poco. En cuanto a mi relación con Eliezer, tenía altas y bajas, pero luchábamos por mantenernos a flote. Participaba en las actividades de su empresa, algo que nos sacaba de la rutina.

Gracias al apoyo de muchas personas y a las oraciones incesantes de mis padres, pude completar el documento de disertación en mayo de 1992. Con mucho entusiasmo me preparé para regresar a Maryland y defenderla en forma oral. Compré un ajuar profesional para esa ocasión especial. Me preocupaba en exceso por lucir bien, algo que hasta me perturbaba. La defensa era una experiencia retadora. Seguía inquieta por el manejo del idioma, pues debía ser lo más profesional posible.

La noche anterior a la defensa de la disertación dialogué con Eliezer por teléfono. Le comenté sobre lo nerviosa que estaba que, aunque sabía que todo saldría bien, me asaltaban pensamientos negativos. Él me había dado esperanza y explicado que todo iría bien, que acabaría en un día y que Dios no me abandonaría, me deseó suerte.

El ambiente matutino sorprendió a Eliezer, según su relato. Se levantó antes de despuntar la aurora con el propósito de regresar a la casa más temprano de lo acostumbrado, atento a mi llamada en la tarde para contarle el resultado de la defensa oral. También estaba nervioso por el reto que tenía ante mí.

Fue a recoger al niño temprano, porque la nana lo cuidaba durante la semana. Los fines de semana Eliezer se encargaba.

Llegó a eso de las cuatro de la tarde, recogió a Romi y se fue a la casa en espera de la llamada. Al ver que pasaba el tiempo, llamó al hospedaje, pero la señora le indicó que no había regresado de la universidad. Se preocupó, porque la defensa había sido temprano en la tarde. Le preparó de comer a Romi y esperó pacientemente por la llamada. Como para esa época no existían las redes sociales ni los teléfonos celulares para comunicarse, tenía que esperar.

Como supe más tarde, ese día mi madre se levantó temprano, encomendó mi vida a Dios y a la Virgen para que, una vez más, me acompañaran en mis locuras, como ella decía. En cambio, mi padre solo pensaba en los riesgos que podría estar enfrentando. Para ellos, era como estar en un lugar extremadamente complejo, ya que nunca habían salido del país y todo les parecía abstracto. La vida les había negado la maravilla de explorar fuera de su entorno, por lo que su espectro del mundo era muy distinto al mío. Como no tenían teléfono en el hogar, esperarían a que una de mis hermanas, de las que vivían en la zona urbana, pudiera llevar la noticia luego de recibir mi llamada. Su espera era aún más intrigante.

Me contaba mi madre sobre sus meditaciones relacionadas con mi vida, lo atrevida que siempre había sido. Mi empuje para explorar lo que nunca imaginaron que haría. Para ella, una vez más, estaba ante lo impensable en un ambiente donde lo que hacía estaba fuera del paradigma de una mujer de mi edad. Consideraba las limitaciones que teníamos las mujeres, por ser mujeres. Limitaciones que imponía la sociedad y que, a su vez, habían impuesto a mis hermanas. Seis hermanas que vivimos en un ambiente machista, pero con unas personalidades férreas para poder ganar un espacio vedado.

Resultó interesante escuchar a mi madre decir que yo, María, me había atrevido a retar a la administración escolar, al utilizar pantalones en un día festivo. También había protestado frente a la escuela superior por las pésimas condiciones en que se encontraban las instalaciones, porque diversos cubos ubicados en los salones eran los testigos fieles de que los años habían hecho mella en un edificio de principios de siglo y nadie había osado repararlo. Allí estaba junto a mis compañeros de último año de escuela superior, en reclamo por unos servicios que no eran un privilegio, sino un compromiso institucional.

Recordó que me había confrontado, ya que me expuse a que me disciplinaran en la escuela, que era mejor que otros luchasen porque estaba a punto de graduarme; también que me había dicho que lo que hacía los avergonzaba. Sonrió al pensar que me defendí diciéndole que no importaba si no disfrutábamos de nuestro reclamo, que lo hacíamos por los que se quedaban.

También recordó que le dije que había leído alguna vez que: "Los que sembraron el árbol no fueron los mismos que construyeron la barca de madera para cruzar el lago".

Se sintió orgullosa de mí, según me hizo saber.

Dormí muy poco los días antes de la presentación. No hubo práctica con el director de tesis para la defensa. El doctor Peters era miembro del comité, según se había comprometido. Me sentía cómoda con su participación. La defensa fue un jueves a las dos de la tarde. Solo Dios sabe lo que presenté y cómo lo hice, aunque confieso que me preparé para dar lo mejor. Cuando terminé de hacer la presentación y de contestar las preguntas del Comité

Evaluador, la doctora Hultgren me pidió que abandonara el salón para ellos deliberar.

Salí a paso lento, caminé por el pasillo hasta la oficina del departamento. Me senté en la sala de espera. Cuando tienes fe en algo sobrenatural, llámese Dios, o lo que sea, la sensación de pedir a ese ser, en mi caso a Dios, para que todo el proceso culminara en forma positiva, me alentaba. Dediqué el tiempo que estuve en espera a repasar mis respuestas a las preguntas. La certeza por haber contestado en forma asertiva era un aliciente para mi tensión, pero, aunque solo pasaron quince minutos, para mí fueron dos horas.

La doctora Hultgren regresó por mí. Estaba conversadora. Apenas podía escucharla, mis nervios me traicionaban. Caminé por el pasillo, con su voz de fondo. Entré al salón, me paré frente al grupo y esperé por sus comentarios. La doctora Hultgren tomó la palabra.

Explicó que luego de evaluar la presentación y las respuestas a las preguntas del Comité Evaluador, habían decidido, por unanimidad, que había aprobado la defensa oral de la disertación. Me felicitaron y, por primera vez, me llamaron doctora Bonilla y me dieron la acogida al grupo de profesionales del área de Educación Comercial.

Para mi sorpresa no lloré ni grité, solo tuve palabras para agradecer al comité todo su esfuerzo y colaboración. Luego, dialogamos sobre el proceso para hacer algunas correcciones y la entrega de las copias finales. El doctor Peters llamó a su esposa para decirle que terminara de preparar la cena; me invitó a su casa. Un detalle hermoso de su parte, ya que no estaba con mi familia en un momento tan especial.

El doctor Peters salió para completar algunos detalles administrativos. Me quedé sola en la sala mientras recogía mis documentos. En ese momento el estrés se apoderó de mí y surgieron razonamientos inesperados. Sí, tanto sacrificio de muchos años se resumió en una reunión de dos horas. Señor, ¿vale la pena sacrificar tanto? Lo que antes veía como algo extraordinario se disolvía en mi mente. Ya era la doctora Bonilla y ahora qué, nada en mi vida había cambiado. Me invadió la nostalgia, pero no lloré. Terminé de recoger sin deseos de hacerlo y salí a encontrarme con el doctor Peters. El pasillo me pareció un túnel hacia el exterior de una mina.

El doctor Peters invitó a una compañera de estudios de Puerto Rico a acompañarnos a su casa. Nilsa estuvo atenta al proceso de disertación y me brindó apoyo emocional el cual aprecié muchísimo.

Una vez en la casa del doctor Peters, luego de un recibimiento especial por parte de su esposa, me quedé sola en el patio trasero algunos minutos. Sentí que el pecho me dolía, casi perdía la respiración. Sobrecogida, me agaché con el pecho entre las manos y lloré sin consuelo.

—Señor, no permitas que muera lejos de casa, sin Romi y Eliezer.

Pensé que moría cuando el doctor Peters y su esposa se acercaron y me preguntaron qué me sucedía.

Les pedí que esperaran unos minutos. Comencé a sentirme mejor. El profesor se ofreció a llamar a una ambulancia, pero no acepté. Esperamos algunos minutos más, tomé agua y sentí que poco a poco todo volvía a la normalidad. Entendí que la tensión acumulada estalló, que quería abandonar mi cuerpo. Solo Dios sabe el beneficio que tuvo para mi psiquis aquel momento. Luego de media hora, ya estaba mejor. Superé el despojo que mi cuerpo había creado como antídoto a los años de tensión.

Cenamos y descansamos un poco. El doctor Peters se esmeró por hacerme sentir bien y su esposa se condujo como una gran anfitriona. Luego, me llevaron al hospedaje donde me esperaba la señora Ahalt con unas flores como muestra de su aprecio y orgullo, porque otro de sus pupilos había logrado su meta.

Preocupada, le pedí autorización para llamar a Eliezer. Cuando lo tuve en línea, le conté todo con lujo de detalles. Eso también sirvió de catarsis para controlar mis emociones. No podía creer lo que le decía entre lágrimas. Eliezer me tranquilizó y me sugirió quedarme el tiempo necesario hasta que terminara lo que faltaba por hacer. Insistió en que lo importante era que estuviese bien.

Eliezer me puso a Romi al teléfono. Lo sentía balbucear. Sin duda, me reconoció. Me tranquilicé aún más y motivé para llamar a Milagros, mi hermana, quien iría a casa de mis padres para llevar la gran noticia que toda la familia esperaba con ansias.

Me acosté temprano, pero las tensiones del día no me permitían conciliar el sueño. Volvían a mi mente las experiencias de vida que habían sido parte de los últimos años. Las alegrías y sinsabores. El sueño me venció.

Al despuntar el alba me levanté para ir a la universidad, comenzar con las correcciones y con los procesos para dejar todo listo. Tendría tres días para completar la entrega de documentos, no quería ni podía regresar a Maryland para resolver problemas.

Me interesaba entregar un obsequio especial a la doctora Hultgren, quien fue de gran ayuda durante el proceso de mi disertación. Conseguí que en la librería prepararan una placa, no sin antes, dedicar horas a identificar un pensamiento que calara hondo en su mente. Visité la oficina de la doctora Hultgren, justo el día antes de mi partida. Le agradecí todo su apoyo y le entregué la placa con un pensamiento especial que llenó mis expectativas. Sí, en mí había un potencial y ella había preparado el camino para lograr la meta; (*If there is a will, there is a way*. George Herbert).

Regresé tarde al hospedaje, porque trabajé todo el día y no terminé el dichoso documento. Al llegar a la casa, subí las escaleras sigilosamente. Aun así, Lary abrió la puerta de su habitación, que siempre estaba cerrada. Había estado el día de mi disertación y felicitado por la aprobación de la defensa, le faltaba mucho camino por recorrer para culminar sus estudios doctorales. Se despidió con un fuerte abrazo y me deseó mucha suerte. Lo agradecí.

Recogí y descarté lo que no quería llevar en mi equipaje.

Me levanté temprano. Observé el paisaje desde mi ventana para captar la última imagen desde el lugar que me acogió por meses.

Caminé a la universidad no sin antes dejar mi maleta y bulto listos. Debía regresar antes de la una de la tarde. Disfruté la brisa, el canto de los pájaros y el paisaje. Una vez en la universidad, pasé "la zarza y el guayacán" para completar las correcciones. No era época en que los estudiantes tenían computadoras en sus hogares, mucho menos, las computadoras portátiles que tanto facilitan la vida académica.

Al fin pude completar la tarea e imprimir la copia final. Decenas de papeles en el zafacón, a diez centavos cada uno, frente a una máquina fotocopiadora, tratando de cuadrar los márgenes de distintos anejos, evidenciaban mi gran tarea. Cuando terminé, fui a la oficina de la Escuela Graduada y entregué la copia final sin encuadernar. El empleado ojeó página por página cotejando todo el documento. Estaba ansiosa, sentí que pasaron horas. Oraba para que no tuviera que rehacer algo. Cuando recibí un documento con el visto bueno, me dirigí a la oficina correspondiente y dejé el mismo. Allí se encargarían de imprimir cinco copias y distribuirlas, según la recomendación. Por supuesto, tuve que pagar por las copias.

Salí a toda prisa cerca de las once y treinta de la mañana. Me esforcé por dejar atrás la tensión. Completé el proceso y era imperativo avanzar hasta el hospedaje si no quería perder mi vuelo. Al pasar frente a la iglesia, cerré los ojos, agradecí a Dios todas sus bendiciones y lloré. Lloré mientras continuaba mi camino sin mirar atrás. Sin automóvil y con cansancio físico y mental caminé hasta el hospedaje. Así fue como Dios y la Virgen me permitieron completar un proceso atropellado y retador.

Abrí la puerta de entrada a la casa de la señora Ahalt, quien no se encontraba; nos habíamos despedido la noche anterior. Subí las escaleras arrastrando las piernas y el alma. Me senté unos minutos en la cama, volví a llorar.

—Se acabó, María, esto se acabó —dije para consolarme.

Recogí lo que quedaba de mis pertenencias. Me despedí de mi cuarto, el que hacía años me había acogido y que, otra vez, me veía partir, esta vez sin regreso. Bajé las escaleras, crucé la sala de la casa y me senté en una butaca en el balcón a la espera del taxi. Resultaba difícil dejar todo atrás, pero una visión positiva de mi futuro era mi aliciente.

La ruta al aeropuerto estuvo plagada de sentimientos encontrados. No planificaba volver a Maryland. Estaba libre de un compromiso contraído conmigo misma, con la institución, con mi familia y con la sociedad a la cual juré dar lo mejor de mí sin importar los estereotipos.

Tomar el avión de regreso fue un proceso sencillo. Dormité durante el vuelo. Mi cuerpo necesitaba de más tiempo para liberar todas las tensiones. Al salir del terminal, Eliezer esperaba. Esta vez fue un encuentro especial. Romi estaba bajo el cuidado de sus abuelos paternos, debía esperar para tenerlo en mis brazos. Estaba de regreso a mi patria y con una certificación en la mano, cuyo significado jamás alguien sabría cuál era exactamente.

Fue así como la jibarita del pueblo de Las Marías obtuvo el grado doctoral de una de las universidades de mayor prestigio en los Estados Unidos. Pude superar los obstáculos sin los recursos económicos que me ayudaran a hacer de esa experiencia una más llevadera. Con arrojo y resiliencia utilicé al máximo las oportunidades que Dios y la vida pusieron en el camino.

7

¡Hasta donde he llegado!

Meditar sobre los logros y fracasos es positivo. Imitar a la
serpiente que se mueve de un
lado a otro para pasar por el diminuto espacio en la verja; llegar
al otro lado y continuar tranquila, sin sentir los efectos del roce
de su cuerpo con el alambre;
celebrar el logro. El secreto del
éxito estriba en buscar lo positivo en toda experiencia para
emprender una meta tras otra.
Siempre hay espacio para crecer
y hacer la diferencia.

El verano de 1992 fue el primero de muchos años
que pasé tranquila sin la presión de los estudios ni
compromisos de trabajo. Aproveché el tiempo para
estar en mi casa, compartir con Eliezer y con Romi, quien
tenía un poco más de dos años. Quería ganar tiempo, y
la vida me daba esa gran oportunidad. Compartí con mi
familia y la de Eliezer. Disfrutamos al niño y lo pasamos
de maravilla. Todo parecía estar bien.

Sentía la satisfacción de regresar al trabajo con una
meta alcanzada. Había pasado años con la incertidumbre de metas inconclusas. No era la primera vez que
alguien salía de la universidad con el objetivo de completar un grado y no regresaba con él. Muchos factores

pueden afectar el logro de una meta, pero gracias a Dios, ese no era mi caso. Los compañeros de disciplina y otros colegas se mostraban orgullosos por mis logros, algo que valoré.

Así fue como comencé otra etapa en mi vida profesional. Acepté nuevos retos que me presentó el entorno académico. Volví a fungir como consejera de la organización estudiantil, que en ese momento se llamaba, *Professional Secretaries International*. Participar en actividades fuera de Puerto Rico, era un gran reto que acepté con responsabilidad. Los viajes educativos contribuyeron a que los estudiantes adquirieran experiencias significativas para su desarrollo profesional y personal.

Sometía propuestas para hacer presentaciones dentro y fuera de Puerto Rico. Esa faceta de mi trabajo me fascinaba. En una ocasión ofrecía una conferencia, en San Juan, a un nutrido grupo de docentes. Al terminarla, se acercaron algunas personas para solicitar información o felicitarme. Uno de ellos se quedó rezagado. Cuando los demás terminaron, se acercó a felicitarme, lo cual agradecí. Para mi sorpresa me dijo que había estudiado conmigo en el Recinto Universitario de Mayagüez e hizo referencia a un curso. Al escuchar su nombre, y que era del pueblo de Yauco, me sentí reivindicada.

El grado doctoral y mi participación activa en publicaciones, talleres, seminarios y conferencias dentro y fuera de Puerto Rico me llevó a obtener el rango de Catedrática. El rango más alto que se le otorga a un profesor universitario en la institución donde trabajé. El esfuerzo y compromiso en cada tarea dieron su fruto.

Recuerdo con nostalgia a mi compañera de labores, Lizza cuando se presentó en mi oficina.

—¿Cómo estás? Vengo a darte una noticia.

—Espero que sea buena —contesté con cierta picardía.

—Pues, creo que no para ti.

—Rápido, que me muero de curiosidad.

—Sabes que he mantenido mi relación con Alberto y decidimos casarnos.

—No lo puedo creer. Pero, ¿se muda a Puerto Rico?

—No, yo me mudo.

Lizza estudiaba el doctorado en Tecnología Educativa en la Universidad de Texas A & M. Confiaba en que terminara para apoyar un grado de maestría en esa área en el cual yo estaba trabajando. Conoció a Alberto por Internet y luego en persona, en la ciudad de *College Station*. Mantuvieron comunicación por un tiempo y estaban decididos a casarse. Bueno por ellos; las relaciones virtuales no siempre son positivas.

Sin pensarlo mucho, Lizza renunció a su trabajo en la universidad, se mudó definitivamente a Texas y se casó. No tuve la suerte de asistir a su boda, pero me alegré mucho por ella. No tenía hermanos. Vivía con su madre y abuela. Nunca tuvo relación con su padre y había hecho un esfuerzo extraordinario por salir adelante, lo cual admiraba. Lizza sentía un amor inmenso por los niños. En ocasiones, me visitaba para jugar con Romi, o llevarlo al cine junto a otros niños de su comunidad.

En julio de 1992, dos años después del nacimiento de Romi, ya estaba embarazada de mi segundo hijo. Con altas y bajas en nuestro matrimonio, se hacía palpable la bendición de otro hijo sin planificar. Me aferré a la idea de que ese nuevo niño contara con más y mayor calidad de tiempo.

Mientras estaba embarazada de Sebastián, surgió la oportunidad de escribir un libro, algo con lo cual había soñado. La profesora Martínez me introdujo en el área de las publicaciones.

—María, la editorial McGraw-Hill me pidió que trabaje en una nueva publicación. No creo que tenga el tiempo ni las energías para involucrarme en otro proyecto editorial, pero sé que trabajarlo contigo sería una gran oportunidad.

—¿Usted cree? Solo he escrito algunos artículos de poca envergadura.

—Tienes conocimientos de vanguardia, eso nos puede ayudar a crear una buena obra. Necesito dialogar contigo.

—¿Sabe que estoy embarazada?

—Sí, pero eso no importa, no estás enferma.

Gracias a su confianza y a mis deseos por hacer algo diferente, acepté el reto. Así fue como me involucré en un proyecto editorial durante mi embarazo. Me esforzaba para cumplir con las fechas de entrega antes del parto. Luego del arduo trabajo, solo faltaban las recomendaciones de la editorial. Se trataba de *Taller didáctico de mecanografía*, que vio la luz en el 1994.

El éxito en América Latina del primer proyecto editorial, llevó a la profesora Martínez a invitarme a trabajar en otra publicación. La vida me tentaba y yo vacilaba, pero accedía. Acepté trabajar en el proyecto, con el aval de Eliezer, ya que requeriría algo de tiempo. Fue así como publicamos un segundo libro, *Manejo del teclado*, que siguió los pasos del primero en términos de aceptación como libro de texto en la academia.

Dado que la felicidad no es absoluta, durante el quinto mes de embarazo, un estudio evidenció que el niño tenía problemas congénitos. Su cabeza no crecía al ritmo esperado para el tiempo del embarazo. El médico me explicó que existía la posibilidad de que ese niño naciera con microcefalia, que el crecimiento de su cabeza no era el esperado para el tiempo del parto. Indicó sobre las alternativas que tenía, entre ellas el aborto. Justificó su responsabilidad de orientarme correctamente, independientemente de mi decisión. El mundo se vino encima. No sabía qué responder, pero el aborto no era una opción. Daría a luz a mi hijo, sin importar las diferencias funcionales que tuviera.

—Mi hijo nacerá, sea como sea —dije con determinación—. Ni siquiera tengo que consultarlo con mi esposo.

—Sabía cuál sería tu respuesta —respondió.

—Dios tendrá la última palabra en este asunto.

A partir de esa fecha, me dediqué con mayor esmero a brindarle calidad de tiempo a Romi y a proteger mi embarazo. Pasaban los meses y los estudios validaban las sospechas. No obstante, permanecía firme en mi decisión. Milagros me acompañaba en mi apego a la fe. Una de sus cuñadas había tenido un problema similar. Los médicos le recomendaron practicarse un aborto, pero había perseverado en su fe en Dios y la niña nació sin problemas. Anécdotas como esa me consolaban y permitían mantener viva la fe en que todo saldría bien.

Eliezer me apoyó en la decisión. Sin embargo, había algo que no me hacía feliz. Lo sentía distante mientras lidiaba con la terrible situación. Comenzó a llegar a la casa más tarde de lo acostumbrado y, los fines de semana, salía solo; algo que no acostumbraba a hacer.

Cargando mi cruz sentimental y la de un embarazo difícil, logré superar los nueve meses. Mi cuerpo deforme había ganado mucho peso y casi no podía respirar. Durante el mes de abril de 1993, todo apuntaba a que el niño nacería para fines de mes. Me preguntaba si nacería el mismo día que Romi.

Cuando fui a la oficina del ginecólogo me refirió al hospital. No podría esperar más; sería necesario practicar una cesárea esa noche, ante el problema que se perfilaba. Era el último estudio en el cual la microcefalia se reflejaba. Llamé a Eliezer y le dije lo que pasaba, no sin antes hacerme un mar de lágrimas. Me dijo que llegara a la casa si podía conducir y que saldría del trabajo para llevarme al hospital. Como no tenía la maleta de emergencia, conduje hasta la casa con mucho esfuerzo, y regresamos al hospital.

Mi hijo nació en la noche del 19 de abril de 1993. Cuando el médico me lo mostró, los efectos de la anestesia estaban latentes, veía borroso. Solo pude preguntar si estaba bien.

Por recomendación del ginecólogo, me aseguré que un neonatólogo pediátrico estuviera durante el parto para recibir al bebé. Quería saber la realidad desde su nacimiento. La esposa de mi hermano por poco muere, cuando, a los dos días del parto, recibió la noticia que su niño tenía el Síndrome de Down. Fue una tragedia, el niño falleció a los siete meses de nacido. Ese precedente aún estaba latente en mi memoria.

Al día siguiente el ginecólogo fue a mi habitación y me aseguró que el niño estaba saludable. Luego, el pediatra neonatólogo confirmó que el niño había nacido con la cabeza un poco más pequeña de lo normal, pero que estaba dentro del límite inferior de la normalidad, lo que requeriría vigilancia durante los próximos tres años. Esa sí fue una gran noticia. Di gracias a Dios por tomar la decisión correcta. Eliezer celebró la noticia y, en especial, Milagros, quien durante mi embarazo ofrendó su vida al Señor para salvar la de mi hijo.

En la iglesia católica del pueblo de Las Marías bautizamos a Sebastián en julio de 1993. Milagros y Rubén fueron los padrinos. Un gran regalo para ellos, quienes siguieron de cerca mi embarazo. Gracias a Dios, el niño crecía y se desarrollaba normalmente durante sus distintas etapas. La fe te lleva a confiar plenamente en Dios y a poner todas tus tribulaciones en sus manos. Mi hijo estaba bien, pero mi matrimonio se tambaleaba. No sentía a Eliezer cerca en estos momentos tan difíciles. Se quejaba de que tenía mucho trabajo y no nos acompañaba a la iglesia como de costumbre. No obstante, perseveraba, tanto en mi vida privada como en mi trabajo.

Al igual que hice con Romi, celebré el primer año a Sebastián con una fiesta íntima a la cual invité a algunos niños del vecindario. El niño no mostraba indicios de problemas, y así lo confirmaban las visitas frecuentes al neonatólogo, con quien permaneció por espacio de cuatro años. Mientras, Romi disfrutaba con su hermanito. Se subía a la cuna y lo cuidaba como a un hijo; tan pequeño y se veía el gran amor que le prodigaba, siempre bajo mi supervisión.

Conseguir a alguien fuera de tu familia que pueda evaluar una situación personal, es de gran beneficio. Fue así, como por recomendación de un director espiritual, logré que Eliezer me acompañara a una convivencia matrimonial. Estuvimos un fin de semana en un pueblo muy distante del nuestro, tratando de reflexionar sobre nuestras vidas. La aportación de mis suegros a la estabilidad del matrimonio estuvo presente en nuestras vidas. En esa ocasión no fue la excepción; cuidaron de los niños para que pudiéramos estar tranquilos en la convivencia. Nos dimos la oportunidad que resultó positiva para el desarrollo de nuestra relación de pareja.

Agradeceré eternamente a los que colaboraron, principalmente mi hermana Milagros, para que tuviéramos el espacio que nuestro matrimonio pedía a gritos. Nuestra vida cambió significativamente luego de esa experiencia. La consigna debe ser buscar ayuda para el beneficio de la pareja y los niños, lo que redundaría positivamente en toda la familia.

Eliezer y yo tomamos unas vacaciones para visitar a Costa Rica en verano de 1994. Tal vez ese escape serviría para mejorar nuestra situación de pareja. Los niños se quedaron con sus abuelos paternos, ya que eran cuatro o cinco días de viaje. Invité a Milagros, quien había enviudado y a, Ana, mi hermana menor. Una gran experiencia para ellas.

Ocurrió que Rubén fue al hospital y le diagnosticaron una indigestión, para lo cual prescribieron un tratamiento. Pasados dos días, se sentía peor. Acudió a otro hospital y, para su sorpresa, el diagnóstico anterior era contradictorio. Había sufrido un pequeño derrame cerebral. Como consecuencia, lo mantuvieron en el hospital hasta que falleció. Toda una tragedia para mis padres quienes lo querían como a un hijo y para nosotros, que lo apreciábamos como hermano.

En Costa Rica lo pasamos muy bien. Visitamos los distintos volcanes, comimos en buenos restaurantes y disfrutamos de la naturaleza. En una de las excursiones fuimos a un río en el cual se remaba en los rápidos. Antes de subir a la balsa, le pregunté al guía que cuál era la posibilidad de que se virara en pleno río. Tenía un poco de miedo. Me explicó, que no debía preocuparme, que no se viraría. Insistí. Quería saber si otros botes se habían volcado en pleno río, solo para mi tranquilidad. Me dijo que no me preocupara. Miré de reojo a Eliezer y este me dijo por lo bajo que dejara de hacer preguntas y me subiera tranquila, que habíamos ido a disfrutar.

Preocupada me subí a la balsa, tomé el remo y emprendimos el viaje. Éramos siete personas y el guía. La vista de los árboles a la ribera del río, los pájaros y todo el ambiente era refrescante. Al haberme criado en una finca, me sentía cómoda, aunque era la primera vez que me montaba en ese tipo de embarcación.

Luego de algunos minutos de travesía, nos detuvimos a merendar en un lugar donde había piedras, pero dentro del perímetro del río. La suave brisa acariciaba mi rostro y me sentía relajada. Cuando reanudamos el viaje las aguas se tornaron más violentas. El guía intentaba ser gracioso y noté que no estaba atento al entorno. Las aguas turbulentas seguían incrementando el oleaje en el río. Miré a Eliezer y le dije que tenía miedo. Él respondió con una señal para que no me preocupara.

Divisamos un lugar donde la corriente se movía por una bajada. La balsa comenzó a moverse vertiginosamente y sin darnos cuenta, estábamos en el agua, tratando de salir a la superficie. Sentía que me ahogaba. Mi cuerpo subía y bajaba. Intentaba gritar cuando llegaba a la superficie. Llamaba a Eliezer quien no daba señales de vida. Se me agotaban las fuerzas. Alucinaba. Imaginé ver a mis hijos gritando, extendiendo las manos para agarrarme y no podían. Ya no tenía fuerzas cuando logré agarrar una rama. Me aferré a ella como mi única salvación y llamé a Eliezer, pero no respondía.

Como decía mi padre, "éramos muchos y parió la abuela". La rama comenzó a ceder y temí volver a caer de lleno al agua; no sabía nadar. Me moví y tuve la suerte de conseguir otra rama, en la cual puse toda mi esperanza, pero al agarrarla, sentí que algo me picó. No podía desprenderme de mi única salvación. Eran avispas, tenía el panal de avispas en la mano. Intenté asirme con la otra mano, para ver si había algo más de qué agarrarme, y sentí como una pared de piedras, traté de aferrarme a ella, lo hice, continué gritando y llamando a Eliezer.

Una vez contra la pared, busqué dónde colocar mis pies. Me hundía y volvía a subir. Mis fuerzas no daban para más. Traté de levantar mi cabeza más alto hasta la superficie y divisé una balsa. Grité con todas mis fuerzas y, en segundos, la sentí cerca de mí y escuché a Eliezer que me decía que me tranquilizara, que me iban a ayudar. Descansé cuando sentí las manos de mis rescatistas, me dejé caer. Cuando pusieron mi cuerpo dentro de la balsa, grité con fuerzas. Tuve un arrebato por algunos minutos, mientras Eliezer trataba de tranquilizarme. Cuando llegamos a la orilla, salí de la balsa atolondrada y me senté en la ribera del río a llorar y a descargar toda mi adrenalina.

Una vez en el hotel, me fui a la habitación. Alguien me llevó un té para tranquilizarme. Funcionó. A las siete de la noche pude salir a cenar. Por los alrededores se comentaba de una balsa accidentada en los rápidos. Una turista tenía un tobillo fracturado. Milagros y Ana no tomaron la excursión por encontrarla riesgosa. En su lugar fueron a un parque pasivo, en el cual tuvieron la oportunidad de ver la flora y la fauna y disfrutar de atracciones pasivas.

Estaban ansiosas por saber lo que había pasado en los rápidos. Eliezer y yo, acordamos no comentar lo sucedido. Estaremos eternamente agradecidas al Altísimo porque ellas no estaban con nosotros. Creo que hubiesen muerto, ya que ninguna de las dos sabía nadar y hasta les tenían miedo a los cuerpos de agua. Además, a raíz de la muerte de Rubén, Milagros padecía de problemas cardíacos. Varios años después de la odisea supieron que estábamos en esa balsa que se accidentó.

La experiencia negativa en Costa Rica me permitió valorar más la vida. No éramos dos personas, sino que teníamos una gran responsabilidad con nuestros hijos. Hubiera sido devastador para sus vidas perder a sus padres a tan corta edad. El Señor nos presenta grandes oportunidades para cambiar nuestras acciones y somos llamados a aprender de las experiencias. Nunca más volvimos a dejar a nuestros hijos cuando fuimos de vacaciones.

Al regresar a mi trabajo el próximo año, continuaron los retos. Ofrecía clases en horarios muy difíciles. Estaba encargada de ofrecer cursos de maestría en un programa que desarrollé. Permanecía muchas horas en el trabajo y, dos o tres veces a la semana, ofrecía cursos nocturnos. Contratamos una nana para cuidar los niños en la casa, lo que nos permitió cierta flexibilidad. Cuando trabajaba de noche, Carmen esperaba hasta que Eliezer llegaba del trabajo.

Encontraba a los niños bañados, con la barriga llena y listos para ir a la cama. Compartía con ellos y luego los acostaba. A mi llegada, apenas había tiempo para hablar con Eliezer, y dormir a cualquiera que estuviera dormitando en espera de su madre; en ocasiones me esperaban.

Transcurría nuestra vida con altas y bajas, sin mencionar los compromisos. En una ocasión, al regresar del trabajo, la nana me dijo que no podría quedarse hasta tarde, pues Eliezer no regresaba a la hora esperada. Volvieron los problemas. No podía renunciar al trabajo. Era imperativo ofrecer los cursos de maestría, porque ninguno de mis colegas de departamento tenía doctorado en el área de especialidad. Así las cosas, comencé a sospechar que algo ocurría con mi esposo. Traté de averiguar, pero no me fue posible; no tenía mucho tiempo para perder. Tampoco poseía dotes de detective privado.

En ocasiones, es mejor no saber y lidiar con sospechas que pueden no ser ciertas. Mi vida era muy complicada para añadir tensiones. Entendí que en el camino encontraría la ruta correcta, según lo había pedido al Señor.

En octubre de 1994 recibí la llamada de una decana. Deseaba dialogar conmigo sobre una oportunidad. Acudí a la reunión con muchas interrogantes. La rectora me recomendaba para participar en un internado de la *American Council on Education*, durante el año académico 1995-96. Si me aceptaban, tendría que pasar un semestre en una universidad en los Estados Unidos de América y, al regresar, iría a la oficina del presidente de la universidad donde trabajaba. Era un gran reto, con dos niños y un matrimonio que se tambaleaba. Me sentía muy agotada de seguir lidiando con tantas situaciones, y otra que se perfilaba.

Para auscultar lo comenté con Eliezer. Sin mucho compromiso me dijo que si quería podía intentarlo. Sugirió que me llevara a la nana Carmen, si accedía, y que él viajaría todos los meses, para vernos, durante el tiempo que durara el internado. Me aturdí. Esperé varias semanas hasta que volvieron a llamar para confirmar mi participación. Luego de meditarlo, llegué a la conclusión que, tal vez, eso serviría para saber si en verdad nuestro matrimonio debía continuar o no. Le indiqué a la decana que cumplimentaría la documentación, pero que, si tenía que cancelar los planes, no quería represalias.

Solicité el internado. No representaba gastos personales, ya que la universidad pagaría mis viajes, alquiler de casa y automóvil, comidas y transporte durante el semestre. Además, recibiría mi mensualidad por concepto del contrato regular. Era un escape de todo el estrés que se acumulaba en mi vida.

Sometería los documentos y esperaría por la respuesta sobre la selección por el Comité Evaluador del *American Council on Education* en Washington, D.C. De ser seleccionada, me llamarían a entrevista. Así fue. La primera semana de febrero del 1995 fui a la entrevista en Washington, D.C. Tres grupos de académicos me entrevistaron, explorarían mi potencial para ocupar un puesto de alto nivel gerencial en la academia. Confieso que asistí a la entrevista, pero no quería que me seleccionaran.

Luego de las tres entrevistas, en un día de nevada, fuimos a compartir el almuerzo. Éramos cerca de cuarenta académicos, todos con grado doctoral y rango. Hice amistad con una profesora de la Universidad de Texas en San Antonio, hija de inmigrantes mejicanos, que había nacido y crecido en Texas, y hablaba muy bien el español. Ednamil se mostró muy amable y dispuesta a colaborar conmigo en todo lo que fuera posible.

Me moría por saber el resultado de las entrevistas, confiaba en Dios que no me seleccionarían, aunque, en otras ocasiones, sentía curiosidad por tener esa experiencia de vida. La directora del programa se acercó a mí en la fila del almuerzo. Me preguntó lo que haría para mudarme a Estados Unidos en el mes de agosto. Parecía que ella daba por hecho que me tendría que mudar y eso me inquietó. Luego de dos días en reuniones, regresé a Puerto Rico, con mi querida hermana Ana, a quien llevé para que fuera "saliendo del cascarón".

Una vez en Puerto Rico, recibí la tan esperada carta. La tuve en mis manos varios minutos. Pedí a Dios que me iluminara y que, si no me convenía, que me denegaran la solicitud. Con incertidumbre abrí el sobre y la respuesta la conocía desde mayo. Me seleccionaron. Era la única persona fuera de los Estados Unidos continentales que estaría en ese programa de gerencia universitaria.

No sabía cómo decirle a Eliezer. Estuve varios días meditando mi respuesta. Tampoco sabía si debía aceptar la oportunidad.

Invité a almorzar a Eliezer. Pensé que en un restaurante estaríamos tranquilos y trataríamos el asunto en forma sosegada. Solo quería una respuesta a mis dudas sobre su compromiso conmigo y con los niños. Le hablé sobre nuestra relación y mis preocupaciones. Luego traje el tema de la carta y le dije que la decisión la tendría él en sus manos. No obtuve la respuesta esperada, dejó en mí el futuro. Dos semanas después, una situación me ayudó a tomar la decisión de aceptar.

Viajé a varios estados, con gastos pagados por la universidad, donde me entrevisté con rectores para ver la viabilidad de hacer el internado en sus respectivas instituciones. Unas no me convenían, otras eran en lugares que desconocía por completo y otras, no tenían espacio disponible o no estaba entre sus prioridades.

En uno de esos viajes fui a *Savannah State College*, a la Universidad de Georgia en Atenas, a *Amstrong State College* y a *Georgia State University*; todas del sistema universitario de Georgia. En ese estado vivía un tío de Eliezer, quien trabajaba para las Fuerzas Armadas y podría ayudar a ubicarme. Fue así como llegué a *Savannah State College*.

En agosto de 1995 partí hacia Georgia con mis dos hijos. Dejé atrás un esposo con grandes interrogantes sobre nuestro futuro. Carmen nos acompañó en la odisea. Romi, con cinco años, asistía a una escuela donde cursaba el kindergarten, mientras que Sebastián con tres años permanecía al cuidado de Carmen en la casa. Los tíos de Eliezer, Benjamín e Ivette, fueron muy significativos para el éxito de esa aventura.

Ocupábamos un primer piso en un complejo de apartamentos muy bonito y práctico. Los alrededores y las instalaciones eran de primera y el alquiler estaba a tono con lo que la universidad podía pagar.

Como parte de mis actividades, realicé múltiples viajes a universidades en diferentes estados. Carmen permanecía con los niños y Benjamín e Ivette estaban pendientes de que no les faltara nada, mientras no estaba presente.

Romi no se adaptó a la escuela, lo que requirió un cambio a otra escuela donde tenían niños de habla hispana. Allí funcionó bien con el manejo de ambos idiomas. Me sentía agotada por la cantidad de informes requeridos y por la inmensa tarea de lecturas sobre la gerencia académica que debía completar.

Ednamil, quien también fue seleccionada para el internado, era mi confidente. Tenía tres niños y hacía "de tripas corazón" para superarse, mientras su esposo colaboraba con la crianza de los niños. En aquellos tiempos las mujeres hacíamos esfuerzos incalculables para superarnos dado el discrimen por género. Pero, ahí estábamos contando nuestras penas y alegrías.

Los fines de semana eran llevaderos. Compartíamos con los tíos, íbamos al supermercado y al centro comercial para comer un helado. Cerca de donde vivíamos había un lago con patos y gansos al que íbamos para que los niños disfrutaran al darle de comer y correr tras ellos. Compartíamos y disfrutábamos en familia; pero faltaba su padre. Para el día de Halloween, fuimos con Benjamín e Ivette a una carpa gigante y cada uno seleccionó una calabaza para ponerla en la puerta del apartamento. Aún conservo bellas fotografías que evidencian lo felices que se sentían.

Eliezer viajó en tres ocasiones para compartir con nosotros. Tuvimos la oportunidad de salir a comer juntos y compartir momentos de intimidad fuera del núcleo familiar. Confiaba en que nuestra relación mejorara para el regreso. Hacía planes y esperaba que se cumplieran. Ya para ese entonces, habíamos comprado un solar con una buena extensión de terreno, donde recién construimos una casa que respondiera a nuestros gustos y necesidades. Eliezer tenía un buen sueldo al igual que yo, por lo cual habíamos conseguido ahorrar y pagar el solar, el que luego hipotecamos para construir la casa. Pero, ese no era el sueño más importante, nuestro futuro juntos era lo que más valoraba.

En Savannah me entrevistaron para una publicación de la universidad la cual aprecié mucho; una puertorriqueña se esmeraba por hacer la diferencia. Desarrollé un manual para los consejeros de las organizaciones estudiantiles. Me gustaba trabajar de cerca con la alta gerencia, ya que mi oficina estaba ubicada en la misma área que la oficina del presidente.

La vida te permite compartir con personas que representan modelos a seguir. El exrector de una universidad de Indiana ofrecía asesoría en esa institución y le asignaron un escritorio en mi oficina, la cual por cierto era bastante grande. Fueron muchas horas las que pasé en diálogo con ese profesional y gratas las vivencias que me hicieron crecer tanto personal como profesionalmente. Siempre recordaré su entusiasmo cuando me hizo saber que tenía una niña adoptada. Me contó que luego que nació el hijo menor, decidieron adoptar a una niña. Después de dos años de haberla adoptado, su esposa tuvo dos niñas. De manera que, tenía cuatro hijos. Me dijo que si veía cómo actuaba cada uno de ellos iba a darme cuenta, que la hija adoptada era la que daba mayores muestras de afecto y disposición para con ellos. Siempre viviría agradecido de Dios por permitirle adoptar.

Mientras me contaba, pensé que, durante los primeros siete años de casada exploré la posibilidad de adoptar. Pero Dios permitió que mis dos hijos nacieran. Me cuestioné si aún podría adoptar, pero no tenía respuesta al pensar en las situaciones personales y profesionales en las cuales estaba inmersa.

Sonó el teléfono y era Benjamín, el tío de Eliezer, diciéndome que no debería perderme comer ñame con chuleta. Habían salido temprano del trabajo y me invitaban a comer en su casa. Como casi eran las cinco de la tarde recogí mis pertenencias, busqué el automóvil alquilado, llamé a Carmen para que tuviera a los niños listos, porque los recogería para disfrutar un rato con los tíos. Eran muy especiales conmigo, con Carmen y con los niños. Si no hubiera sido por su generosidad, hubiese desertado de aquel proyecto en Georgia.

Antes de viajar a Georgia había convencido a Eliezer para que se matriculara en cursos de maestría para que ocupara su tiempo, ya que "la soledad es mala consejera". Mostró cierta motivación, al considerar que la empresa para la cual trabajaba le ofrecía el beneficio de pagarle la matrícula para estudios graduados. Solicitó admisión en la Universidad Católica de Puerto Rico, ya que la mayor parte del territorio que atendía era en la zona sur de la Isla. Cuando me fui a Savannah, ya tenía nueve créditos aprobados. En mi tiempo libre revisaba sus escritos y colaboraba con ideas para mejorar los mismos. Fue así como a mi regreso completó otros seis créditos graduados.

Pertenecer a un grupo de profesionales tan selectos en el internado, puso sobre mis hombros gran cantidad de retos. No obstante, me esmeré para representar dignamente al país, la institución, mi pueblo y, sobre todo, a mi familia. En ocasiones, me encontraba en lugares inimaginables como cuando fui al Capitolio de los Estados Unidos. Allí estuve reunida con congresistas.

Entonces recordaba el Camino de las seis, el cual se presentaba un poco más llevadero, aunque estuviera sola. Aquel camino era un gran reto subirlo por el miedo que siempre me creó. En medio de las vivencias, me asechaba la idea de que en algún momento terminaría en mi pequeña casa de madera y zinc, con el traje raído, sentada en el piso de madera.

En diciembre de 1995 regresé a Puerto Rico cargada de vivencias, con dos niños hermosos y una nana cansada de vivir fuera de su casa. Celebramos la Navidad y en enero de 1996 me correspondía hacer el otro semestre de internado en la Oficina del Presidente de mi institución, otro gran reto. Debía conseguir un apartamento, lo que no fue tarea difícil, pues una compañera de trabajo me hizo gestiones en el condominio donde vivía su hermana. Ella conocía a una joven que tenía un apartamento en el quinto piso, que estaba equipado porque se casaba, pero para su suerte o desgracia, un mes antes de la boda el novio se arrepintió y se quedó con la deuda del apartamento, el cual rentaba de vez en cuando, para obtener alguna ganancia. Como decía mi madre, "las desgracias de unos son las alegrías de otros". El apartamento estaba a mi disposición.

Alquilé el apartamento y a mediados de enero comencé a ocuparlo. Viajaba los lunes desde San Germán y regresaba los miércoles en transporte de la universidad. Dormía en casa el miércoles y regresaba a la Oficina del Presidente el jueves en la mañana. Regresaba a mi casa el viernes en la noche. De otro lado, Eliezer continuaba con el trabajo y los estudios, mientras Carmen cuidaba los niños durante el día. Estaba fuera de casa las noches de lunes, martes y jueves. Prefería eso, a la experiencia del semestre anterior.

Entre mis responsabilidades se encontraban asistir a las reuniones semanales del Consejo Presidencial. Además, participaba en otras reuniones y actividades organizadas y/o auspiciadas por la Vicepresidencia de Asuntos Académicos de la Institución. Acudir a los recintos junto al Presidente y su equipo de trabajo para una visita anual, fue una oportunidad para exponerme ante administradores, facultad y estudiantes. Me incluían en la agenda para presentar o discutir algún punto asignado por el presidente. Sentirme útil y reconocida por colegas de otros recintos fue gratificante y retador.

Durante ese semestre tuve la oportunidad de organizar un congreso para el cual vinieron a Puerto Rico los treinta colegas que participaban en el internado. En la Oficina del Presidente los recibieron en forma extraordinaria. Visitamos varios recintos, así como otras universidades de la Isla. Fue una experiencia positiva para proyectar a Puerto Rico.

Algo que llamó mucho mi atención en uno de los viajes fue la inquietud de uno de los colegas. Preguntó por qué todas las casas tenían verjas y rejas. Cuestionó curioso si era porque no nos gustaba relacionarnos.

Como nunca había pensado sobre el tema me costó contestarle. Traté de explicarle que había problemas de perros realengos y de personas que entraban a las propiedades; que las personas lo hacían por seguridad. Sin embargo, mi respuesta me entristeció, sería hermoso si pudiéramos vivir en comunidad, sin temores de que nos asaltasen o violasen nuestro espacio personal. Hoy, más de veinticinco años después seguimos encerrados.

Los compañeros visitantes disfrutaron de nuestra música, gracias a la colaboración de la Oficina de Turismo, quien auspició un ballet folclórico para que amenizara la actividad en un bar del hotel donde se alojaron. Me sentí honrada con la exposición y el paseo por el Viejo San Juan con un guía turístico que esa oficina tuvo a bien facilitar.

Al terminar la semana de experiencias, regresé a mi casa con la condición de no volver a la oficina por una semana. Necesitaba un descanso y Carmen también, además, añoraba compartir con mi familia. Esa semana fue un bálsamo para continuar el proyecto.

Como parte de las actividades del internado, realicé varios viajes a distintas universidades fuera de Puerto Rico, incluyendo a un congreso en Costa Rica sobre educación a distancia, tema muy estudiado en el sistema universitario del estado de Georgia. Ofrecí una conferencia y participé de otras de mi interés. Para ese viaje tuve que hacer maravillas. Sucede que había regresado de Texas de un compromiso del internado y tendría que viajar a Costa Rica. Llegué cerca de las once de la noche. Debía viajar a Costa Rica dentro de dos días y estaría más de una semana sin ver a los niños ni a Eliezer.

Cerca de las once y treinta de la noche el taxi me dejó frente al edificio de apartamentos. Subí a toda prisa, muy inquieta. No sabía qué hacer, tampoco llamé a Eliezer. Estaba segura de que no me dejaría conducir a esa hora. Me encomendé a Dios y salí de San Juan para San Germán. Llegué cerca de las dos de la madrugada. Eliezer se sobresaltó y me recriminó por el riesgo de viajar tan tarde y sin compañía. Le expliqué que no podía salir nuevamente de viaje sin verlos.

Fui al cuarto de los niños, dormían sin idea de que quien más los amaba en la vida estaba con ellos. Sebastián dormía plácidamente boca abajo. Coloqué mi mano con suavidad sobre sus nalguitas y lo moví como le gustaba que le hiciera para dormir. Sé que sintió mi presencia, porque se acomodó mejor y siguió durmiendo. Una lágrima rodó por mis mejillas. Luego, fui a ver a Romi, quien también dormía. Dejé mover mi mano suavemente por su rostro. Se movió un poco como diciendo, "sé que estás aquí". Mientras lloraba, me inundé de culpabilidad. Ese día juré que no los volvería a dejar solos por tanto tiempo.

Me fui a la alcoba, donde dormitaba Eliezer. Tomé un baño, que sirvió para que dejara salir todos mis sentimientos. El agua ayudó a despejarme. Me acosté con sigilo al lado de mi esposo. Moví mi mano derecha hasta encontrarlo, le pasé la mano por la espalda, pensé en los sacrificios y el precio que pagaba. Una infinidad de pensamientos me invadió y entre la lucha por conseguir respuesta y el cansancio, me dormí.

A la mañana siguiente, los niños estaban felices, era sábado y se suponía que Carmen llegara temprano. La llamé para decirle que fuera después de mediodía. Desayunamos, hablamos, jugué con ellos y dialogué con Eliezer.

—Estoy agotada. No sé si lo que hago es lo correcto. Son muchos los sacrificios. Creo que estoy huyendo de algo y no quiero seguir así.

Se acercó, me abrazó y dijo:

—Termina esto que has comenzado. Falta poco. No te preocupes, todo va a cambiar. Te lo he demostrado durante los últimos meses. Necesitamos tiempo y espero que lo tengamos.

Llegó el día de partir. Un aguacero torrencial impedía ver el horizonte. Eliezer se molestó. Le juré que esa situación terminaría. Sebastián no quería que lo dejara, lloró con desconsuelo. Lo apretaba contra mi pecho sin querer soltarlo; Romi se refugió en la falda de Carmen. Fue una experiencia desgarradora. Decidí quedarme y dejarlo perder todo. La universidad contaba con que los iba a representar, pero yo no tenía quien representase a mi familia que se estaba perdiendo. Estaba aturdida, no quería dejarlos. Todos llorábamos. No valía la pena el sacrificio que hacíamos, todos perdíamos.

Cuando disminuyó la lluvia, Eliezer me convenció de que debía partir. Solo quedaba un mes de toda esa pesadilla. Se llevó a los niños dentro de la casa junto a Carmen. Me fui con el corazón roto. La lluvia que caía no comparaba con el mar de lágrimas que me acompañó durante el viaje. Tuve que parar varias veces para sacudirme la nariz y limpiar mi rostro. Le prometí a Dios que esto no volvería a ocurrir, que terminaría. Cuando llegué al apartamento, llamé a Eliezer para que supiera que estaba bien. Le pedí perdón por las experiencias a las que los exponía. Una vez más dijo palabras de aliento y apoyo.

Nos despedimos. Medité, oré y me sentí mejor. Tomé agua de azahar para tranquilizarme y dormir un poco. A la mañana siguiente, me levanté temprano y llamé a Eliezer. Terminé de recoger el equipaje, desayuné y llamé a un taxi para que me llevara al aeropuerto. Luego de la consabida espera, tomé un vuelo a Costa Rica para asistir al congreso. La experiencia fue positiva, pero mis pensamientos estaban absortos en mi familia. Al regreso del viaje, no pude ir directamente a mi casa; tenía compromisos en la oficina. Dos días más tarde, estaba en mi casa, disfrutando la vida que deseaba.

Así pasaron los días. Realicé el último viaje relacionado con el internado. Fui a Washington, D.C. Me despedí de todos los buenos amigos con quienes compartí durante un año. Aún conservo la amistad con Ednamil, quien me ha visitado en tres ocasiones.

Aquel verano viajamos a Savannah a compartir con los tíos de Eliezer y lo pasamos de maravilla. La relación con él mejoró considerablemente. Creo que fue a causa de haber comprendido lo que realmente es importante en la vida. Nos esmeramos por crear un balance entre la vida personal y profesional, algo que nos habíamos propuesto. Si no nos hubiésemos distanciado físicamente, creo que nuestra relación no se hubiera recuperado de los problemas que nos alejaban.

El campus del Recinto de San Germán de la Universidad Interamericana de Puerto Rico es uno de topografía accidentada: cuestas, curvas, subidas, bajadas y llanos. Caminar por este es toda una experiencia. Durante las mañanas, el sol matutino acaricia el entorno y se siente el calor del inmenso cuerpo viviente penetrar el ambiente. Las golondrinas amanecen deseosas por iniciar su vuelo, regresan en la tarde.

Sin embargo, el entorno cambia en el atardecer. El sol se pone por el occidente y se pueden observar los destellos de luces multicolores a consecuencia del contacto de la luz con las nubes. Un verdadero espectáculo que las cotorras y demás aves disfrutan en algún lugar y regresan para dormir, entre los múltiples árboles que rodean la parte antigua del campus. En innumerables ocasiones permanecí anonadada con el espectáculo celeste que presentaban las cotorras. Su danzar y música eran un bálsamo a la hora de entrar a un edificio donde permanecería hasta las nueve de la noche.

Clases matutinas, vespertinas y sabatinas me permitieron disfrutar del inmenso remanso de naturaleza con que alimenté la vista y el alma por años. Esos mismos espacios que me brindaban solaz, eran los que no me permitían acariciar a mis hijos antes de dormir, o estar en mi hogar durante la puesta de sol. La vida se trata de sacrificar algo para obtener otras cosas. Siempre consideré importante el asunto de lo sacrificado y ganado, cada uno en su propia dimensión.

Compartir con los estudiantes, escuchar sus batallas diarias para superarse; algunas convertidas en guerras, otras superadas, fue un apostolado personal. Saber que al tocar mi puerta podían encontrar aliciente para seguir con sus cruces, era positivo.

Un día alguien tocó la puerta de la oficina. Se acercó una joven como de veinte años. La reconozco, es Juliana, matriculada en uno de mis cursos de bachillerato. Me comenta con timidez sobre sus ausencias. Baja la cabeza, se pasa la mano por el rostro y titubea, la noto insegura de hablar. Le ofrezco asiento para que se tranquilice. Se arma de valor y me cuenta que vive con un joven de su misma edad que tiene un carácter fuerte y que, en ocasiones, la golpeaba.

Al escucharla me costó asimilar la información. Mi rostro cambió en fracciones de segundo, pensé que podría ser mi hija. Le dije que eso no estaba bien, que debía salir del ciclo de violencia y reportarlo a las autoridades. Ella me dijo que tenía una orden de alejamiento con la cual se suponía que él no pasara a recogerla a la universidad. Insistí en que era necesario que informara la situación de acecho al Centro de Orientación para que alertaran a la guardia universitaria.

Juliana poco a poco se quitó un abrigo que llevaba sobre su blusa. Me mostró las marcas del maltrato en su cuello y brazos. Me aterroricé, aunque había tomado la decisión correcta de delatar a su agresor. Ya para ese entonces era tiempo de que se comenzara a respetar a las mujeres, que entendieran que no somos su propiedad.

Sin embargo, ahora tenía que ayudarla para que se pusiera al día con las tareas atrasadas y lograra cumplir con los requisitos del curso. En lugar de molestarme por el trabajo adicional que debía realizar, me sentí útil.

Durante muchos años fui consejera de varias organizaciones estudiantiles. Al regresar del internado en la Oficina del Presidente de la institución donde trabajaba, colaboré por un año en un proyecto especial en la Oficina de la Rectora. Mientras tanto, también ofrecía cursos y colaboraba con la Vicepresidencia de Asuntos Académicos en el desarrollo del programa de educación a distancia. Esto último era una extensión de lo que había hecho el año anterior. Integrarme de nuevo a la cátedra requirió un poco de voluntad. Confieso que llegar a la sala de clases no tenía el atractivo de años anteriores, pero debía volver a la cátedra, si no quería añadir otra tensión a mi vida.

Recibí ofertas para ocupar algunos puestos administrativos, dentro y fuera de la Institución. No estaba dispuesta a poner en juego la estabilidad de mi familia, ya era suficiente. Me capacité para la administración universitaria, pero ese no era el momento de seguir por un camino de más sacrificios. Mis hijos y esposo me necesitaban más que nunca. Haría lo posible por mantener mi matrimonio y por ser un ente presente en la crianza de mis hijos. La compensación económica era significativa, pero mi vida personal tenía mayor peso. Fue así como regresé de lleno a la cátedra y trabajé en diferentes proyectos que me permitieron canalizar mis energías.

Con mucho esfuerzo, Eliezer completó el grado de Maestría en Contabilidad y Gerencia. A pesar de mi insistencia para acompañarlo, no asistió a la ceremonia de graduación. Tampoco asistió a sus graduaciones anteriores. Alguien tuvo la responsabilidad de no guiarlo para decir presente en los momentos más importantes de su vida; cuando recibió los distintos diplomas al aprobar los niveles de estudio requerido. Aseguraba que lo importante era recibir el documento que certificaba su grado, y aunque insistí en que era importante celebrar el logro, no lo convencí.

Tras su negativa y con pena en el alma, no pude acompañarlo. Así como, por mi avanzado estado de gestación, tampoco pude asistir a la ceremonia de mi graduación en la Universidad de Maryland. En mi caso, lo sentí muchísimo. Casi supliqué a Eliezer que me acompañara, pero fue en vano. Me conformé con lamentarme, añoraba ese momento en que le demuestras a todos que pudiste llegar, a pesar de los obstáculos. En su caso, no hubo lamentos, se sentía muy feliz.

Con un grado de maestría y todos los reconocimientos de su trabajo, orienté a Eliezer para que ofreciera algún curso nocturno en la universidad. Fue así cómo se inició en labores docentes. Me agradaba tenerlo de colega, aunque fuera en un curso. Se "puso en mis zapatos" y comprendió el esfuerzo necesario para ofrecer cursos de calidad y mantener a los estudiantes activos.

De la misma forma en que me motivó a adelantar mis metas académicas, lo estimulé a comenzar estudios doctorales. Logré que Eliezer comenzara el doctorado en el área de Administración de Empresas, algo inimaginable. Estaba segura de que podría alcanzar esa expectativa académica, porque era muy competente.

Eliezer trabajaba y estudiaba en San Juan. En ciertas ocasiones, combinaba sus cursos con matrícula en San

Germán, lo que le permitía no perder tanto tiempo en viajes. A pesar de que su trabajo era muy demandante, ascendió de puesto en varias instancias y su nivel de responsabilidad organizacional era significativo. En ocasiones, pensé que no podría continuar. Fue entonces que decidió renunciar al trabajo en la farmacéutica para dedicarse a estudiar porque se sentía agotado. Me aseguró que sería temporero. En aquel momento pensé que era cierto eso de que, "el que mucho abarca, poco aprieta".

Eliezer decidió solicitar un préstamo estudiantil para cubrir los costos de matrícula y poder salir adelante. Dialogamos en varias ocasiones sobre la renuncia. Tenía uno de los puestos más privilegiados en el país, aunque con muchas responsabilidades y personas a quienes supervisar. Lo sentí cansado y decidido a dejarlo todo, en especial, sus múltiples beneficios marginales, por una vida más tranquila. Me tocaba apoyarlo, pues él siempre estuvo de mi lado en las decisiones difíciles.

Fue así como notificó a su supervisor la decisión, quien dedicó varios días a conversar sobre el tema, ya que no quería perder a tan excelente empleado. Eliezer se mantuvo firme en la decisión de renunciar. El día acordado, nos levantamos temprano y desayunamos. Yo no creía que fuera la mejor decisión, pero al ver lo contento que estaba, me uní a su alegría. Recogió el automóvil de la compañía, el equipo tecnológico a su cargo: computadora, impresora, teléfono, y nos dirigimos hacia San Juan; él en su automóvil y yo detrás, para regresar a casa juntos.

Innumerables recuerdos se agolpaban en mi mente. Mientras conducía, rememoré los cerca de veinte años que Eliezer trabajó para dos empresas farmacéuticas, los lugares que visitamos y compartimos juntos como parte del trabajo, las actividades en la empresa y, sobre todo, cómo esos empleos fueron significativos para el logro de mis metas profesionales, por el sueldo de lujo que devengaba. Sí, de lujo, comparado con lo que ganaban la mayor parte de los empleados en la Isla.

Al llegar a la empresa, me invitó a acompañarlo hasta el vestíbulo. Tomó el elevador y subió a las oficinas, donde lo esperaban su jefe y demás compañeros. Esperé con calma a que regresara, estaba casi segura de que lo convencerían para no renunciar. Regresó acompañado de una persona. Me indicó que iría al automóvil a recoger el equipo. Comprendí que todo estaba dicho, no había marcha atrás.

Esperé a que regresara de completar la entrega de su equipo e identificaciones oficiales. No quería despedirme, porque los nervios me traicionarían. Así fue, cuando Eliezer salió del elevador, ya no podía ni ver. Las lágrimas inundaron mis ojos, bajé el rostro y busqué con prisa un pañuelo en mi cartera.

Se cerraba otro capítulo en nuestras vidas. Entendí que él ya no podía con las tensiones, a pesar de que allí había dejado gran parte de su vida. Cuando llegamos al automóvil, ocupó el lugar del conductor mientras me acomodaba en el asiento a su lado. Me dijo que no llorara porque él estaba tranquilo, que a pesar de que tenía muchos pensamientos encontrados, no sentía pena por dejarlo todo. Insistió en su cansancio y me aseguró que todo estaría bien, que ya lo habíamos hecho antes.

No pude contestar, pues continuaba llorando. Sabía que era otro reto que enfrentábamos. Luego de salir del área metropolitana, me sentí más aliviada. Dialogamos sobre la premura de adquirir otro automóvil, ya que el de la compañía se había devuelto.

Durante los meses siguientes, Eliezer consiguió ofrecer otras clases y se matriculó en tres cursos doctorales. Se mostraba interesado en completar el grado. Motivado por aplicar los conocimientos que adquiría en los cursos, me consultó sobre su interés por emprender y establecer una oficina para ofrecer servicios de contabilidad. Así fue como inauguró su oficina en el pueblo de Lajas, la que luego movió al de San Germán. Al principio, realicé actividades de mercadeo, de casa en casa, distribuí material promocional, en especial, durante el período de radicación de impuestos; todo por colaborar con su proyecto.

Además de mis compromisos en la universidad, mientras tenía tiempo, le daba una mano en la oficina. Tenía tres empleados, pero siempre había taller. Colaboraba, principalmente, en la revisión y redacción de documentos.

En mayo de 2005, Eliezer completó los requisitos académicos para el grado al que aspiraba. Su defensa de la disertación doctoral fue todo un éxito. Asistí de incógnito, él no quería que fuera. Terminar un grado académico en el cual nunca había pensado era un sueño. Confieso que jamás imaginé que pudiera tener el grado doctoral, ya que nunca fue tema de conversación en nuestro hogar.

Me sentía muy orgullosa de él porque trabajaba a tiempo parcial en la universidad, atendía su oficina de contabilidad y tomaba cursos doctorales. Pudo hacerlo todo. Cuando recibimos la invitación para la ceremonia de graduación, insistió en que no iría. En esta ocasión, tuve el poder de convencimiento, y desfiló para que el presidente de su Comité de Disertación le pusiera la esclavina, y el de la Institución le entregara el diploma. Fue una ceremonia muy emotiva para mí. Como siempre, su familia fue la gran ausente. Miraban el espectáculo desde la periferia, estaban orgullosos por el logro de su hijo al alcanzar una meta tan poco asequible en aquellos días. Su hermana mayor ostentaba un grado de bachiller en Contabilidad y la otra, Asistente de Farmacia. El nuevo grado académico le permitió ser el primero en la familia paterna en alcanzar un grado universitario.

El grado doctoral lo puso en mejor posición para competir por un puesto a tarea completa, el cual obtuvo, no sin antes pasar por situaciones un poco difíciles. Se sentía realizado y convencido de que la decisión de abandonar la farmacéutica fue acertada. A raíz de su contrato en la Universidad Interamericana de Puerto Rico, puso en venta la oficina, ya que su compromiso con la academia le exigía mucho tiempo. Tuvo la suerte de venderla a un joven profesional quien fue su estudiante en cursos de maestría. De esa forma, se fue despojando de los muchos compromisos.

Para los clientes no fue fácil aceptar que otra persona estuviera a cargo de sus finanzas. Muchos insistían en que volviera a la oficina, pero prometió no trabajar en contabilidad. Ante las insistencias, poco a poco fue atendiendo a amigos y conocidos en la oficina en nuestra casa, pero a pesar de que contábamos con espacio suficiente, no me sentí cómoda. Fue así como ocho años después de vender la primera oficina, ya tenía otra, ubicada en un local en el pueblo de Lajas. Debido a sus compromisos en la universidad, su hermana, quien también era contadora, trabajaba con él, además de otra empleada.

Nuevamente el cansancio tocó a las puertas; muchas horas en períodos nocturnos y sabatinos en la oficina y compromisos en comités y de otra índole en la universidad. Veía deteriorarse su salud, por lo que le supliqué que vendiera la oficina. Tuvo la suerte que había contratado a un estudiante graduado de Bachillerato en Contabilidad. Lo motivó para que se quedara con la oficina. A un año de haberlo contratado, se la vendió. Al igual que la vez anterior, vender las oficinas no representó ingreso inmediato. El compromiso era pagar el monto acordado en remesas mensuales durante cierta cantidad de años. Así fue como decidió quedarse con el puesto de profesor universitario, el cual disfrutaba grandemente al ver a sus estudiantes convertirse en empresarios y/o profesionales exitosos.

Eliezer ofrecía todo tipo de cursos de su especialidad, pertenecía a comités y por varios años fue el consejero de la Asociación de Estudiantes de Contabilidad, lo que disfrutó grandemente. Sus estudiantes lo admiraban y compartían comentarios muy positivos sobre su metodología al ofrecer las clases. Las evaluaciones realizadas por la Institución evidenciaron su compromiso con la academia y su empatía con los estudiantes, por lo cual le otorgaron un contrato permanente y el rango de Catedrático Asociado.

Para esa época, visitaba a mis padres, por lo menos, dos fines de semana al mes. En ocasiones, Eliezer me acompañaba a pernoctar con ellos. Era una delicia levantarse en la mañana y saborear el desayuno que de niños preparaba mi madre. Me gustaban las arepas de harina de maíz con huevo frito. Los niños disfrutaban ir al patio a perseguir las gallinas. Varias veces recibieron regaños de mi madre por dejar escapar una que otra de una jaula de alambre; separadas para hacer una sopa o que mi madre protegía para que sus polluelos no murieran en la carretera. Para ese entonces habían hecho la carretera hasta el frente de la casa de mis padres, algo novedoso.

Siempre disfruté llegar a casa de mis padres con comestibles y artículos que les resultaban un poco difícil conseguir en Las Marías. Sentía la responsabilidad de cooperar con algo; ellos se habían sacrificado por mí y era tiempo de reciprocar tanto amor.

La familia Bonilla era muy conocida en el pueblo, no porque fueran empresarios ni profesionales, sino por su honestidad y sentido de responsabilidad en el hogar y la comunidad. Eran generosos. En tiempos de cosecha de plátanos, guineos, chinas, ñames o yautías, compartían con los vecinos algunos de esos productos. Al recordar a mi padre pienso que, lo único que verdaderamente tienes en la vida es lo que das a los que están a tu alrededor, aunque parezca paradójico.

Mi padre era un anfitrión por excelencia. Como casi siempre estaba en un sillón en el balcón de la casa, al divisar a algún vecino que pasaría frente a la casa, llamaba a mi madre para que le preparara una taza de café. Mi madre protestaba, porque insistía en que ni siquiera sabía si venían a visitarlos. Lo mismo ocurría con la comida, si alguien llegaba, le ofrecía comida, aunque solo quedara su porción.

Cuando viajaba al pueblo pagaba lo que le pedía el transporte público y no protestaba. La consigna era: "Al César lo que es del César." Si tomaba algo prestado, lo devolvía el día y hora acordado. Lo mismo cuando le fiaban la comida. Mis padres agradecían a los que le permitían llevar el sustento a su familia. Mi madre y los diez hijos nos esmeramos por cumplir con esos postulados. Mi padre no tuvo la insatisfacción de una queja judicial a causa de un desliz de alguien de la familia.

Ser reconocido ante la comunidad engrandece al más humilde. Sucedió con mis padres, quienes con entereza incalculable lograron que su familia saliera adelante. Ese fue el privilegio que tuvieron al ser seleccionados, junto a todos sus hijos, como la Familia Ejemplar del pueblo de Las Marías en el año de 1994. Jamás olvidaré la satisfacción de mis padres al participar en una ceremonia en la iglesia del pueblo y luego, en el homenaje en la plaza pública. El año anterior, mi regalo fue entregarles el grado doctoral.

Los nueve hijos lucimos las mejores galas y orgullo ante nuestros padres. Solo una nota discordante empañó la actividad. Mi padre se mantuvo a la expectativa desde antes de comenzar el reconocimiento. Mi hermano mayor no llegaba. Había ido a su casa en el pueblo de Mayagüez para avisarle de la actividad. Además, lo llamé por teléfono unos días antes para recordarle la importancia de su presencia, pero no estaba seguro si asistiría porque tenía mucho trabajo.

Entramos a la iglesia, nos sentamos en los primeros bancos, ya que éramos muchos. Mi padre, interrumpía por lo bajo para preguntar si mi hermano había llegado. En cambio, mi madre acostumbrada a que no llegara en los momentos más especiales se resignaba sin contestar. Le dije a mi padre al oído que a lo mejor llegaba a la actividad de la plaza porque tenía mucho trabajo, aunque lo dudaba. Cuando llegó el momento de subir a la tarima donde se encontraba el alcalde y otros funcionarios del gobierno municipal, alguien leyó una semblanza de mi familia y nos entregaron una proclama. Fui quien ofreció el mensaje de aceptación en nombre de la familia. Algo que hice con orgullo por todos ellos. Mientras eso sucedía, observaba de reojo a mi padre, quien aún esperaba la llegada de su hijo mayor, pero nunca llegó.

Para mis hermanos fue un desaire a mis padres, situación que laceró la relación con el hermano mayor. Por mi parte, confiaba en su presencia para agradecer públicamente a sus padres por habernos sacado a flote con tantas limitaciones. Él tendría sus razones para no asistir a la actividad. Todos tuvimos algo que aprender de esa experiencia.

Una mañana recibí llamada de casa de mis padres, hablaba Milagros. Dijo que mi madre se sentía muy mal y que debía ir de emergencia. Me desesperé, le grité para que me explicara lo que sucedía, pero solo dijo que fuera, en medio de un llanto extraño. De momento sentí que había cortado la comunicación. Colgué el auricular y corrí hacia el cuarto con un llanto que apenas me permitía hablar. Eliezer intentaba entender lo que trataba de decirle, pero mis palabras eran imperceptibles. Cuando pudo comprender, me dijo que recogiera algo de ropa y nos fuéramos de inmediato a casa de mis padres.

Mientras preparaba el bulto con artículos de primera necesidad, se me ocurrió volver a llamar a casa de mis padres para saber en detalle si llevarían a mi madre al hospital. Sonó el timbre en el otro extremo y tuve que esperar un tiempo considerable para que contestaran. Estaba muy nerviosa. Contestó uno de mis cuñados. Eso me preocupó aún más, no obstante, le pedí de favor que me explicara lo sucedido. Titubeó, no le salían las palabras. Mis nervios me traicionaban, ya no pude más, presentía lo peor.

Entonces grité:

—¿Mami se murió? ¿Verdad que murió? ¿Dime por favor? —no dijo nada mientras yo gritaba más fuerte.

Finalmente, contestó que sí.

Al escuchar su respuesta sentí que moría.

—¡No, no, noooooo! —gritaba sin consuelo—. ¡No puede ser, díganme que es mentiiiiiraaaaa!

Sentía el peso del planeta sobre mis hombros, cabeza y pecho.

Me desmayé, al cobrar consciencia estaba sobre la cama. Los vecinos, asustados al escuchar mis gritos se acercaron a la casa, Eliezer les explicaba lloroso y nervioso; él la amaba. Eso de que la suegra es un ente indeseable para una pareja, nunca tuvo cabida en mi matrimonio.

Luego de varias horas, cuando ya no tenía energías ni para moverme, dormité durante un tiempo. Tuve suerte de que los niños se habían quedado con la abuela la noche anterior, por lo que no presenciaron el espectáculo de terror.

Eliezer insistió en que debíamos salir para casa de mis padres, pero no tenía el valor para llegar.

Me dijo que debía enfrentar la realidad, que no tenía opciones. Hice un esfuerzo, me bañé con la supervisión de Eliezer y salimos.

Únicamente Dios sabe lo terrible que fue el trayecto a casa de mis padres. Tenía episodios de demencia, otros de ansiedad y otros en que quería regresar. No deseaba llegar a mi casa, como le decía a la casa de mis padres.

Ya cerca, un temblor me invadió. Sentía los huesos fuera de mi cuerpo. Algo inexplicable. Eliezer me ayudó a salir del automóvil y me guio por la acera. Al llegar al umbral de la casa, mi pobre padre me miró con los ojos llenos de lágrimas y confirmó lo que había implorado mil veces que no fuera cierto.

Papi relató que mi madre se levantó temprano, aunque era domingo. Preparó la cafetera para el café y entró al baño. Se extrañó que mi madre tardara tanto. Tocó la puerta, la llamó y nadie contestó. Empujó la puerta y no logró abrirla. Pudo percibir por el borde de la puerta que mi madre estaba en el piso. Llamó a mi hermana Ana quien estaba en la casa. Mi madre murió de un infarto masivo.

El velatorio fue una tragedia. Compueblanos y personas que vivían en otros pueblos se dieron cita para acompañarnos. Estaba como en medio de una película esperando que los personajes se retiraran y volviéramos a la realidad, pero no sucedió.

Por primera vez en mucho tiempo estábamos juntos los diez hermanos. Caminamos a paso lento hacia la iglesia y luego al cementerio para depositar los restos de quien para todos era muy especial; nuestra madre. Una mujer de temple tranquilo, pero firme. Luego de la ceremonia en la iglesia, caminamos hasta el cementerio, el ataúd cargado por manos generosas. Después de los mensajes de personas que no recuerdo, el Señor me permitió agradecer la empatía y solidaridad de los que nos acompañaron en el proceso.

Cuando depositaron el ataúd en la tumba, pude esbozar un grito ahogado desde lo profundo de mi alma. Sentí que moría. Poco a poco se despejó el lugar. Me senté en un banco, quería estar sola. Le supliqué a mis hermanos y a Eliezer que me dejaran sola. Respetando mi espacio, así lo hicieron. Sequé mis lágrimas, mientras pasaron por mi mente infinidad de recuerdos de todo tipo. Mi niñez y las peripecias de mi madre para poder lidiar con tantos hijos. Las situaciones con mi padre, su suegra y cuñadas. Lo que luchó para poder superar tantas limitaciones.

La brisa acariciaba mi piel como un mensaje enviado de lo alto para aliviar mi espíritu. Luego de un rato, no sé cuánto, me levanté despacio y emprendí el camino hacia la casa donde vivieron mis padres solo un mes, pues habían vendido la finca por problemas de salud de mi padre y ocupaban esa casa alquilada en lo que completaban el proceso para comprar una propiedad donde pasar sus últimos años de vida.

Una semana antes estuve con mi madre. Nos acostamos en la cama y acariciaba su cabellera, siempre bien pintada, sin canas visibles. Esa fue nuestra última reunión, ¡quién lo hubiera imaginado!

Después del entierro, pasé una semana con mi padre, para brindarle apoyo, pero era más el que me daba que el que recibía. Durante las noches le servía de consuelo. Estuvo cincuenta y cinco años casado con mi madre, no podía soportar el inmenso dolor.

Tras la muerte de mi madre, regresar al trabajo para continuar las clases presenciales y por videoconferencia fue un verdadero reto. Confieso que, en más de una ocasión, tuve que contener las lágrimas. El recuerdo de mi madre me acompañaba todo el tiempo. Recordaba los días en que salía temprano del pueblo de Lajas para ir al barrio donde vivía en Las Marías. De allí, salíamos a conocer a Puerto Rico. Los obligaba a ir a pasear.

Solo yo tenía ese poder de convencimiento. Los llevé al Capitolio de Puerto Rico, una enorme edificación de mármol de principios del siglo veinte; réplica del de los Estados Unidos de América. Se maravillaron cuando entraron y caminaron por la edificación. En otra ocasión visitamos la destilería más grande de Puerto Rico. Vieron cómo se procesaba el licor en una enorme planta manufacturera, una de las exportadoras de licor más grande del Caribe.

En otras ocasiones salimos a visitar parientes que hacía tiempo no veían y eso les agradaba mucho. Hacer compras de chucherías en épocas especiales como Navidad, Día de Padres o Madres eran otras de nuestras salidas. Disfrutaba dándole unos dólares a mi madre para comprar detalles para mis hermanos y hermanas, así como para algunos vecinos a quienes siempre gratificaba. Así era mi madre, quien nunca tuvo situaciones que lamentar en la comunidad, a quien los vecinos y conocidos admiraban por su calidad humana, en especial, de madre. Junto a mi padre echaron adelante a diez hijos y no tuvo quejas de situaciones difíciles que enfrentar con ellos. En ese sentido, fue una bendición.

A raíz de la muerte de mi madre, la salud de mi padre comenzó a deteriorarse. Pasaba largas horas sentado, no quería leer ni ver televisión. Tampoco le gustaba visitar a mis hermanos. Mi hermano menor, quien se quedó a vivir con él, decidió casarse con una joven del mismo pueblo. Vivirían relativamente cerca, pero mi padre tendría que pasar temporadas en casa de sus hijos, lo cual desdeñaba.

Mi hermana menor, Ana, también se había casado y vivía en el pueblo de Sabana Grande. La familia estaba encaminada. Sin embargo, para mí fue muy fuerte. Pasé años pidiéndole a Dios que me explicara por qué no me permitió algunos minutos con mi madre antes de partir, aunque fuera en el hospital.

No habían transcurrido dos años de la muerte de mi madre cuando mi padre comenzó a tener problemas de circulación en las piernas. Por lo menos, no estaba solo. Se quedaba algunas semanas en la casa de alguno de sus hijos. La situación le incomodaba y creaba cierta inestabilidad. Cuando lo tenía en casa, en temporadas como verano y receso de Navidad, lo hacía caminar por lo menos quince minutos diarios, aunque se molestara. Era lo menos que podía hacer para que no terminara en una silla de ruedas o con las piernas amputadas. Ya no tenía problemas con la dieta, pero sí un poco de demencia senil que no le permitía distinguir el sabor de las comidas, por lo que comía todo lo que se le servía.

Con los años se puso maniático, me pedía que lo dejara arreglar las sábanas para que no tuviesen arrugas y procuraba que la parte superior se acomodara correctamente. Por mi parte, supervisaba que su vaso de agua estuviera sobre la mesita de noche y una pequeña luz encendida en el pasillo, en caso de que tuviera que levantarse en la noche. Mis hijos aún recuerdan el protocolo de su abuelo antes de dormir.

A Romi y a Sebastián les llamaba la atención cuando veían a su abuelo hablar con el espejo. En los pasillos y en el cuarto de baño había espejos, y se detenía a dialogar con la persona que lo observaba. En ocasiones, me llamaba para preguntarme quién era esa persona que lo estaba mirando. Los que hemos compartido con personas con demencia senil o con la enfermedad de Alzheimer sabemos lo triste que resulta comprender cómo pierden el sentido de su entorno. Es perturbador no poder hacer algo para devolverle la memoria. Eso sucedió con sus dos hermanas. ¡Muy triste y retador convivir con esos pacientes!

Una mañana en casa de mi hermana Blanca, mi padre se levantó temprano y desayunó como de costumbre. Luego se recostó en el sofá. Como no se levantaba a pesar de que su respiración era normal, se preocupó. Llamó a otra de mis hermanas y trataron de despertarlo, pero no respondía. Acordaron llevarlo al hospital. Una ambulancia se encargó de transportarlo.

Me llamaron para darme la triste noticia. De inmediato me dirigí al hospital, implorando a Dios que me permitiera ver a mi padre con vida al llegar. Tenía en mi mente lo amargo de no haberme despedido de mi madre.

Guiar hasta el hospital en Mayagüez me permitió mantenerme alerta. Una vez en el estacionamiento me sentí aturdida. Entré por el área de emergencia y pregunté por mi padre. Me dijeron que se encontraba en la estación cinco y me permitieron pasar.

Al divisar la cama, sentí que las piernas me temblaban. Caminé con lentitud sin entender por qué. Tal vez me invadió el miedo a lo desconocido. Pude verlo con tubos conectados a su cuerpo. Me acerqué, le toqué la cabeza y le susurré al oído.

—Papi, soy yo, María. Estoy contigo. ¿Me escuchas? —no pasó nada.

Estuvo varias horas en la sección de emergencia del hospital y luego lo transfirieron a la unidad de cuidados intensivos. Sentirse impotente ante la muerte es algo difícil de explicar. Una vida que se apaga poco a poco, mientras todo sigue normal a tu alrededor; yo con mi sufrimiento a cuestas. De madrugada salí al estacionamiento, caminé como zombi hasta que divisé mi automóvil, abrí la puerta y me senté a llorar. Luego de unos minutos, creé consciencia de que Eliezer estaba solo con los niños, que debía regresar a la casa.

Los próximos días fueron de gran expectativa. El especialista certificó que a mi padre le había dado un derrame cerebral. La situación era muy delicada, por lo que permanecería unos días más en cuidado intensivo. Eso nos limitaba, ya que solamente podíamos verlo media hora en las tardes y media hora durante las noches. Éramos muchos hijos y nietos, pero teníamos que seguir las reglas.

Luego de varios días en intensivo, el médico cirujano explicó que, debido a las muchas horas que mi padre había pasado acostado, mostraba problemas de circulación y que tenía una pequeña úlcera en un talón. Al décimo día de estar en intensivo, los médicos decidieron moverlo a una habitación privada. Estaba un poco mejor, aunque mostraba problemas para reaccionar a su entorno.

La primera noche fuera de intensivo fue una pesadilla. Mi hermano Oscar, quien lo acompañó, dijo que se quejó toda la noche por el dolor que le provocaba la úlcera en el talón. Estábamos muy preocupados, porque en tan poco tiempo desarrolló una úlcera que se veía hasta el hueso. Al día siguiente lo llevaron a la sala de cirugías donde le removieron el tejido muerto con la idea de mejorar su condición. No funcionó, esa noche fue otro calvario. Ante la realidad, el médico decidió volver con mi padre a la sala de cirugías y ver si la infección estaba en el hueso. Efectivamente.

Le amputaron una pierna, lo que lo mantuvo en el hospital durante cuarenta y siete días. Nos turnamos para cuidarlo. Dormíamos al lado de su cama en una silla de playa. En varias ocasiones, fui a trabajar, regresé a mi casa y luego fui a quedarme con él. Eliezer, la nana y mi suegra resolvían con los niños.

Para ese entonces escribía mi tercer libro, el cual fue inspirado por mis vivencias en el internado de la *American Council on Education*, al ofrecer cursos por videoconferencia interactiva y adiestrar a la Facultad. En las noches revisaba y escribía, lo cual me mantenía ocupada. También aprovechaba para meditar sobre la vida. Recordaba la muerte repentina de mi madre y mis recriminaciones a Dios por no haber permitido despedirme. Ni un minuto había tenido para ese proceso de importancia para los que nos quedamos.

Ahora la vida me mostraba "la otra cara de la moneda". Mi padre llevaba semanas en el hospital. Tuve el tiempo del mundo para hablar con él, pero creo que no me reconocía. Lo cuidé y estuve cerca, muchísimas horas. En ocasiones, deseamos que la vida nos cambie la trayectoria, pero eso no necesariamente nos conduce a una mejor vivencia. Ver sufrir a mi padre me convenció de que la muerte de mi madre fue la mejor que pudo haber tenido. No sufrió. Sin embargo, mi padre estaba pasando, "el Niágara en bicicleta", algo muy difícil de asimilar. ¡Gracias, Señor, porque tus caminos son siempre rectos!

La situación empeoró cuando se le infectó la otra pierna y tuvieron que regresarlo a la sala de cirugías. Lo volvieron a amputar. No hay palabras para explicar la impresión de ver a mi padre sin piernas, solo quien lo ha experimentado puede entender. La fe en Dios permitió a todos los hermanos cargar esa enorme cruz. En esos momentos valoramos la gracia de ser una familia numerosa.

Mi padre regresó a la casa una semana después de la segunda amputación. Se consiguieron los servicios médicos en el hogar. Mis hermanas colaboraban con Milagros, quien había ofrecido llevarlo a su casa, ya que era más cómoda por ser de un solo nivel.

Así las cosas, viajaba dos fines de semana al mes para colaborar con el cuidado de mi padre. Regresaba a mi casa los domingos en la tarde, cansada y casi sin dormir. Mi padre hablaba gran parte de la noche y se quejaba, mientras yo en otra habitación con la puerta abierta, dormitaba. Esa tarea la realizaba con mucho amor, consciente de su sufrimiento.

Para esa época mis hijos jugaban tenis. Un domingo me encontraba con ellos en unas competencias en el pueblo de Humacao. El trayecto hasta allá era cerca de tres horas desde mi casa en Lajas. Como la salud de mi padre se deterioraba, en todo momento, estaba a la expectativa. Los niños participaron en los juegos que les correspondía y alrededor de las cuatro de la tarde regresamos para Lajas.

No me preocupaba mucho viajar sola, porque ya contaba con un teléfono celular. Justo al salir del pueblo de Humacao, Eliezer me llamó para indicarme que una de mis hermanas lo mantenía informado, porque el estado de salud de mi padre había empeorado. El médico fue a su habitación e indicó a la familia que ya no había nada por hacer, solo esperar el momento en que falleciera, pero que creía era pronto.

Estaba tan lejos, cansada y sin deseos de guiar, pero llevaba a dos niños en el automóvil; debía ser cautelosa. Me encomendé a Dios y seguí guiando, evitando tener un accidente que retrasara el momento de la llegada. Cada media hora Eliezer llamaba y me ponía al tanto de lo que sucedía. Una verdadera pesadilla. Los niños comieron de las golosinas que les quedaban en sus loncheras, lo que facilitó no detenerme a comprar comida.

Les expliqué lo que sucedía. Creo que lo entendieron. Cuando ya no podían más, se durmieron, lo que agradecí a Dios. Quería estar sola con mis pensamientos. No sé cómo sucedió, aunque trataba de estar alerta, me encontraba rememorando vivencias con mi padre y sabía que estaba en riesgo.

Gracias a las llamadas constantes de Eliezer me mantuve concentrada en la carretera. Todos mis hermanos estaban en la casa de Milagros, pero faltaba yo. Me recriminé no estar con ellos en aquel momento tan difícil. Cerca de cuarenta y cinco minutos antes de llegar a casa, comencé a esperar la llamada de Eliezer, pero no llegaba. Lo llamé varias veces y no contestaba. Los nervios no me permitían llamar a casa de mi hermana, por temor a recibir la esperada y temida noticia.

Me resigné y conduje hasta mi casa con el peor de los pensamientos devorando mi mente. Estacioné el automóvil y Eliezer salió a recibirme. No mediaron palabras, me abrazó y lloró sobre mí. Los niños dormían. Permanecimos así un rato. Si me quedaba alguna duda de lo mucho que Eliezer amaba a mi padre, en ese momento se disipó. Mi esposo lloró a mi padre como si fuera el suyo. Siempre estuvo de acuerdo en que lo cuidáramos en casa, mientras teníamos algunos días libres. Lo afeitaba, le buscaba su ropa, le supervisaba el baño; gestos que siempre apreciaré.

Se repetía la película, con un episodio distinto. Me cambié de ropa. Recogí algo para unos días y nos fuimos para Las Marías. En la casa estaban mis hermanos. La funeraria había recogido el cadáver y lo expondrían al día siguiente después de las nueve de la mañana. Tratamos de dormir, pero en mi caso no fue posible, los recuerdos ocupaban la mente.

Nuevamente nos encontramos en la funeraria, rindiendo los honores a mi padre. En esta ocasión, la familia era más numerosa y de la misma forma los allegados y amigos que querían expresar sus muestras de respeto. El velatorio duró dos días. Observaba el cadáver, lo veía respirar al igual que a mi madre. Veía cómo se movía, pero no era cierto, la mente me engañaba. Mi padre no volvería a ser quien fue; existiría en los recuerdos.

Las muestras de cariño eran nuestro aliciente para agradecer a Dios el padre que nos había dado. Con mucha resignación, caminamos los diez hermanos a depositar los restos de mi padre junto a los de mi madre. Según vivieron, cerca de sesenta años unidos, con sus altas y bajas, así permanecerían en el camposanto. Gracias Señor por el privilegio inmerecido. Ahora éramos diez hijos huérfanos de padre y madre, según nuestros padres lo habían pedido a Dios: "Que nunca tengamos que ver morir a alguno de nuestros hijos".

El día del entierro de mi padre coincidió con la graduación en la universidad. Ese año me habían seleccionado para cargar la antorcha en la ceremonia. Según indicaba la misiva recibida, mis ejecutorias durante el tiempo en la institución me hacían digna de ese reconocimiento.

Tan pronto tuve una oportunidad al día siguiente de la muerte de mi padre, me comuniqué con la Rectora para darle las gracias por el reconocimiento, y excusarme debido al fallecimiento de mi padre. Siempre agradeceré sus muestras de aprecio.

Durante los actos de graduación del próximo año, tuve el honor y la responsabilidad de cargar aquel distintivo tan especial.

Los niños crecían y se desarrollaban normalmente. Romi tenía notas excelentes y desarrolló buenos hábitos de estudio, lo que me dejaba tiempo disponible para Sebastián, quien era más pequeño.

Cuando regresamos de Georgia, comencé a notar que Sebastián tenía pobres destrezas de comunicación. Tal vez, al estar muy ocupada, no me percaté de esa realidad. Una patóloga del habla le recomendó terapias. Por espacio de dos años a Sebastián lo llevé religiosamente a las citas. Como parte del tratamiento lo matriculé en una escuelita para niños de su edad. La patóloga creía que no había desarrollado las destrezas de comunicación, porque estaba con la nana bastante tiempo.

Por eso estuvo en preescolar dos años consecutivos. Luego lo matriculé en prekínder. Para esa fecha, ya hablaba correctamente.

—Lo llevaste a la doctora para que hable, pero ahora debes llevarlo para que aprenda a callarse. ¡Mira que habla ese niño! —comentaba Eliezer.

Mientras cursaba el primer grado de escuela elemental en una academia, Sebastián presentó problemas para escribir de la pizarra. Para ayudarlo a superar esa limitación, compré una pizarra y le di clases de escritura en la sala de estar de mi casa. Escribía perfectamente, pero en la escuela no quería escribir. Con sus altas y bajas, terminó el primer grado. En segundo grado continuó la situación de no querer escribir. Me orienté sobre distintas escuelas y lo matriculé en una escuela que utilizaba el autoaprendizaje como medio de enseñanza principal, con materiales de estudio individualizados.

Para inicios del segundo grado, Sebastián se adaptaba a un nuevo formato de escuela, cuyo idioma principal era el inglés. Estuvo en esa escuela por espacio de cuatro años. Era un poco distante de mi hogar, por lo que se dificultaba en las mañanas llegar a tiempo. Estábamos cansados de tantos viajes; Sebastián en una escuela y Romi en otra. Sin mencionar las veces que debía dar más de un viaje a la escuela porque habían dejado algún libro o libreta.

Eliezer colaboraba; lo recogía en las tardes, le compraba algo para comer y lo llevaba al cuido. Luego regresaba a su trabajo.

Cansados de tantos viajes y contratiempos, lo cambiamos de escuela a una con la misma filosofía, pero más pequeña, en el pueblo de San Germán. Allí estuvo dos años. Me preocupaba la socialización e intentaba conseguir otra escuela para ver si funcionaba.

Su madrina Clara insistía que debía permitirle estar en la corriente regular y que él le había prometido que escribiría, porque quería que lo cambiaran de escuela. Además, Sebastián servía como monaguillo en la iglesia. Le preocupaba estar en una escuela de filosofía protestante siendo católicos.

Dialogué seriamente con él y le expliqué con lujo de detalles cuáles eran nuestras expectativas, que esa sería la última escuela en que lo íbamos a matricular. Fui a dialogar con la directora y con los maestros, para que supieran su trasfondo. Ahora, además, tendría que lidiar con el idioma, ya que en esa academia los cursos eran en español.

"Tanto dio la gota en la piedra, que hizo un hoyo", como diría mi madre. Fue así como al inicio del octavo grado, Sebastián volvió a la Academia San Luis en Lajas.

En su tiempo libre participaba en las actividades de la iglesia, jugaba tenis y pertenecía a un grupo de *Boys Scouts of America*. Esas experiencias contribuyeron a formar su carácter; su modo de ver y apreciar la vida.

Romi crecía y se desarrollaba como todo niño de su edad. Al tener una disciplina de estudios, era responsable por sus tareas y solo me ocupaba de supervisar que todo estuviera según solicitado por los maestros.

Durante los veranos ambos niños estuvieron matriculados en campamentos en los cuales desarrollaron destrezas para la vida. En algunos tomaron clases de pintura, de música, de natación y otros. Tanto Eliezer como yo nos esmerábamos para que estuvieran inmersos en actividades que les permitieran ejercitar el cuerpo.

En el verano de 1998 recibí un anuncio sobre clases de tenis para niños. Me comuniqué con el maestro y sin consultarlo con ellos los matriculé. A los ocho años Romi se desenvolvía exitosamente en la cancha; mientras que Sebastián estaba en un grupo de su edad, tratando de alcanzar la bola. Ambos disfrutaban ese deporte que les permitía compartir con otros niños fuera del entorno escolar.

Fue así cómo Romi y Sebastián se entusiasmaron y permanecieron en clases tres días a la semana. Tanto fue su interés que, en ocasiones, jugaban de lunes a viernes. El maestro de tenis los motivó para que formaran parte de la asociación de tenis USTA (por sus siglas en inglés).

La membresía en esa organización deportiva les permitió jugar en torneos en varios lugares en Puerto Rico.

Ambos disfrutaban la experiencia deportiva. Habían ganado trofeos, los cuales conservo como recuerdo de esos tiempos idos. Yo, en cambio, estaba aún más ocupada. Llevarlos y recogerlos a las prácticas y a los torneos comprometía grandemente mi tiempo. Eliezer colaboraba al recogerlos algunos días en que ofrecía cursos nocturnos.

Motivada por el instructor y otras madres, formamos un pequeño equipo de tenis para los adultos. Practicábamos dos veces a la semana durante las mañanas lo que me hacía sentir físicamente bien. Además, me permitía adquirir un poco de destrezas para jugar con mis hijos. Aunque era la mayor del grupo, disfrutaba en las mañanas el compartir con las demás madres. Luego, regresaba a casa a bañarme, desayunar y comenzar mis tareas del día.

Si nos quedábamos en algún hotel, jugaba tenis con los niños. Era una inmensa satisfacción compartir con ellos y con Eliezer un buen partido de tenis. De la misma manera compartíamos el amor por el buceo superficial, *snorkeling*. Observábamos la vida marina en su máximo esplendor en algunos lugares de los cayos de la Parguera en Lajas. Esa época ocupa un lugar muy especial en mis memorias.

Al vivir cerca de la playa y de los cayos de la Parguera, compartíamos en un velero de Neftalí, el maestro de tenis, mientras los niños eran pequeños y luego, de adolescentes. Como mis hijos eran contemporáneos con los de Neftalí, no solo compartíamos el tenis sino el mar. Fue una época espectacular para esos niños desarrollarse como jóvenes responsables; el maestro de tenis era como un padre para ellos. Más tarde, adquirimos un pequeño bote en el cual pasamos momentos de gran camaradería y vida familiar.

En la casa, siempre hubo normas para cumplir. Las relacionadas con las tareas escolares eran las más difíciles de ejecutar, por la diferencia de destrezas de estudios entre ambos niños. No obstante, se lograron superar las deficiencias y mis hijos nunca fracasaron un grado. De la misma forma, trataba de que se cumpliera el horario establecido para jugar tenis o disfrutar de otro deporte.

Para las comidas seleccionaba un menú. Todos debíamos consumir de los alimentos que se preparaban en cada comida. Me fastidiaba escuchar a amigas quejarse porque tenían que preparar un menú diferente para cada uno de sus hijos. Preparaba lo que todos pudiéramos consumir. De la misma forma, la ropa que no le servía a Romi, de seguro que Sebastián la heredaba. No pasaba nada con eso, era necesario que mis hijos valoraran lo que tenían y sin exigir a sus padres, contrario a lo que suele ocurrir en muchos hogares.

Desde los ocho años, Sebastián era monaguillo en la iglesia. Me sentía muy honrada de ser la madre de un servidor del altar y rogaba a Dios para que lo mantuviera con la misma fe y entrega. Eso pudo lograrse, hasta el punto de que, más grande aún servía en todas las actividades de la iglesia y ejercía liderato. No solamente servía en una misa los domingos, sino que hubo ocasiones en que voluntariamente servía en tres misas.

La familia procuraba asistir a la iglesia, en especial, cuando él servía, era un compromiso. Aun cuando Romi era un poco mayor, siempre nos acompañaba a la iglesia. Cuando el Señor "te está devolviendo cien por uno", es momento de doblar las rodillas y agradecer cada momento de la vida.

8

Siembra y espera por la siega

La vida provee pequeños oasis en el camino. El sembrador se afana en el cultivo, luego tendrá tiempo para sentarse y esperar para que las semillas germinen, se desarrolle la planta, nazca el fruto y esté lista la cosecha. Es imperativo disfrutar cada etapa para luego sentirse satisfecho con la siega.

El año 2000 llegó con gran escepticismo por parte de los que trabajábamos con tecnología. Se decía que cuando comenzara el nuevo milenio, los sistemas electrónicos colapsarían, en especial, los que tenían base en la Internet. Ante esa realidad, las empresas alrededor del mundo destinaron grandes sumas de dinero a asegurar sus datos, de manera que una catástrofe no les impidiera continuar operaciones. Los que teníamos ahorros en los bancos, no estábamos del todo confiados en la infalibilidad de los sistemas.

Llegó la despedida del año 1999 y no sucedió lo temido. Todo continuó normalmente, y recibimos un nuevo siglo con la expectativa de que la calidad de vida en el nivel mundial mejoraría significativamente.

El 11 de septiembre de 2001 un acontecimiento de repercusiones mundiales ocurrió en la ciudad de New

York, Estados Unidos. Un acto de terrorismo derribó los edificios más emblemáticos de esa gran ciudad; las Torres Gemelas. Fotos y recuerdos de varias visitas a los miradores de los dos rascacielos, me dejaron con una comprensión mayor de lo vulnerables que somos. De más está decir, cuánto sufrimos por la pérdida de muchos hermanos puertorriqueños y de otras nacionalidades.

Fue muy interesante vivir los actos de recordación de este acontecimiento desgraciado. En la academia donde estudiaban mis hijos, todos los años hacían una exhibición de dibujos realizados por los estudiantes, en los cuales plasmaban su visión de la tragedia. En las instituciones educativas se sacaba unos minutos para dialogar sobre el tema y, en especial, sobre las lecciones aprendidas. Esas tertulias tenían la intención de llevar un mensaje positivo para la convivencia y el valor de la vida en su espectro más amplio.

Mientras, continué con mis tareas académicas. Disfrutaba escribir, por lo que publiqué varios artículos. Me dedicaba de lleno a la cátedra, aunque surgían oportunidades para ocupar algún puesto administrativo dentro o fuera de la institución. No me animé a solicitarlos ni a aceptar, aun cuando directamente me inquirían sobre el tema.

Con frecuencia participaba en la capacitación a la facultad en el área relacionada con el uso de la videoconferencia interactiva para ofrecer cursos a distancia, el tema que había estudiado en mi internado con el *American Council on Education*. Fueron años de grandes logros en los cuales participé en la redacción de documentos de interés para la universidad relacionados con el tema.

Sometí una propuesta para ofrecer una conferencia en un congreso sobre educación virtual en el estado de Minnesota. Invité a mi hermana Connie para que me acompañara. Se mostró insegura, aunque interesada, ya que nunca había viajado fuera de Puerto Rico. Le dije que pagaría por ambas, solo quería que fuera conmigo, pero que debía hablar con su esposo Cecilio, aunque ella prefirió que le dijera yo.

Tejí una historia, pues anhelaba que Connie tuviera su primera experiencia de viaje en avión fuera de la Isla. Convencí al esposo. Entusiasmadas con el viaje nos lanzamos a la aventura. Gracias a Dios tuvimos un viaje excelente lo que le permitió conocer un mundo que se abrió a sus ojos como cuando tuve la primera oportunidad de salir de la Isla. Además, nos permitió estrechar nuestros lazos fraternales.

Mi conferencia fue un éxito. En el horario que la ofrecí, hubo cuatro sesiones concurrentes. Tuve más de ciento cincuenta personas de unos cuatrocientos asistentes. Las evaluaciones fueron muy positivas. En la audiencia se encontraba el presidente de una organización de capacitación de docentes, quien promocionaba un libro y llevaba otro en progreso.

Al final de la conferencia el doctor Draves se me acercó para felicitarme y me dijo que había tomado algunas notas durante la conferencia que utilizaría para citarme en el libro que estaba por terminar. Me sentí halagada y le dije que sería un privilegio.

Luego asistí a una presentación que tenía asignada en el programa y establecimos comunicación que permitió su participación en un congreso celebrado en el Recinto de San Germán de la Universidad Interamericana de Puerto Rico.

Llegó con la nueva publicación y la página marcada donde se encontraba mi cita. Me obsequió una copia autografiada. En su visita, hasta compartió una noche en mi casa con mi esposo y los niños. Para mi sorpresa, tenía un hijo adoptado.

De vuelta a la universidad, disfrutaba grandemente ofrecer cursos por videoconferencia interactiva en un salón especialmente diseñado para ese propósito. Compartía el aula virtual con estudiantes del Recinto Metropolitano de la institución y con otros profesores de ese recinto. Era como estar en la televisión, algo que de adolescente me entusiasmó, pero que no pude ni siquiera explorar.

El ritual de prepararme para la videoconferencia dos días a la semana era un poco complicado. Seleccionaba ropa adecuada para la pantalla, arreglaba mi cabello y maquillaje y preparaba los materiales para el contenido a cubrir. Un gran reto. En la parte trasera de la sala, había un área en la que me arreglaba antes de presentarme en vivo.

Los recursos tecnológicos a mi disposición eran "lo último en la avenida": micrófonos inalámbricos, bocinas de buena frecuencia, monitores de diferentes tamaños, proyector de objetos, programas de computadora integrados al sistema, en fin, me sentía como una artista. Además, contaba con una asistente para colaborar con asuntos técnicos. En mi caso, me esmeré por aprender a manejar todo el equipo, por lo que la ayuda técnica que necesitaba era mínima. Los estudiantes disfrutaban el proceso de enseñanza y aprendizaje y compartían mi presencia física, ya que en varias ocasiones durante el semestre ofrecía los cursos desde el Recinto Metropolitano, lo cual requería de otro esfuerzo adicional.

La institución me registró en un programa de certificación en educación a distancia en la Universidad de

Texas A & M. Viajé a Texas para el programa y aproveché para encontrarme con Ednamil. Un gusto encontrarla como Rectora del campus de *Round Rock* de la Universidad de Texas.

Con la experiencia adquirida en el internado con la *American Council on Education* en la Oficina del Presidente y en las actividades de capacitación de docentes y estudiantes, decidí escribir un libro sobre la educación virtual. No quería hacerlo sola, por la gran cantidad de trabajo, además, deseaba que el proyecto se publicara en poco tiempo. Toqué base con algunos colegas dentro y fuera de la institución y, luego de comprometerse a escribir un capítulo, por alguna razón no cumplieron.

Motivada por Eliezer, decidí iniciar el camino sola. Fueron muchas las horas que dediqué a ese libro cuya distribución estuvo a cargo de la editorial Publicaciones Puertorriqueñas. El día de la presentación del libro en mi campus, un miércoles del año 2004, invité a mi maestra de primer grado, Luz Leyda Almodóvar. Quien había visto su pequeña escuela quemada mientras ofrecía clases a niños de primer grado, estaba en primera fila. Además, invité un maestro de español, quien me ofreció clases en escuela superior, Dr. Carlos Rivera. Ese día fue uno de gratos recuerdos; valoraba el tiempo que había transcurrido desde que conocí a esos dos seres extraordinarios y que me motivaron para no darme por vencida ante las adversidades de la vida. El libro fue un éxito; el pago por todo el esfuerzo puesto en ese proyecto.

Con una memoria en constante movimiento, analicé la problemática que tenían los estudiantes de sistemas de oficina, antes secretarial, por la falta de un recurso que les permitiera integrar los conocimientos adquiridos en los cursos de especialidad y ponerlos en práctica antes de culminar el grado. Fue así cómo barajé la idea de una simulación de oficina.

Dado a que no disponía de mucho tiempo, acepté la idea de integrar a otras colegas en el proyecto. Invité a una profesora de la universidad pública y necesitaba a alguien con buenas destrezas en el manejo de la computadora y diseño gráfico, ya que para el proyecto esas destrezas serían significativas.

Mildred aceptó gustosa el proyecto. Era una egresada destacada del programa de bachillerato en Secretarial y de la Maestría en Educación Comercial. Había colaborado en la edición del libro *Educación Virtual* en el cual hizo un trabajo extraordinario. Ahora la invitaba a participar como coautora en un proyecto didáctico de simulación de oficina. Me dijo que era un honor que le permitiera trabajar en un proyecto editorial como ese.

Sus palabras trajeron a mi mente la primera ocasión en que la profesora Martínez me solicitó que participara en una publicación. Eso era lo que sentía Mildred al saber que su profesora la invitaba a tener éxito; porque ese proyecto editorial vio la luz en el año 2008. En el 2011 tuvo su segunda edición y en el 2017, la tercera, seguido por una reimpresión en el 2019. Gracias a todos los profesores que han utilizado *Tecno-Milanmar, Inc.: Simulación - Integración Tecnológic*a. Milanmar responde a las primeras letras de los nombres de las tres autoras: Mildred, Angelita y María. Tecno-Milanmar tiene un portal en la Internet con recursos didácticos para el profesor y para los estudiantes.

Continué ampliando mi marco de referencia sobre la educación virtual, tanto en el Recinto como en Puerto Rico. En octubre de 2008, la Asociación de Profesores de

Educación Comercial de Puerto Rico, me honró al dedicarme la Convención. Fue una actividad muy emotiva. Veintiún años atrás esa organización me había seleccionado como Maestra del Año APEC. El tiempo pasaba muy rápido, pero de algo estaba segura, quería dejar huellas para los futuros maestros de Educación Comercial.

Durante los años siguientes, trabajé arduamente en mis cursos de nivel graduado y de bachillerato. Ofrecía adiestramientos a la facultad y colaboraba con algunas instituciones que solicitaban asesoramiento en el establecimiento de iniciativas de educación virtual. Con frecuencia, aportaba en revisiones curriculares y en diferentes comités dentro y fuera de la institución.

Como parte de las iniciativas, me involucré en el desarrollo de una propuesta para ofrecer el grado doctoral en Educación Comercial el cual aspiraba a ser el único en Puerto Rico. Luego de cerca de tres años de arduo trabajo, el Consejo de Educación Superior de Puerto Rico aprobó la oferta. En enero de 2011 se comenzó a ofrecer dicho programa en mi institución. Eso significaba mayor oferta académica y más trabajo, ya que en Puerto Rico éramos alrededor de cinco personas con doctorado en esa área de especialidad y todos, estábamos comprometidos con las instituciones donde trabajábamos. Comenzó otra etapa en mi vida profesional, ofrecer cursos doctorales en formato presencial y virtual.

En ese mismo año, fui a una convención a los Estados Unidos donde conocí a una persona quien promovía la organización estudiantil *Business Professionals of America (BPA)*. Dicha organización agrupaba estudiantes de todas las áreas relacionadas con empresas. Me motivó explorarla, ya que en el departamento en el cual trabajaba, de las cuatro organizaciones existentes antes del año 2000, solamente quedaba una.

Movida por la información recopilada, de regreso a Puerto Rico me reuní con la directora del departamento. Le expliqué mi intención de establecer un capítulo de dicha organización. Obtuve su apoyo de inmediato. Fue así como, luego de un semestre de arduo trabajo, para agosto del próximo año, se estableció el primer capítulo de BPA en Puerto Rico. Dicha organización le brindó amplio reconocimiento al Recinto, a la Institución y a Puerto Rico.

Colaboré cinco años como su consejera, durante los cuales viajé a diferentes estados de la nación americana con grupos de estudiantes. Todos los años recibíamos más y mejores reconocimientos. Preparar el viaje con toda la logística y adiestrar a los estudiantes para las competencias, fueron experiencias enriquecedoras para todos los estudiantes. Además, las actividades de recaudación de fondos me permitieron ser una más en el grupo y luchar con la administración para que los estudiantes recibieran beca, aunque fuera de trescientos o cuatrocientos dólares para cada uno.

Involucrarme en actividades como limpiar playas, lavado de automóviles, almuerzos para recaudar fondos de estudiantes y ventas fueron de gran valor personal. Colaborábamos con las organizaciones *Operation Smile*, *UNICEF* y *Operation Christmas Child*, entre otras. Los acompañaba para evitar que surgiera alguna situación que fuera a lacerar la imagen de la organización y de la universidad.

En fin, cada viaje era una experiencia única para los miembros de BPA.

Recuerdo los comentarios de mis estudiantes: "Doctora, estoy tan nerviosa. Es la primera vez que me voy a montar en un avión"; "Si supiera profesora, nunca había hecho una maleta para un viaje, es todo un proyecto"; "Doctora, compré ropa para usar en la competencia, pero quiero que usted la vea para que apruebe si es apropiada"; "Profesora, no tengo con qué comprar la ropa para el día de mis competencias". Esa y otras inquietudes me motivaron a mantenerme activa durante tantos años.

Hacíamos sorteos para recaudar fondos. Por lo general, les donaba una impresora como uno de los premios. Ellos conseguían los otros; casi siempre eran tres. El acuerdo era que, de cada dólar recaudado en las ventas para el sorteo, a ellos les correspondía el ochenta por ciento. El restante veinte por ciento iría al fondo general de la organización. Una historia que merece la pena contarse, fue la de Rosabel. Ella no había salido de Puerto Rico. Sus padres no podían costear el viaje, aun cuando consiguiera una beca para sufragar parte de los gastos.

Rosabel vendió cerca de seiscientos boletos para el sorteo, la universidad le consiguió una beca de cuatrocientos dólares, además de lo que le correspondía al participar en otras actividades de recaudación de fondos. Le colaboré con el registro para la convención y con parte de su ajuar. Para Rosabel no fue una odisea, cada actividad la disfrutó porque le permitía estar más cerca de la meta. Siempre recordaré cuando en el hotel se me acercó y dijo:

—Doctora, gracias por hacer todo lo posible para que yo pudiera viajar.

—No te preocupes por eso, lo importante fue todo lo que aportaste al viaje con tu esfuerzo y compromiso.

—¿Sabe algo? Yo, solamente no había salido de Puerto Rico en un avión, sino que nunca me había quedado en un hotel. Es más, nunca me había quedado en un parador. Esto para mí es una maravilla que me permite disfrutar la vida. Jamás la podré olvidar. Gracias por toda su ayuda.

De más está decir que tuve emociones encontradas. Pues veía en ella un reflejo de lo que fue mi vida; sin personas que me cogieran de la mano y me mostraran el camino, jamás estaría allí con ella. Guardo en mi corazón cientos de experiencias de cada uno de los grupos de BPA.

Hubo una ocasión en que, lista para salir de mi habitación para el área de competencias, alguien tocó a la puerta. Era una estudiante para que evaluara si estaba bien vestida, porque estaría frente a un grupo exponiendo su tema.

Se había puesto lo mejor que tenía, era ropa nueva, pero no apropiada para presentarse en su competencia. Llevaba una falda muy corta, escote en la blusa y le restarían puntos. Le pregunté por qué no había seguido las instrucciones. Busqué entre mi ropa algo que pudiera servirle, pero no encontré nada.

Me miré en el espejo y le pregunté que si se pondría lo que llevaba puesto; siempre vestía profesionalmente para asuntos oficiales. Se midió un conjunto de falda y chaqueta con una blusa color crema y le quedó perfecto.

La estudiante fue a la competencia elegantemente vestida mientras busqué otra alternativa para mí. Mi mayor satisfacción fue cuando di la vuelta por el lugar donde colocaban las posiciones de la competencia, la estudiante había quedado entre las diez finalistas y tendrían otra ronda de entrevistas, en la cual quedó tercera finalista. Volví a remontarme a mis años de niñez y adolescencia, un camino con muchas veredas que tuve que recorrer en varias ocasiones, el Camino de las seis con sus muchos retos.

Durante cinco años celebré el Día de las Madres con estudiantes en convenciones. Mis hijos estaban adolescentes y mi esposo me apoyaba en las decisiones para transformar la vida de los estudiantes. Se esmeraban para que me sintiera a gusto, lo que agradecía. Por lo general, los estudiantes me entregaban algún detalle que me hacía exteriorizar mis más profundos sentimientos.

Fueron cinco años de grandes sacrificios, pero las satisfacciones recibidas y el insumo de los estudiantes, nunca los olvidaré. No hay nada más placentero como escuchar en el auditorio el resonar del nombre de la competencia, luego el nombre del ganador seguido por el de la institución; me hacía brincar del asiento como si tuviera un resorte y sacar un grito de alegría en medio de la algarabía de los estudiantes. Todos celebraban, aunque no hubieran ganado en las competencias. El hecho de estar allí, los hacía ganadores.

Una historia de perseverancia fue la de un estudiante que en una convención no obtuvo premio. Se sentía un poco frustrado, pero con el compromiso de volver a competir en su último año de estudios. Me aseguró que durante el próximo año participaría en tres competencias y que las ganaría. Me gustó su determinación.

El establecerse una meta y luchar para lograrla es algo digno de admirar. El estudiante hizo un gran esfuerzo para participar en la convención el próximo año y cuál sorpresa la mía cuando lo vi subir al escenario en tres ocasiones para recibir sus tres premios. No había visto semejante determinación. Ese joven trabaja en los Estados Unidos y ocupa un puesto de gran responsabilidad. Sus logros fueron, sin duda los míos. Todo el grupo debió verse reflejado en la lección de aquel compañero. Al igual que las historias anteriores, son múltiples las vivencias que esos cinco años aportaron a mi persona. Todas con su respectivo valor para la vida.

Al regresar a Puerto Rico, algunos estudiantes participaban en entrevistas radiales, televisivas y en reseñas para la prensa. Creo que gané el respeto de mis colegas y el compromiso de la institución con los estudiantes y con el Departamento de Ciencias Empresariales. No cabe la menor duda de que todos los estudiantes que participaron en las distintas convenciones en los Estados Unidos de América se fueron de la institución con un grado académico muy distinto a los que no tuvieron esas experiencias. Otros centenares que, por alguna razón, no formaron parte de los grupos de viaje al exterior, ganaron conocimientos mediante su participación en la infinidad de actividades dentro y fuera del Recinto, como visitas a empresas, a lugares históricos, conferencias, congresos, talleres y seminarios. Todas, de una forma u otra, hicieron la diferencia para ampliar sus conocimientos.

La satisfacción por el deber cumplido y el apoyo de los estudiantes, lograron que, en el tercer año como consejera de BPA, completara el *BPA Advisor Certification* y para mi sorpresa, me seleccionaron *Emerging Advisor of the Year* al año siguiente. Fue una actividad muy especial, en la que recibí una placa frente a miles de estudiantes y profesores. Esa noche el capítulo de mi institución obtuvo el *Chapter Award of Excellence.* Para cerrar con broche de oro, en mi último año como consejera, nuestros estudiantes obtuvieron unos veinticinco premios por su participación en variedad de materias y competencias.

En algunas ocasiones escuché a colegas justificar el no involucrarse en actividades con los estudiantes, porque representaban un esfuerzo extraordinario, y así era.

No obstante, viéndolo en retrospectiva, no cambiaría ni uno de esos momentos difíciles por las experiencias que ganaron los estudiantes. De solo cinco que participaron en la primera convención, hasta dieciocho en otra, todos fueron transformados en forma especial y sus vivencias las compartieron con compañeros de la academia. Me corresponde agradecer a quien me orientó sobre BPA. De la misma forma que superó mis expectativas, también superó la de los estudiantes.

El amor de los que has tenido cerca durante la niñez es insustituible. Cuando murió mi suegra, a los cincuenta y nueve años, mis hijos sufrieron grandemente. Ella los mimaba y trataba de complacerlos, aun con firmeza.

Tras su muerte Romi me contó anécdotas que compartió con Mamá, como llamaban a su abuela paterna.

—Mami, recuerdo que una vez me llevó a ver cómo le cosía el estómago a una cabrita que se había ensartado en un alambre. Preparó una aguja grande con hilo y la pasó por alcohol. Papá aguantaba la cabrita y ella le cosía la herida. Eso nunca te lo había contado —comentó con admiración.

—¿Cómo, que viste eso? —grité aterrorizada—. No lo puedo creer. Jamás lo habría permitido.

—Pues lo vi y no pasó nada. La cabrita se curó gracias a Mamá. Si esperaban por un veterinario, se hubiera muerto.

—Tienes razón, hijo.

Esa y otras historias como la de su abuelo matando una gallina para hacer una sopa me eran desconocidas hasta que murió su abuela. De eso se trata la vida, de exponernos a la realidad.

Otro gran golpe fue la muerte del abuelo Calé, mi suegro, quien tenía ochenta y dos años. Este fue a vivir con mi familia desde el día en que falleció mi suegra. Estuvo en mi casa por espacio de trece años. Enfermó de cáncer y fue muy alentador ver cómo Eliezer se esmeraba por cuidar de su padre, aunque sus recuerdos de la niñez no habían sido los mejores con él. Tenía problemas de carácter que gracias al esfuerzo de la familia fueron superados cuando los hijos crecieron.

A diario, mi suegro le dejaba dos dólares a cada uno de mis hijos en una mesita en la esquina de la sala. Sebastián lo llevaba a hacer las diligencias en el pueblo, cuando ya no le era tan fácil conducir su automóvil. Estaba muy orgulloso de su abuelo, porque era veterano de la guerra de Corea.

Tras la muerte de Calé, a quien mis hijos llamaban Papá, Sebastián también me contó cosas que no sabía. Me dijo que el abuelo le daba cinco dólares cada vez que cobraba y que lo hacía porque quería hacerlo, porque se sentía bien con el gesto. No estuve de acuerdo con que hubiese aceptado el dinero, pues él no tenía que pagarle por la ayuda, pero entendí.

Además, Sebastián lo complacía y él, lo quería mucho. Romi no pudo asistir al sepelio de su abuelo paterno, porque no estaba en Puerto Rico. Fue muy triste para todos. Para el entierro la familia de Eliezer había decidido que solamente se realizaría un velatorio de algunas horas, porque Calé así lo había solicitado. Para Sebastián fue un gran golpe perder a su abuelo, al igual que para toda la familia. Nancy, quien colaboraba con las tareas domésticas desde que él fue a vivir con nosotros, también sufrió mucho la partida del abuelo. Disfrutaba dialogar con ella.

Estoy muy agradecida a la vida porque mis hijos pudieron conocer, compartir y aprender de sus cuatro abuelos. Yo solo conocí a mis abuelas.

Durante años, añoré tener un espacio para compartir a solas con mis hermanas. Desde pequeñas no habíamos compartido solas y menos en un viaje. Cuando nos encontrábamos en casa de mis padres, hacíamos planes para pernoctar varios días en un hotel y poder compartir, sin esposos ni hijos, pero ese sueño parecía imposible. Luego murieron mis padres y todo quedó en suspenso.

Un día me aventuré para ver qué decían:

—Llevamos mucho tiempo tratando de hacer un viaje para compartir las hermanas. Creo que no debemos seguir esperando.

—Eso es —contestó Milagros.

Irma se entusiasmó.

—Pues, he pensado en un fin de semana, entre viernes y domingo, podríamos viajar y quedarnos en un hotel en San Juan. ¿Qué creen? —propuse—. Así compartiremos como cuando éramos niñas.

—Yo me apunto —contestó Connie.

Todas aceptaron.

Entusiasmada hice las gestiones y organicé el encuentro. Seleccioné un buen hotel en El Condado en San Juan y gestioné el alquiler de una guagua para seis pasajeros. Sin embargo, aunque me preocupaba manejar un automóvil tan grande, seguí adelante con la idea.

Eliezer aseguraba que no estaba en desacuerdo con el viaje, pero me advertía con frecuencia, porque era mucha responsabilidad. Le dije que Dios nos llevaría con bien y que las hermanas merecíamos esa experiencia. El día del viaje tenía mis reservas de que alguna cancelara. Temprano en la mañana, estaban todas en mi casa, excepto Ana, a quien recogeríamos de camino. Estaba feliz y no paré de agradecer a Dios.

Recogimos a Ana en su casa, y su esposo, Andrés, dijo en broma que vendría con nosotras. Le dije que los hombres no estaban incluidos en ese viaje, que seríamos libres por tres días, y nos marchamos.

El viaje hasta San Juan fue maravilloso. Hablamos, reímos y cantamos hasta agotarnos. Era un regalo invaluable. Compartimos en la piscina, en los jardines del hotel. Caminamos por El Condado.

Como Milagros cumplía años, le compramos un bizcocho y un regalito. Le dimos la sorpresa y la pasamos divino contando las historias de nuestras vidas, esas que no conocíamos.

Recordar esa vivencia me hace muy feliz y estoy segura de que mis cinco hermanas añoran otro encuentro como aquel. He tratado de que se repita para que vayamos a un crucero, pero todos los hermanos. No he tenido éxito.

Con los años me he dado cuenta de que lo que realmente tiene valor en la vida es lo que no podemos comprar con dinero. Sin embargo, debemos reconocer que, para poder disfrutar de muchos momentos gratos, también es necesario el aspecto económico. Ante esa realidad, es imperativo identificar actividades de interacción que sean menos onerosas, entonces encontraremos el tiempo y el lugar indicado para hacernos un regalo de vida.

A pesar de las vicisitudes, Sebastián completó la escuela superior en la Academia San Luis. Se mantuvo como monaguillo hasta cumplir los dieciocho años. En la ceremonia de graduación, recibió el premio por Servicio a la Iglesia, otorgado por la Catedral de Mayagüez, a la cual pertenecía la parroquia de Lajas.

Por haber participado en diversidad de actividades de la iglesia, estaba motivado a entrar al seminario, el cual lo prepararía para el sacerdocio. Le pedía a su consejero espiritual que le permitiera entrar, pero este le aconsejó esperar algunos años.

En el año 2014 lo admitieron en el Seminario Mayor de Ponce, donde estuvo un año de formación. Luego, decidió explorar en otro seminario en Maryland donde le recomendaron terminar el bachillerato. Dado que se había comprometido a terminarlo antes de intentar cualquier otro movimiento, regresó a la universidad para continuar sus estudios en Contabilidad. Gracias a Dios, completó el bachillerato con buenas calificaciones e insistió en volver al seminario. Tuvo la buena suerte que el obispo le permitió estudiar en un seminario en Miami, Florida. Se sentía muy a gusto, pero seguía con problemas, al haber estudiado Contabilidad, la teología no resultaba ser su área fuerte.

Al concluir ese año en Miami, coincidió con el obispo que era bueno que se tomara un tiempo, trabajara o estudiara y que, si interesaba, volviese a intentarlo. De esa forma culminó su interés por una vida en la iglesia. Se fue a vivir con Romi al estado de Maryland.

Sin miedo a seguir los pasos de sus padres, Romi completó su escuela superior con excelentes calificaciones.

Decidió que quería entrar al programa de admisión temprana que le permitiría eliminar el último año de escuela superior para que fuese contado como primer año universitario. Yo no estaba convencida con el programa porque pensé que, a lo mejor, no sería beneficioso, pero él insistió.

Fue así cómo Romi ingresó a la universidad con diecisiete años y culminó su primer año con una puntuación de cuatro puntos en una escala de ese total. Los años siguientes fueron similares. Estudiaba biología y se esmeró por ser de los primeros en su clase. En tercer año de universidad gestionó una beca para un internado durante el verano.

—Pero, ¿y eso? No me lo habías consultado.

—No lo hice, porque no quería que me dijeran que no podía aceptar. Ya está puesta la solicitud y me aceptaron —respondió con firmeza.

—¡Qué alegría, hijo! Te felicito por tomar una buena decisión.

—Prepárate para ver lo que tiene que decir papi — contestó preocupado.

Su comentario era cierto, sería un gran reto hablarlo con su padre. Eliezer no lo permitiría y me correspondía luchar para lograr que mi hijo tuviera una de las oportunidades más deseadas por jóvenes de su edad. Además, era algo que gestionó con su esfuerzo. No debíamos fallarle, lo apoyaría.

Luego de la cena, le pedí a Eliezer que se quedara en la mesa, porque Romi tenía algo que decirle. Nos miró inquieto. El muchacho se puso nervioso e insistió que fuese quien le dijera a su padre, pero lo apoyé para que hablara. Entonces, le comentó a su padre sobre la beca.

Le dijo que debía contestar en dos o tres días, que no incurriríamos en gastos, pues la beca cubriría todo, además de un estipendio para otros gastos misceláneos.

—Pues, conmigo no cuenten para ese permiso. No creo que él esté lo suficientemente maduro para estar dos meses fuera y solo —se aventuró a decir—. Y tú, ¿qué piensas de eso? —me dijo buscando apoyo.

—Pues, creo que es una gran oportunidad y que no debe dejarla pasar.

—Me parece que tenemos problemas, esperaba que me apoyaras —atinó a responder.

—Creo que él se ha esmerado por ser un estudiante de excelencia y esta es la recompensa. No podemos ser obstáculos en sus metas, sino que debemos facilitarlas.

—No es eso. Es mucho riesgo. Si le sucede algo, tú eres la responsable. Si se va, se va con tu permiso, no con el mío.

El rostro de mi hijo cambió de colores, bajó la cabeza. No respondió. Así era él. El corazón me latía y las lágrimas, mi arma ante todas las situaciones de la vida, comenzaron a salir.

—Pues, te digo algo. Si él quiere ir, se va con mi permiso y con mi bendición. Eso basta. Dios lo va a proteger. —concluí.

Romi se levantó y caminó hasta su habitación. Eliezer desapareció de la vista y me quedé sin aliento. Bajo ninguna circunstancia seríamos un obstáculo para la consecución de las metas de mis hijos. Lo apoyaría, estaba decidida. Si no hubiera contado con el apoyo de mi familia en tiempos tan difíciles, no estaría frente a mi hijo tomando una decisión que para mí era muy simple y positiva para él.

Un hijo que no había pedido cosas extraordinarias. Su primer teléfono celular lo tuvo en el último año de escuela superior. Tan es así, que sus dos primeros años de universidad viajó con nosotros y nunca nos requirió un automóvil. Luego, utilizaba un automóvil viejo y no le importaba.

Tampoco se vanagloriaba con sus compañeros de clase de sus padres, catedráticos en la universidad. Ni siquiera quería que lo supieran, porque aseguraba que los títulos eran nuestros y que le correspondía ganarse los suyos.

Al rato toqué la puerta del cuarto de mi hijo y entré. Estaba acostado, no lloraba, pero se le veía muy triste. Le dije que no se preocupara porque ya tenía permiso, que me sentía orgullosa de él, al igual que su papá. Que su padre solo quería protegerlo. Romi solo me dijo que no quería que tuviera problemas con Eliezer y le dije que no se preocupara, que ya lo resolvería.

Hablamos un rato. Estaba muy entusiasmado. No podíamos fallarle. Luego, en privado, traté de convencer a Eliezer. Le destaqué lo positivo de la experiencia. Él era el único de los seleccionados que iría a *Penn State University* en el estado de Pennsylvania. Eliezer ni siquiera eso veía bien, pero luché hasta que logré su aprobación.

Luego de los correspondientes preparativos, llegó el día del viaje. Gracias a Dios todo estaba listo y Romi feliz. Lo llevamos al aeropuerto, de regreso sentíamos que se nos partía el corazón. Nos acostumbramos a estar solos y mantuvimos comunicación constante por teléfono. Se sentía muy contento con la experiencia. Pasó el verano en el internado y, como regalo de fin de experiencia, viajamos al estado de la Florida, Eliezer, Sebastián y yo. Pasamos una semana inolvidable, recordando cuando eran niños y compartimos en ese lugar.

El Señor recompensa los esfuerzos, y así sucedió con Romi. Culminó el bachillerato en biología Suma Cum Laude. Ahora, estudiaría un semestre para tomar el MCAT, examen para comenzar estudios en medicina.

En la vida tenemos que estar preparados "con dos sacos", como decía Eliezer, uno para ganar y otro para perder. Luego de muchas horas de estudio y de dos intentos, no obtuvo la puntuación necesaria para asistir a la universidad a la que quería ingresar a estudiar medicina. Fue un gran fracaso para él. Era imperativo comprender que el fracaso debe verse como una excusa para comenzar de nuevo y de manera más creativa. Estábamos dispuestos a ayudarlo a comenzar otro intento.

Eliezer y yo hicimos investigación y le brindamos diferentes alternativas de otras universidades, pero estaba decidido a que, si no era la que él quería entrar, no estudiaría medicina. Mientras todo eso sucedía, hicimos gestiones para que estudiara biotecnología en la Universidad de Connecticut y, si luego decidía, podía volver a auscultar el área de medicina. Tenía todo listo para comenzar a estudiar y una semana antes, su novia de seis años, lo llamó para decirle que terminarían la relación.

Eso fue suficiente para que sufriera una depresión profunda. Gracias a un sacerdote amigo de la familia, pudo lidiar con la situación desde Puerto Rico. Dejó todo perdido y regresó a casa. No podía creerlo, pero la salud emocional de mi hijo era lo más importante. Así estuvo unos meses en lo que, poco a poco, superó la situación. Mi madre decía que "un clavo saca a otro clavo", por eso esperaba que consiguiera otra novia para enterrar el asunto. Viajó a Maryland a casa de sus tíos y luego de dos meses, regresó a casa.

—Mami, necesito hablar contigo. ¿A qué hora sales? ¿Te recojo?

—¿Qué pasa? ¿Tienes algún problema?

—No, solo quiero recogerte para ir a un lugar.

—Está bien. Salgo a las dos de la tarde. Me puedes recoger en el estacionamiento del edificio de empresas.

Cuando terminé la clase, inmediatamente crucé el patio interior, subí las escaleras y esperé a ver su automóvil aparecer en la carretera. Allí venía, eso era.

—Dios te bendiga —dije como de costumbre.

—Amén —contestó tranquilo.

—¿A dónde me llevas?

—No te voy a decir.

Por el trayecto hablamos de varios temas. Luego de más de quince minutos, me pude percatar hacia dónde nos dirigíamos. Estábamos en ruta hacia el Santuario de Schoenstatt, en el pueblo de Cabo Rojo. Lugar que acostumbrábamos a visitar cuando eran pequeños. Disfrutábamos la tranquilidad que se respiraba en el entorno y caminábamos las estaciones del Vía Crucis, mientras comentábamos sobre los mosaicos que estaban en el empinado trayecto. Luego, descansábamos frente a la hermosa fuente que ubica justo detrás de la capilla y visitábamos el Santísimo dentro de la pequeña iglesia. La pasábamos muy bien. A ese lugar me llevaba mi hijo. Infinidad de temores inundaron mi mente. Pensé que, a lo mejor, tenía una joven embarazada, que estaba enfermo, tenía problemas de drogas o con la justicia. No sabía.

Estacionamos frente a las instalaciones y caminamos. Ninguno de los dos hablaba. Nos detuvimos frente a la capilla unos segundos y seguimos por el lateral derecho para ubicarnos en unos bancos detrás de la estructura. Esa área tenía vista a la fuente y al mar que se divisaba a lo lejos.

—Bueno, hemos venido a este lugar, ahora dime lo que tienes que contarme. Soy toda oídos —inquirí.

—Pues, mami, es que ha pasado algo y no sé qué hacer.

El alma se me fue a los pies, mi rostro se desencajó y me apresté a escuchar lo que tuviera que decirme. Sabía que no era algo positivo.

—Estoy aquí para escucharte y apoyarte. Eres mi hijo y no importa lo que pase seguirás siéndolo. ¿Preñaste a alguien? —dije.

—Mami, no he hecho nada malo. Es que debo tomar una decisión. —me tranquilicé un poco, porque no quería que mis hijos fueran padres muy jóvenes, aunque también les había inculcado su responsabilidad ante un embarazo no planificado.

—Pues, hace cerca de cuatro meses, buscaba en la Internet y encontré una universidad que ofrecía maestría en biotecnología. Sabía que era una de las universidades más prestigiosas de Estados Unidos y por supuesto, la más cara. Llené una solicitud de admisión, solo por llenarla.

—¿Qué pasó? —pregunté inquieta.

—Hace dos meses recibí un mensaje donde me pedían que les enviara otros documentos. Se los envié, por cumplir, ya que sé que nunca podré ir a esa universidad. Además, esperaba ir a otra universidad. ¿Lo habías olvidado?

Seguía atenta a su historia, ya un poco tranquila presentí lo que venía. Tal vez, lo rechazaron y eso lo había traumatizado, mas no lo interrumpí.

—Pues acabo de recibir una carta de admisión a la universidad y me piden que conteste dentro de unos días, ya que el cupo es limitado y necesitan mi respuesta. Sé que no puedo ir, pero quería que lo supieras. —su voz se quebró.

—Hijo, ¿cómo que no vas a poder ir? Si tengo que mover cielo y tierra para que estudies lo que quieres, así será. —Lo abracé.

—Pero dime, ¿cuál es esa universidad?

—*Georgetown University* en Washington, D.C. Es muy costosa y no tenemos tanto dinero, aunque sea con préstamo. Ellos dicen que como es para enero, no hay becas disponibles.

"Una batata en medio de un pedregal", pensé.

—Pues, estoy muy orgullosa por ti. Vas a ir a esa universidad. Sé que Eliezer y yo haremos lo posible para que lo logres. Confirma antes de que sea muy tarde.

Volví a darle otro fuerte abrazo y fuimos a arrodillarnos frente al Santísimo. Daba gracias a Dios, porque esperaba una mala noticia y era un regalo del Altísimo. Con Su ayuda y nuestro esfuerzo lo lograría.

Cuando Eliezer se enteró, se mostró muy contento y positivo. De seguro recordó su negativa cuando Romi fue a *Penn State University*. Inmediatamente, comenzamos a jugar con el presupuesto para ver cómo lográbamos sufragar los costos de estudios.

Eliezer llamó al banco para ver si era posible refinanciar nuestra casa para obtener un dinero que pudiera contribuir con los gastos. Supimos que el préstamo estudiantil solo cubriría la matrícula. Teníamos que pagar hospedaje, comidas, viajes, libros e imprevistos. Era verdaderamente costoso estudiar en esa universidad.

Planifiqué viajar con Romi a Washington, D.C. para hacer los arreglos de hospedaje y matrícula. Ese viaje fue una gran experiencia. Conseguimos una habitación en el sótano de la casa de un abogado retirado por una condición de salud, que lo mantenía en una silla de ruedas. Tenía dos niños de ocho y diez años y su esposa se encargaba de sus asuntos. Regresamos a Puerto Rico contentos y listos para comenzar a apoyarlo en la nueva empresa que lo mantenía muy entusiasmado.

La primera semana de enero de 2011, nuestro primogénito Eliezer hijo, Romi, se fue de la casa para estudiar en Washington, D.C. Ver partir a mis hijos, no era algo para lo cual estaba preparada. Había viajado antes, pero por poco tiempo. Era la primera ocasión en la cual estaría varios meses sin regresar.

Estábamos tristes, pero contentos porque sabíamos que haría algo que le motivaba. Dejarlo en el aeropuerto, no fue fácil. Lloramos, nos abrazamos y secamos las lágrimas. Sin mirar atrás, cruzó el punto de cotejo y partió en busca de un sueño, como lo hizo su madre en varias ocasiones.

Los días y semanas transcurrieron como era de esperar, con mucho trabajo. Nos comunicábamos por teléfono dos o tres veces por semana. En algunas ocasiones estaba más motivado; en otras, preocupado. El nivel de competencia era retador y pasaba muchas horas sin dormir. El invierno se puso más fuerte, con temperaturas muy bajas y nevadas. No era posible pagar un automóvil, por lo que tenía que caminar a la universidad.

Hubo ocasiones en que me llamaba desmotivado, porque tenía demasiado trabajo o pensaba que no saldría bien. Le recomendé hablar con el director de su Programa para ver si le daba alguna recomendación.

Los consejos de las madres siempre son los mejores consejos. La próxima semana me llamó para decirme que había hablado con el director.

Me contó que la conversación había sido muy buena. Que el director le dijo que como estaba acostumbrado a ser el número uno en sus clases, ahora la realidad era distinta, porque todos los estudiantes eran buenos y la competencia mayor, pero que estaba seguro de que podría superarlo. Coincidí con su comentario y le mostré mi apoyo incondicional. Él sabía que debía seguir esforzándose.

Los meses transcurrieron entre distintos retos. En verano de ese año, viajé a Washington y compartí con él algunos días. Eliezer no pudo ir, ya que había aceptado ofrecer un curso.

Caminar por el campus de la universidad, una institución centenaria, fue una gran experiencia. Más importante aún, mi hijo era el guía. Estuvimos en la capilla un buen rato y al día siguiente fuimos al servicio religioso. Lo pasamos de maravilla.

Comenzaron los cursos nuevamente y superaba los retos. Cuando fue necesario hacer la práctica en el área de biotecnología, el director le recomendó una entrevista con una empresa dedicada a investigación y desarrollo de medicamentos. Fue así como aprobó la entrevista y lo aceptaron como interno. Para llegar a la empresa tenía que tomar tres relevos de transporte.

—Mami, si pierdo el tren por un minuto, se trastoca toda la mañana, ya que implica un atraso en las otras dos guaguas que debo tomar para llegar al lugar. Es una empresa pequeña, pero me gusta mucho lo que hacen allí. Mi supervisora y jefes son muy buenos. No tengo esperanzas de que me dejen en ese lugar, ya que no han contratado a ninguno de los últimos internos. Por lo menos, tendré una buena experiencia.

—Recuerda, lo importante es todo el conocimiento que adquieras, que luego puedes transferir a cualquier otro empleo relacionado —lo motivé.

Al concluir la práctica regresó a Puerto Rico. Por su excelente trabajo, lo contrataron a tiempo parcial, pero en trabajo remoto. En mayo de ese año Milagros y yo lo acompañamos a los ejercicios de graduación.

Ese viaje fue toda una odisea. Tomamos un vuelo desde San Juan a Washington, D.C. Hubo un atraso en el itinerario, por lo que llegamos al aeropuerto una hora antes de que comenzara la actividad de premiación de su departamento, que era el día antes de la graduación. Se reconocía la labor destacada de los estudiantes. Sabía de la actividad, todo estaba planificado para asistir, pero el contratiempo del vuelo lo había hecho titubear en cuanto a asistir o no. Tomamos un taxi en el aeropuerto que nos condujo al hotel. Una vez en el hotel, se decidió a ir. Nos cambiamos de ropa y bajamos al vestíbulo.

Como Milagros estaba delicada de salud, luego de la graduación viajaría a casa de su hija en Connecticut, se quedó en el hotel. Era mucho ajetreo, estaba muy cargada emocionalmente.

En el vestíbulo del hotel esperamos el taxi, impacientes. Cuando llegó, nos subimos e indicamos la dirección de la universidad. No habíamos pasado dos minutos en el taxi cuando sonó el teléfono de Romi. Era una de sus compañeras indicándole que le acaban de dar un reconocimiento. Ella les había dicho que él estaba en camino. Le indicó que debía llegar antes que se acabara la actividad.

Nervioso le pidió al taxista que acelerara. El tráfico era muy pesado y yo también estaba ansiosa. Luego de tantos sacrificios, me daba tristeza que no pudiera recoger su premio en la actividad. Me comía las uñas. Un automóvil se detuvo para dejar pasar a un transeúnte. La espera parecía eterna. Oré en silencio y pedí que llegásemos antes de que terminara la actividad.

Por fin entramos al campus y el taxista condujo en busca del edificio. Nos dejó lo más cerca que pudo, pero no era tan cerca. Romi le pagó y le dejó una buena propina. Corríamos. Me agarraba por la mano para avanzar. Entramos al edificio. Miramos a todos lados, cogimos el pasillo directo al auditorio. Empujamos la puerta y llegamos.

—Otorgamos un premio por Excelencia en el Internado al estudiante Eliezer Romeu-Bonilla —se escuchó a través del micrófono.

No lo podía creer. Estábamos llegando cuando lo llamaban para otorgarle otro premio. Era un milagro del Señor. Me quedé arriba, él bajó por el pasillo, subió al escenario y recibió el premio. Tuve tiempo de sacar mi teléfono y tomar algunas fotos con el director, quien acababa de conocer, pero a quien le debía mucho. Fue un verdadero mentor para mi hijo.

Romi regresó al asiento que le había reservado a mi lado. Lo abracé y besé. Observé el reconocimiento, producto de tantos esfuerzos. Respiré hondo. La actividad continuó con la premiación a otros estudiantes. Poco a poco sentía que mi pecho se liberaba: "Dios aprieta, pero no ahoga".

De pronto, una vez más lo volvieron a llamar para otro reconocimiento. Romi se levantó emocionado y fue a recogerlo. Volví a tomar fotos. En esa ocasión, también le entregaron el primer reconocimiento que no había recogido por la tardanza. Allí estaba él, recibiendo tres reconocimientos. Me remontaba a mis años de estudio, mis graduaciones, tantos sacrificios. Daba infinitas gracias a Dios por lo que vivía. Sentí mucha pena que Eliezer no estuviera. Una película vino a mi mente; mi padre nunca estuvo en mis graduaciones.

Nos unimos a una recepción luego de la actividad académica. Romi me presentó a sus profesores, a sus compañeros de clase y a su amado director, quien debía tener más de setenta años. Le agradecí lo que había hecho por mi hijo. Compartimos en una buena velada, nos sentamos en la plazoleta del edificio, dialogamos y luego, llamamos un taxi para regresar al hotel.

Recogimos a Milagros y cenamos en el hotel, porque el cansancio y las emociones nos habían drenado. Compartimos y dialogamos en la sobremesa y nos dispusimos a tener todo listo para la graduación al próximo día.

Conciliar el sueño luego de tantas emociones y de hablar con Eliezer sobre lo ocurrido, fue el último regalo de esa noche. Lamentó mucho no estar presente y prometió compensar el tiempo perdido.

Nos levantamos temprano, desayunamos y nos dirigimos al área designada para la graduación. Dado que estaba lloviznando, tuvieron que realizar la graduación en un gimnasio en el cual había cerca de tres o cuatro mil personas. El protocolo general fue en ese lugar, bellamente decorado. Luego, nos movimos a un anfiteatro para la ceremonia privada de cada departamento. En el caso de Romi, eran como trescientos o cuatrocientos estudiantes en un anfiteatro. Un experto científico fue el conferenciante invitado. En una ceremonia emotiva le entregaron el diploma.

Luego de la actividad, caminamos por el campus. En la librería le compré un marco muy elegante con el emblema de la universidad para colocar su diploma. Al día siguiente disfrutamos una visita a los monumentos y museos en D.C. Luego, regresamos a Puerto Rico mientras Milagros viajó a casa de su hija en Connecticut donde pasó dos meses.

Después de graduarse, Romi, continuó varios meses en el trabajo remoto. Mientras, hacía gestiones para conseguir un empleo en Puerto Rico. Aquellos meses fueron suficientes para demostrarle a los jefes la calidad de su trabajo. Lo llamaron para que fuera a trabajar un mes por una urgencia en la empresa. Me alegré muchísimo, con la confianza de que esa fuera la oportunidad para trabajar a tiempo completo. Estuvo en un hotel por espacio de un mes con gastos pagados por la empresa. Luego de ese mes, le informaron que lo contratarían.

Recuerdo perfectamente la llamada:

—Mami, me quedo en la empresa. Me contrataron, gracias a Dios. Ahora tengo que buscar un apartamento, ya que me dejarán una semana más en el hotel. Si no encuentro hospedaje, tengo que pagar el hotel y es muy costoso.

Las gestiones para conseguir un apartamento fueron positivas y alquiló apartamento a diez minutos del trabajo en automóvil. Una bendición. Compró lo básico y se estableció. Allí estuvo tres años y luego se mudó a otro lugar más cómodo. Disfrutábamos de visitarlo y viajar por la capital durante los fines de semana.

Un día cualquiera recibí la llamada de Lizza, mi amiga, diciéndome que durante el verano venía con su familia para Puerto Rico.

Como Lizza no pudo concebir durante los primeros años de su matrimonio, decidieron participar en el Programa de *Foster Care*, el cual le permitía cuidar niños del estado. Luego de un tiempo, si los padres no reclaman los niños, y el matrimonio cualifica, pueden adoptarlos formalmente.

Hacía cerca de un año gestionaba adoptar unos niños que habían llegado a sus vidas por accidente. Dos hermanitos, una niña y un niño, estuvieron con ellos por espacio de dos años, tras ser removidos de su hogar por problemas de adicción a drogas de la madre, quien, además, era madre soltera. Esos niños fueron la gran bendición para el matrimonio de Alberto y Lizza. Cuando estaban convencidos de adoptar a los niños, su madre se presentó a las agencias pertinentes y alegó que estaba rehabilitada. Luego de varias gestiones, el estado le requirió al matrimonio devolver los niños a su madre.

Dos corazones rotos quedaron en el hogar. Las habitaciones vacías y su sufrimiento por lo que tal vez esos niños pudieran pasar. Alberto y Lizza podían ver a los niños de lejos, pero no tenían autorización para interactuar con ellos. Contaba Lizza lo mucho que sufrían pensando que, por la apariencia, esos niños no estaban bien atendidos.

Casi un año después de haber devuelto los niños, les llamaron de *Foster Care*. Les dijeron que habían sido excelentes padres sustitutos y que sabían que ya no tenían niños, pero que habían recibido una niña de diez meses y estaban tratando de conseguir un hogar para ella y pensaron que ellos podrían brindarle el amor que necesitaba.

La noticia fue una gran alegría para el matrimonio, quien diligenció el proceso para llevarla a su hogar. Unos corazones generosos recibieron a la pequeña en un hogar lleno de amor y paz. Luego de unos meses volvieron a llamarles para decirles que sabían que estaban dándole *foster* a la niña, pero que acababan de remover del hogar a John y a Marilyn, los niños que antes habían cuidado, porque la madre había tenido una recaída. Reconocían el amor que ellos les tenían y que los estaban llamando para saber si podían recibirlos.

Lizza me contó que se sobresaltó, que una emoción extraña invadió su ser, que corrió donde estaba su esposo y le contó lo que sucedía. No sabía qué hacer, por un lado, tenía a otra niña muy pequeña a quien cuidaba y por otro, sabía que era casi imposible que pudieran cuidar tres niños.

Ambos trabajaban en una institución universitaria. Lizza, además, hacía esfuerzos por terminar el grado doctoral que le requería bastante tiempo y esfuerzo y eso complicaba la situación un poco más. No sabían qué hacer.

Pidieron dirección a Dios.

No querían devolver a la pequeña, le tenían mucho amor. Pero, no sabían cómo hacerlo.

Luego de horas de dilucidar, Alberto se comprometió a colaborar con todo lo que estuviera en sus manos si decidían aceptar a los dos niños. Amaba a John, el niño, y aún sufría por su ausencia.

Una decisión difícil fue tomada por dos corazones repletos de amor y disposición para dar lo mejor de ellos. Terminaron adoptando a dos niñas y un niño. Ese gesto de desprendimiento total hizo que Lizza abandonara sus estudios doctorales a punto de preparar su disertación.

Estoy segura de que ha ganado más que un doctorado ante los ojos de Dios y de sus colegas, quienes la admiran y respetan.

En su llamada me dijo que me enviaría un corte de periódico en el que aparecía una entrevista que les hicieron para motivar la adopción de niños.

Esa noticia me llenó de gran satisfacción y sobre todo de admiración. Luego de más de diez años de esa hazaña, viven felices en Texas. Tengo la suerte de ser la madrina de Marilyn; una niña encantadora. A los tres los quiero como a mis ahijados. Cuando vienen a Puerto Rico, los llevo al cine, a la playa y disfruto con ellos. Mis hijos son locos con esos tres retoños quienes poco a poco se convierten en árboles frondosos; mi ahijada ya tiene dieciséis años.

La clase graduada de mi escuela superior celebraría cuarenta años. No habíamos tenido la oportunidad de reunirnos y compartir luego de tanto tiempo de habernos graduado. Éramos cincuenta y siete estudiantes. Dos ya habían fallecido y los demás, entrábamos a la sexta década.

Mi amiga-hermana Marilí se comunicó conmigo, porque había hablado con algunos compañeros para reunir el grupo. Me emocioné muchísimo. Acordamos reunirnos en un lugar en Las Marías. Un grupo de cinco personas, comenzamos a coordinar la actividad, entre ellos: Marilí, Wilmary, Néstor, Maritzabel y yo. Luego se unieron otros compañeros. Preparamos una base de datos con la información de los que pudimos conseguir y coordinamos la actividad para ese verano. Gracias a dos compañeros, conseguimos una casa de campo para reunirnos. Asistieron cerca de cuarenta compañeros. Fue una gran celebración. A algunos no los veía desde hacía más de veinte años.

La actividad nos sirvió para organizar una celebración por todo lo alto. Trabajamos hasta diciembre en la coordinación. Maritzabel, Néstor y otros compañeros jugaron un papel muy importante para hacer realidad el sueño. Las fotografías del compartir hablaban por sí solas. Se dieron cita unos cuarenta compañeros con sus acompañantes. Bailamos, comimos y compartimos como nunca.

Después de esa celebración, nos mantuvimos en comunicación gracias a la tecnología. Maritzabel, quien estaba delicada de salud, viajó al estado de Colorado para iniciar un tratamiento. Al tiempo regresó a Puerto Rico para continuarlo. Marilí me acompañaba a visitarla y a compartir con ella, tanto en el hogar como cuando estuvo hospitalizada. Cultivamos una estrecha amistad. Reíamos y llorábamos cuando nos llamábamos y hablábamos de su delicado estado de salud.

Cerca de cumplirse los cuarenta y cinco años de nuestra graduación, me comuniqué con algunos de los compañeros para motivarlos y reunirnos nuevamente, con la intención de que Maritzabel nos pudiera acompañar, aunque fuera en una actividad sencilla. Fue así como un domingo a principios de diciembre a las dos de la tarde, veinticinco de los compañeros de clase, nos reunimos en un hotel en Mayagüez, para compartir un almuerzo. Para la satisfacción de todos, Maritzabel nos acompañó, comió y se sintió feliz, aunque la noté frágil.

En Navidad fui a visitarla con Marilí. Compartimos y recordamos viejos tiempos. Su salud estaba aún más deteriorada, pero se le veía alerta.

Poco tiempo después me llamó Marilí para darme la noticia de que Maritzabel había fallecido.

En el velorio de dos horas en la iglesia del pueblo de Las Marías, que coincidió con la serie de sismos que tuvimos durante ese año y que no permitía estar en lugares cerrados por mucho tiempo, nos encontramos varios de los compañeros de clase. Ver en un ataúd a una compañera de estudios y amiga querida, me hizo recordar cuando mi amiguita Millie murió apenas mientras cursaba el quinto grado.

Tanto Eliezer como yo, sufrimos grandemente por la muerte de Maritzabel. Hacía poco tiempo nos había visitado, por primera vez. Compartimos y la pasamos muy bien con su esposo y con Wilmary. Esos recuerdos, fortalecieron mi espíritu.

En el cementerio, un grupo de sus compañeros recordamos el gran privilegio de conocer y compartir con Maritzabel. Eso es lo que se espera, que estemos juntos en las buenas y en las menos buenas. Aunque todos estábamos llorosos, estoy segura de que ella se sintió muy feliz de vernos en su despedida terrenal. Luego de esa muerte también fallecieron Anabeya, Tere, Alidalma. Poco a poco, nos iremos todos. Por eso es importante hacer la diferencia, con la familia y la comunidad, cada día que el Señor nos permite habitar en el planeta. Tarde o temprano partiremos, de eso no hay la menor duda, pero debemos esmerarnos por dejar un legado; por pequeño que parezca, Dios lo evaluará con misericordia.

De pronto mi mente no podía asimilar lo que sucedía. Sin nuestro consentimiento y con el asesoramiento de su tío, quien había servido en las fuerzas armadas de los Estados Unidos por muchísimos años, Sebastián se empeñó en la experiencia del ejército. Tomó los exámenes y nos enteramos cuando ya lo tenía todo listo. Su padre lo motivó para que continuara estudiando la maestría y solo consiguió que aprobara dos cursos.

Diversas gestiones realizadas por su padre para conseguir un empleo con el Servicio de Rentas Internas de los Estados Unidos de América estaban en proceso. Asistió a una entrevista para la cual se preparó muy bien. Debía esperar un mes y, si lo seleccionaban, le informarían. Una espera de tres meses no rindió frutos. Mientras, continuó con la idea de entrar al Ejército. En medio de la toma de decisiones Eliezer y yo estábamos aturdidos. Orábamos día y noche para que ese niño cambiara de idea. No entendíamos cómo de estar en el altar sirviendo al Señor, ahora estaría Dios sabe dónde o en una guerra. Estábamos atormentados.

Mientras su padre hacía gestiones de trabajo que a él no le interesaban, gestaba su idea. Un bendito día nos llamó desde Maryland para indicarnos que estaba decidido, que firmaría para irse a un trabajo de Sistemas de Información con el Ejército. Nos desconcertó. Le suplicamos que esperara, para ver si surgía una oportunidad en el área de contabilidad y finanzas. Aceptó con la condición de que no esperaría demasiado tiempo.

Gestiones de su primo, un alto oficial del Ejército, lograron que en dos semanas tuviera ante sí la oportunidad para trabajar como Especialista Financiero. Aunque seguíamos aturdidos, ese era un mejor panorama. La idea era que, cuando terminaran los cuatro años para los cuales había firmado, pudiera salir con una experiencia que le permitiera conseguir un mejor empleo fuera del ejército, apoyado en su preparación académica en el área de Contabilidad.

"A mal tiempo, buena cara", tuve que aceptar la decisión de Sebastián. Un cinco de marzo partió hacia el entrenamiento básico en Carolina del Norte. Eliezer y yo, fuimos hasta Maryland y lo despedimos. No fue fácil. Mientras estábamos aturdidos y consternados, el muchacho se sentía muy feliz por emprender un proyecto que era producto de su esfuerzo. Regresamos a Puerto Rico con más preguntas que respuestas, pero confiados en que el Señor no lo abandonaría.

Un sacerdote, amigo de la familia, fue nuestro apoyo para superar la decisión de Sebastián. Pues, como Capellán de la Guardia Nacional de Puerto Rico, tenía un punto de vista diferente al nuestro. Sus visitas para compartir un desayuno nos brindaron la conformidad que necesitábamos.

Romi por su lado era más objetivo:

—Mami, piensa lo injusto de tus pensamientos. Sebi —como le decía—, no está haciendo algo incorrecto. Tienes que pensar, no hay por qué sufrir tanto. Él no es un pillo, no está en la cárcel, no ha violado a una mujer, no es drogadicto ni ha matado a nadie. Hay tantos padres que tienen hijos con esos problemas y, aun así, deben seguir adelante. Gracias a Dios, no tienes ninguno de esos problemas. Sacúdete, vive la vida feliz —dijo sin esperar que le contestara.

Durante el período de adiestramiento de Sebastián, no podíamos comunicarnos con él por ningún medio. Nos dijeron que, si recibíamos alguna llamada, era para que fuésemos a recogerlo porque no había podido completar el adiestramiento, pero si no llamaba era porque todo iba bien. Fue entonces cuando surgió una batalla interna; quería hablar con él, pero no quería recibir la llamada, ya que eso sería desearle el fracaso. Oré para que no llamara.

Luego de más de dos meses, recibí una llamada. Alegría, incertidumbre, nerviosismo, ansiedad, fueron algunas de las emociones que experimenté. Hablaba normalmente y, al no escuchar la respuesta esperada, pregunté.

—¿Llamas para que te recoja?

—¡Estás loca, eso jamás! Como mi equipo logró todas las metas, nos permitieron llamar a nuestros padres durante cinco minutos.

Me alegró escucharlo satisfecho. Pensé que ese era el mejor regalo que podía recibir, que estuviese feliz. La graduación de ese primer adiestramiento era dentro de un mes y se celebraría en una base en Carolina del Norte. Me dio los detalles y comencé a preparar el viaje. Entretanto, Eliezer no se motivó a acompañarme.

El día de la actividad, nos levantamos temprano y tomamos el taxi que nos condujo hasta un estadio que daba hacia un área verde inmensa. Allí estaba yo, con mi hermana Milagros y Romi. Eliezer decidió no ir, aduciendo que iría cuando tomara el próximo adiestramiento que lo certificaría como Especialista en Finanzas.

La ceremonia comenzó con el protocolo establecido. Mientras, estaba cada vez más nerviosa. Miraba a todos lados y no veía a Sebastián, pero tampoco veía muchos soldados en el área de la pista. Seguían con la presentación de las personas de acuerdo con los rangos de quienes daban sus mensajes. Pantallas gigantes mostraban imágenes de aspectos relacionados con el entrenamiento.

Para mi sorpresa, informaron que eran ciento diecisiete personas que iniciaron el adiestramiento, aunque solo setenta y uno lo completaron. Me sentí muy orgullosa de Sebastián, había logrado su meta.

Al concluir el protocolo, comenzó otra ceremonia. El área se llenó de humo, y una música de fondo impregnó el lugar. Dentro de la humareda, los soldados marcharon, pero no lograban verse con claridad las figuras humanas que se movían. En ese momento en que no me contuve más, bajé el rostro y comencé a llorar sin consuelo. Mientras por un lado mi hermana trataba de consolarme, Romi me acariciaba la espalda con suavidad. Seguían los soldados moviéndose dentro del humo blanco, pero no se podían distinguir. Poco a poco el humo desapareció para dar paso a los soldados en la pista.

No podía verlo entre los soldados, Milagros tampoco. Entonces Romi lo divisó, era el tercero de la tercera fila. Me emocioné al verle vestido de soldado. No podía asimilarlo bien, pero ya no había vuelta atrás. Seguí enjugándome las lágrimas en unos ojos que parecían no tener control con el torrente de sentimientos traducidos en lágrimas.

En pocos minutos dieron las instrucciones. Debíamos bajar las gradas para encontrarnos con los soldados. Las piernas me temblaban, todo mi sistema se encontraba fuera de sí, pero caminaba. Cuando estuve cerca de la fila, lo miré y fui directamente hacia él. Nos fundimos en un abrazo, en el cual quería transmitirle todo lo que mi alma sentía. El calor de su cuerpo junto al mío me devolvió las fuerzas que necesitaba. Así estuvimos algunos minutos. Luego, sentí la mano de Romi posarse en mi hombro, y en ese momento recuperé la conciencia de que él estaba conmigo. No puedo describir lo que sentí al ver a los hermanos abrazarse junto a mí, su madre. Lloramos. Luego, Milagros se acercó y le echó la bendición. Fue una inmensa alegría para Sebastián que su tía-madrina estuviese allí, una agradable sorpresa.

Luego de serenarnos, notamos que cerca de donde estaba Sebastián, algunos soldados permanecían parados en espera de que todos los visitantes fueran al encuentro de sus familiares. Por diversas razones, algunos familiares no habían podido ir a recibir a su familiar soldado. Me acerqué a uno que esperaba como un poste, lo felicité y creo haberle dado un abrazo que contribuyó, en algo, a llenar el vacío de ver a otros con sus familiares y ellos no poder tenerlos cerca.

Agradecí a Dios la oportunidad de ir al encuentro de mi hijo, felicitarlo y estar con él. Fueron varios los soldados, hombres y mujeres, que permanecieron en la fila hasta que concluyó la ceremonia, sin ser recibidos por algún familiar o amigo. Sebastián, quien conocía a algunos, me los presentó luego y dialogamos. Estuve muy atenta a felicitarlos y estimularlos a seguir adelante. Al terminar la actividad tuvimos la oportunidad de compartir con Sebastián. Nos quedamos dos días en Carolina del Norte y pasamos un tiempo de calidad.

Sebastián tendría que comenzar en lo que llaman escuela de especialización. Aunque tenía un bachillerato en Contabilidad, debía asistir a un adiestramiento en el cual adquiriría los fundamentos para el trabajo que le correspondería realizar como Especialista en Finanzas. Romi y Milagros regresaron a Maryland y yo, a Puerto Rico. Milagros tomaría otro vuelo para pasar algunas semanas con su hija Glenda en el estado de Connecticut.

Luego de dos meses, Sebastián estaba listo para su graduación como Especialista en Finanzas. En esa ocasión,

Eliezer me acompañó al igual que Romi. Su tío Benjamín estuvo con nosotros, lo que contribuyó a una mejor celebración. Sebastián estaba muy emocionado con sus logros y sus padres, orgullosos, pero con la certeza de que estaba en el lugar equivocado. No obstante, hacíamos lo posible por agradarlo y apoyarlo.

—Mami, si Papá estuviera vivo, pienso que se sentiría orgulloso de mí —dijo Sebastián con tristeza.

—Claro hijo, nunca soñó, al igual que nosotros, que estarías en este lugar. Todos estamos muy orgullosos por tus logros. —Hacía un esfuerzo por controlar mis emociones.

No le habíamos dicho, y ese no era el momento, que una semana después que ingresó en el Ejército, recibimos una carta del gobierno federal en la cual indicaba que había aprobado la entrevista y que debía presentarse para un puesto en la oficina del *Internal Revenue Service*. "Muy tarde para ablandar habichuelas", como solía decir mi madre.

9
Consciencia de la brevedad de la vida. ¿Y ahora qué?

Tener consciencia de la vida desde antes de los *seis años* me permite recrear la misma de manera extraordinaria. Contar con *seis hermanas* en un núcleo familiar de diez vástagos procreados por el mismo padre y madre, en cuya cuenta ascendente ocupas el *número seis,* es una experiencia poco común. El espectro no podría ser mejor sin el recuerdo de un *camino de seis veredas* casi infranqueables, que me llevaron a enfrentar retos en, por lo menos, *seis lugares* distintos en tan breve existencia. Ya tengo más de *seis décadas,* llegué a la meta que nadie estableció, pero que el tiempo se ocupó de dibujar. ¡Aquí estoy vida, gracias por el viaje!

Al observar los pájaros y escuchar sus melodías, recorrí mi vida. Me transporté al pasado que nunca muere. El que está escondido en lo profundo de la memoria y que, en algún momento, algo activa y surgen de la base de datos recuerdos que creías olvidados, pero que estaban guardados para que a la menor provocación salieran a flote.

Tras lograr lo inimaginable en mi vida profesional y personal, tenía ante mí la decisión más importante de mi vida, el retiro. Tema que dialogaba con Eliezer, pero que aún no decidía. Creí que al envejecer la mente envejecía al mismo ritmo que el cuerpo, pero ante las seis décadas de vida, me encontré con que el espejo no mentía, aunque cuando estaba fuera de su vista la vitalidad reclamaba la mitad de mi edad cronológica.

Por más de cuatro décadas gran parte de mi vida giró en torno a mi trabajo. Me pregunté lo que ocurría después del retiro. Consideraba retirarme a los sesenta y dos años. De solo pensar que no tendría que planificar mi existencia en torno al trabajo, me traumaticé.

¡Cuántas veces desperté de mis meditaciones, al toque de la puerta o al sonido del teléfono! Miraba a mi alrededor, y vi las paredes cubiertas de placas, cada una representaba un logro reconocido, pero detrás de cada una un reto, un sacrificio, una milla extra corrida. Me cuestioné lo que pasaría con todo eso cuando tuviese que recoger e irme.

Mi voz interior intentó apaciguarme.

Recogí los materiales de clase y me dirigí al salón, no sin antes volver a mirar las paredes y dejar encerrados mis pensamientos dentro de aquel espacio que por años albergaba mis alegrías y tristezas; mis logros y fracasos. Entendí que, para llegar lejos, tus pies deben sufrir el trato que la ruta te haya impuesto.

Mientras decidía cómo salir de lo que fue casi mi hogar por tantos años, comencé por tomar una decisión muy difícil; renunciar como consejera de la Asociación de estudiantes *Business Professionals of America*.

Al regresar de la última convención en el año 2017, en la cual los estudiantes obtuvieron veinticinco premios, notifiqué a la directora que pensaba retirarme, efectivo el próximo agosto. Le informé que no actuaría más como consejera de *BPA*, por lo que debía buscar a un sustituto. Sin embargo, me comprometí a colaborar con la persona que se nombrara.

De más está decir que no fue fácil escuchar a los estudiantes protestar y tratar de convencerme; lo mismo que hizo la directora. Con dolor en el alma, no pude actuar como me indicaba mi consciencia y renuncié. Esa sería la forma en la que me iría desprendiendo de lo que más me ataba al trabajo. Lo más triste fue que ninguno de los colegas aceptó continuar con la organización que tantos reconocimientos le dio al Departamento, al Recinto y a la Institución. Cada uno aducía a sus situaciones personales y de carga académica. No cuestioné la actitud de los colegas, aunque me sentí decepcionada, pues esa organización transformó positivamente la imagen de lo que es la universidad para muchos estudiantes.

Finalmente, un colega aceptó el reto. A petición de los estudiantes y de la directora, colaboré con ellos durante un tiempo. Misión cumplida. Autoimpuesta, con una visión muy positiva del futuro y de mi razón de ser en el empleo. Mi apostolado con los estudiantes de la organización concluyó.

Mi hijo mayor vivía en Maryland y consideramos la posibilidad de mudarnos cerca de él unos años y luego, regresar a Puerto Rico. Para lograrlo, Eliezer se comprometió a retirarse el siguiente año. Ambos nos mudaríamos. Así las cosas, exploramos alternativas de vivienda tanto en el estado de Maryland como en el de Florida. No nos decidimos y regresamos a trabajar como de costumbre. Pasaban los años y tenía ante mí la decisión de retirarme.

Me preocupaba esperar demasiado para recoger velas. Debía hacerlo cuando el estado de salud aún me permitía hacer algo diferente que me llenara. No sabía qué podía ser ese algo diferente y especial. Pensé que podría ayudar en la iglesia, formar parte de una organización sin fines de lucro, viajar. Nada de eso era novedoso, porque ya formaba parte de mis compromisos de vida. No tenía nada que reclamar a mi existencia y que hubiera dejado para luego. Me sentía realizada en todos los sentidos. Ni siquiera sabía si eso era algo normal o si todos en mi situación se sentían como yo. Estudié, viajé, ayudé a muchísimas personas. Cuidé y encarrilé a mis hijos. No había dejado grandes proyectos para el retiro. Colegas y conocidos dejaron muchos asuntos inconclusos para el retiro que nunca les llegó, porque esperaron demasiado para tomar la decisión o porque la vida le jugó una trastada y no pudieron vivir de acuerdo con sus expectativas.

En medio de la incertidumbre relacionada con el retiro, el 19 y 20 de septiembre de 2017, ocurrió un acontecimiento que cambió significativamente mi forma de pensar sobre la vida.

El anuncio de la inminencia del huracán María sobre Puerto Rico me hizo recordar las historias que contaba mi padre cuando era niña, sobre los huracanes que había experimentado.

Conocí de su impotencia cuando mencionaba que había cerca de treinta personas en un espacio muy reducido en una casilla en casa de don Mingo, el día de un huracán. Era la única estructura de cemento en el barrio y los vecinos se refugiaron en ese lugar pequeño y sin ventilación, ya que las puertas y ventanas estaban cerradas.

Muchas veces mi padre nos contó:

—Casi no podíamos respirar. Un calor inmenso llenó el lugar y los nenes empezaron a llorar. Dentro de la casilla era un suplicio; se sentía el viento fuerte sobre los árboles y las casas de madera y zinc. Las planchas de zinc y la madera de las casas cercanas volaban con furia. No había escapatoria, solo clamar a Dios para que todo terminara.

Antes de María, Puerto Rico estuvo a la expectativa de innumerables huracanes, pero como decían los residentes, "la mano de Dios los alejaba tan pronto llegaban cerca de nuestras costas". Recordábamos a Hugo, Georges, pero parecía que Irma arrasaría con la Isla. Sin embargo, no ocurrió y solamente la parte este de la Isla sufrió los embates de ese huracán categoría cinco. Cientos de personas perdieron sus propiedades, pero gracias a Dios no hubo pérdida de vidas.

Una semana después, estábamos bajo el aviso de otro huracán. Un fenómeno categoría cinco, con vientos sostenidos de ciento cincuenta y cinco millas por hora (https://huracanmaria.elnuevodia.com/2017/).

El huracán tenía por nombre María, como yo, y el anterior fue Irma, como una de mis hermanas. Los ciudadanos nos dimos a la tarea de asegurar los hogares y surtirnos de provisiones para esperar ese fenómeno que, según algunos, solo sería un susto. Pero el huracán continuó la trayectoria y nos tocó vivir una experiencia inexplicable.

El huracán María estuvo muchas horas sobre la Isla causando estragos devastadores. Inundaciones, derrumbes, marejadas de hasta veinticinco pies de alto, hogares sin techo, semáforos desprendidos, todo el sistema eléctrico del país colapsado, fueron algunas de las cicatrices de este terrible huracán categoría cinco. Quedamos incomunicados, sin luz ni agua potable. Gracias a que la ciudadanía se apertrechó y los más vulnerables se movieron a albergues, no fue peor.

Llovió durante todo el día y el viento huracanado no permitía subir al techo a sacar las hojas para que el agua bajara por los conductos que estaban con ese propósito. Por las ventanas de cristal del frente de la casa, se podía ver el espectáculo de la naturaleza; poco a poco, los árboles se quedaron sin hojas y sin ramas. Volaban por el cielo cual plumas ante el viento impetuoso. Parecían seres humanos gritando ante un fenómeno que los iba dejando sin dedos, sin brazos y sin sus extremidades. Así lucían los árboles. El ruido producido por el viento era dantesco. Con teléfono en mano, grabé segmentos de ese gigante en movimiento, los cuales conservo como evidencia de una experiencia extrasensorial.

En cierto momento de la tormenta el servicio de energía eléctrica dejó de funcionar y todo quedó a oscuras. Prendimos la radio de baterías y unas cuantas linternas. Esas lumbreras nos acompañaron durante toda la noche.

Mi casa se inundó. El agua entró por un conducto en el techo, llegó hasta la cocina y pasó hacia la sala y el comedor. Eliezer y yo luchamos con el tiempo y la naturaleza para que no aumentara la cantidad de agua dentro de la casa. Intentábamos sacarla de todas partes.

Cuando el viento amainó, luego de cerca de dieciocho horas, tuvimos acceso al exterior de la casa. Cansados de sacar agua salimos a ver los estragos.

Varios árboles cedieron ante la fuerza del huracán. El patio estaba cubierto de hojas, pero no en cientos ni miles, creo que eran millones de hojas. Nos tardamos días en removerlas del patio. Un árbol de aguacates en cosecha, con más de quinientos aguacates, se fue hoja a hoja y rama a rama, hasta quedar en el esqueleto. El suelo estaba lleno de aguacates. Busqué cubos y los recogí. Para mi sorpresa, al día siguiente, estaban negros. El efecto del agua huracanada ocasionó una reacción adversa sobre la corteza de los aguacates.

Al salir a la calle y mirar en dirección este, notamos que varios árboles estaban sobre el pavimento envueltos en una marejada de cables. Muchos cables en el piso a causa del peso de los árboles al caer. Más adelante, postes del alumbrado sobre el pavimento. Era un verdadero desastre. Al estar incomunicados no imaginábamos la situación en el resto de la Isla.

En la radio no se transmitían muchas noticias, solo una emisora continuaba en el aire. Aparentemente todo el país estaba en las mismas condiciones, sin luz ni agua, sin acceso a las vías de rodaje.

El sistema eléctrico del país que ya estaba vulnerable colapsó completamente. Nadie tenía servicio de energía eléctrica, solo los que disponían de una planta eléctrica, que no eran muchos. Para sumar a la situación crítica, el servicio de agua potable también colapsó. No se contaba con la energía eléctrica para hacerlo funcionar y muchos árboles y deslizamientos rompieron las tuberías.

En nuestra casa estuvimos veintiún días sin servicio de energía eléctrica, en el resto del país muchas personas estuvieron más de seis meses sin el servicio. Solo disponíamos de una pequeña estufa que era parte de un equipo de barbacoa, la cual tenía una hornilla. Para economizar tiempo, el arroz lo mezclaba con las habichuelas y era solo un tiempo de cocción y luego hacía algo más para completar la comida.

Rememoré cuando vivía en la pequeña casa de madera y mi madre cocinaba en un fogón de leña. Un colador de tela servía para preparar el café, igual que en mis tiempos de infancia. La realidad me llevó al pasado, lo que me enseñó a valorar más la forma simple de realizar las tareas domésticas. Ante esa realidad, me esmero por enseñar a los adolescentes la importancia de aprender a realizar las tareas manuales, aunque dispongan de otros métodos más modernos. Es importante "tener una ficha debajo de la manga", como solía decir mi padre.

Luego de varios días, salí con mi esposo a dar una vuelta por el pueblo de Lajas. Las vías principales estaban limpias, aunque se podía ver los montículos de escombros a orillas de las carreteras. Grabé lo que me llamaba la atención, ya que cargaba el teléfono con la batería del automóvil. Enormes árboles arrancados de la superficie terrestre, cuyas raíces quedaron al descubierto; solo un gigante pudo haber hecho tal hazaña. Hogares de madera, sin techo. El viento impetuoso decidió que quedarían como humanos sin cabeza; así estaban las personas que ocuparon dichas viviendas. Sin cabeza, pensando qué sucedería con sus vidas, luego de salir de un refugio.

El Señor siempre da la oportunidad de servir. Visité un refugio, identifiqué necesidades y salí con el deseo de ayudar. Recolecté artículos de primera necesidad y los llevé en varias ocasiones. Me llena poder compartir de lo que tengo, no necesariamente de lo que sobra. Se presentó la oportunidad para hacer la diferencia.

Mientras eso sucedía, mi preocupación por tener noticias de mi familia en Las Marías y de mis hijos fuera de Puerto Rico aumentaba. Aunque tenía un teléfono cargado, no podía generar ni recibir llamadas. Tampoco tenía noticias de Romi ni de Sebastián quienes estaban en Maryland.

La noche antes de la entrada del huracán les había dicho a mis hijos que si el huracán nos impactaba estaríamos meses sin electricidad. Les dejé saber que estábamos protegidos y que no esperábamos tener grandes problemas, que nuestra casa era de hormigón que, si no podían comunicarse con nosotros, permanecieran tranquilos.

Ver los puentes de las vías principales abarrotados de automóviles con personas tratando de conseguir una señal para comunicarse con sus familiares, era perturbador. En una ocasión, esperamos turno junto a decenas de personas en una estación de policía en un pueblo cercano con el objetivo de comunicarnos con Romi y Sebastián. Nos tocó un número ridículamente alto y decidimos regresar a la casa. Al día siguiente volvimos más temprano, pero se habían agotado los turnos para ese día. Eliezer me tomó de la mano y caminamos desilusionados hacia el estacionamiento. Lloré desconsolada.

Una vez en el automóvil Eliezer trató de consolarme; dialogamos y volvimos a la casa. Todos los establecimientos estaban cerrados. Gracias a Dios teníamos gasolina, ya que llenamos los tanques de los automóviles antes del huracán.

Así pasaron dos semanas, hasta que la novia de Romi llegó a mi casa. Me alegró verla y le compartí la inquietud de no poder comunicarme con mis hijos y familia en Las Marías. Ella me dijo que por eso había venido. Había encontrado un teléfono viejo con el cual pudo llamar a su hermano que se encontraba en Texas. Trataría de conseguir señal en la casa para que llamara a Romi y a Las Marías.

Vi el cielo despejado. Como algo extraordinario, en Puerto Rico funcionaban algunos teléfonos celulares de la primera generación. Sí, volver a lo básico, esa era la consigna.

Se movió por todos lados del patio tratando de conseguir señal, mientras oraba en una esquina pidiendo al Altísimo que aquel aparato desechado fuera mi salvación.

—¡Ya, ya, la tengo! Ven que voy a marcar.

Respiré hondo al escucharla.

Inexplicable fue la sensación que experimenté al escuchar la voz de Romi al otro lado del auricular.

—Hijo, estamos bien. —El llanto no me dejaba continuar, pero tenía que ser breve; podía perder la señal. Le expliqué, en minutos lo sucedido, porque las noticias que tenían de la Isla no eran certeras; los canales de televisión y las emisoras de radio no estaban activas o eran imprecisas. Hablé unos segundos con Sebastián antes de perder la señal. Fue imposible comunicarnos con la familia en Las Marías. ¡Gracias Jomaira por llegar hasta mi casa!

Cuando terminé la llamada, el corazón me palpitaba fuertemente, pero me sentí mejor. Fue una lástima que Eliezer no estuviera; había salido a buscar agua. Las filas para suplirse de agua potable eran interminables, así como las del suplido de gasolina. Más de una ocasión, luego de hacer fila por varias horas, se terminó el despacho y regresamos a la casa cansados y sin el preciado líquido, pero listos para volver a la fila al día siguiente.

Consumíamos los alimentos en el hogar con mucha prudencia. Cuando era necesario ir al supermercado, la mayoría de las góndolas estaban vacías. Racionaban el agua y los artículos de primera necesidad. De esa forma, podían suplir a más personas.

Pero eso no terminaba ahí, al no haber servicio de energía eléctrica, las compras tenían que hacerse en efectivo. Otra advertencia sobre el pasado, las tarjetas de crédito no eran funcionales. Así las cosas, en varias ocasiones fue preciso buscar monedas en las alcancías, echarlas en una bolsita plástica y llevarlas en mi cartera. Algunos se molestaban al verme sacar la bolsita con las monedas para pagar, pedía disculpas. Cuando el sistema eléctrico permitió a los cajeros automáticos de un banco realizar transacciones, las filas para retiro de dinero eran nuevamente interminables. En ocasiones, pasaban por varias calles. Una vez allí, otra situación que superar.

La gran cantidad de usuarios y la situación en todo el país, requirió que el banco estableciera una cantidad límite para cada retiro y una sola transacción por persona. Esto era otro reto. Había necesidad de volver a la fila varias veces a la semana. Psicológicamente estábamos agotados. En unas ocasiones hacía la fila y Eliezer se quedaba en el automóvil y cuando no podía más estar en pie, Eliezer tomaba mi puesto. Compartíamos el suplicio.

Las filas que más preocupación ocasionaron fueron las del suplido de gasolina. Cientos de automóviles, cuyos conductores madrugaban para tomar un buen puesto, se colocaban a esperar sus turnos. A eso se le sumaba que los empleados de primera respuesta—enfermeras, médicos, policías y paramédicos—tenían prioridad. En ocasiones, tuvimos que regresar a casa sin combustible al terminarse los abastos. No hay palabras para explicar la sensación de impotencia que se fue acumulando en cada uno de los hermanos puertorriqueños.

Sin noticias de la familia de Las Marías estuvimos un par de semanas, hasta que un día pudimos llegar hasta el pueblo de Mayagüez. Grababa con mi celular el desastre ecológico que dejó el monstruoso huracán, cuando por arte de magia sonó mi teléfono. Fue tanto el susto, que por poco escapa de mis manos. No lo esperaba, luego de semanas sin sonar.

—¡Buenas tardes! ¿Quién habla? —me apresuré a contestar, mientras Eliezer miraba extrañado.

—Es José. ¡Por fin puedo encontrarlos! —Escuché su voz al otro extremo del auricular.

—¿Cómo están? Han pasado tantas cosas —murmuré entristecida.

En esos momentos me explicó a grandes rasgos la realidad en el pueblo de Las Marías, totalmente incomunicado. Ese territorio, con acceso a cinco pueblos —Maricao, Mayagüez, San Sebastián, Añasco y Lares— no había podido despejar una ruta que le permitiera a su gente trasladarse a otro pueblo vecino para conseguir víveres y otros artículos de primera necesidad. Terrible panorama. Me contó que era tal la magnitud de los desprendimientos y los árboles en las carreteras, que no quedaba ni un espacio que no estuviera comprometido con las huellas del huracán. No había forma de restablecer el sistema eléctrico que estaba en el suelo; un espagueti de cables. Sufrí al recibir tanta información negativa, pero el hecho de que estuvieran a salvo me reconfortaba.

Luego de tres semanas sin volver a saber de ellos, en Lajas los supermercados comenzaron a suplirse de mercancía. Aproveché que el sistema de cajeros automáticos ya funcionaba en su totalidad y Eliezer me acompañó a un supermercado. Compré víveres y viajé a Las Marías, por primera vez en cinco semanas. Había un acceso por el pueblo de Mayagüez, pero con mucha dificultad, ya que el equipo pesado continuaba la remoción de escombros y material vegetativo de las carreteras. El panorama era devastador, parecía como si hubiesen bombardeado en todos los lugares.

Llevé los víveres a la iglesia del pueblo, donde tenían un centro de acopio y desde allí los distribuían en los campos. En algunos lugares aún no había acceso.

Ante la difícil situación que vi en mi pueblo, a la semana siguiente volvimos a hacer otra compra. Preparé bolsitas con alimentos no perecederos y fui al barrio donde nací y viví durante los primeros años de mi vida.

Al salir del pueblo de Las Marías, todavía el panorama era desolador. Parecía otoño en la parte este de los Estados Unidos de América. Los árboles estaban secos, sin hojas, semejaban seres suplicantes ante la mirada de espectadores asombrados al verlos sin su usual vestido verde. Había montañas de material vegetativo en los bordes de las carreteras, la misma radiografía se repetía a través de todo el trayecto desde que salí de Lajas.

Me entristecí al ver casas sin techo o con algunas de sus partes desaparecidas. Por todas partes había objetos que se encontraban fuera del que debió ser su lugar de reposo. En una parte los bambúes hicieron un túnel sobre la carretera y apenas podía pasar el automóvil. Activé el video del teléfono, grabé escenas increíbles, que forman parte de las memorias de esa triste realidad.

Encontramos brigadas de personas limpiando las carreteras y otras, tratando de restablecer el sistema eléctrico. Nos detuvimos para darles botellas de agua fría, lo que para ellos era un oasis, ya que no había hielo ni energía eléctrica en ese pueblo.

Al llegar a mi barrio comencé a detenerme en algunos hogares en los cuales conocía personas. A pesar de la tragedia las personas se alegraban de verme.

Cada parada era una oportunidad para escuchar una versión única del huracán. Me solidarizaba con su situación y les entregaba la bolsita con los víveres. En esos momentos pude comprender que el que me hubiera acordado de su existencia, que estuviera allí solidaria significaba mucho más que el que les llevara una bolsita con víveres.

Recuerdo que fui a casa de Pin, un vecino que hacía años estaba en silla de ruedas. Verlo tan agradecido de Dios porque estaba vivo y sin nada más que añadir a su tragedia de todos los días, fue una gran alegría. Luego, su sobrino Bartolo nos explicó cómo suplían la necesidad de agua.

—Pues, el pozo de casa de don Otilio tiene un chorro de agua cristalina. Nos ponemos de acuerdo y varias veces al día bajo con Rolo a recoger agua pa' los vecinos. Ellos nos dan los envases y nosotros los llenamos.

—Pero deben tener cuidado de hervir el agua, para evitar contagios con bacterias —comenté.

—No te preocupes, vinieron de Recursos Naturales, examinaron el agua y dijeron que es cien por ciento potable.

Una vez más los humanos tuvimos que recurrir a lo básico. Así era que recogíamos el agua para suplir las necesidades del hogar en mi infancia. La conversación me llenó de nostalgia y desconcierto.

Pensé en lo que pasaría si mis padres estuviesen vivos. Desde la casa de Bartolo miré hacia donde viví muchos años de mi adolescencia, a unos doscientos pies desde donde estaba la finca y la casa que ahora eran de un matrimonio de Humacao, que por el huracán no estaban en la residencia.

Le entregué a Bartolo la bolsita de compra, según lo hice con los demás vecinos, y seguí mi camino de regreso. Me fui con el corazón roto al sentir el dolor de la naturaleza, de la fauna, al ver su hábitat destruido.

Eliezer y yo volvimos a casa con sentimientos encontrados, pero con la esperanza de que la resiliencia de esas personas les permitiría salir adelante antes de lo imaginado. Correspondía continuar solidarizándome con todos los que se dieron a la tarea de colaborar para satisfacer las necesidades apremiantes de los hermanos necesitados.

Tras el huracán, estuvimos seis semanas sin regresar a clases. La devastación en el recinto era impresionante. Un campus con mucha vegetación y topografía accidentada, que ahora estaba destruido, no fue fácil de visualizar. Al no encontrar suficientes brigadas de limpieza, la Rectora convocó a todos los empleados a colaborar para adelantar la apertura. Eliezer y yo participamos durante varios días. Sentirse solidario con el lugar en el cual has estado gran parte de tu vida es un aliciente. No obstante, hubo algunos colegas que decidieron no involucrarse. De eso es que se trata la vida, "muchos llamados y pocos los escogidos". Para mí, fue un privilegio ser parte de la brigada de limpieza y dejar nuestra huella.

La asociación de estudiantes que coordiné participó activamente en actividades de servicio comunitario de recolección de artículos de primera necesidad. Verlos compartir y ayudar a otros hermanos me dio esperanza, no todo estaba perdido. A la juventud hay que guiarla y motivarla para obtener lo mejor de ellos.

Como reconocimiento a todo lo ocurrido en Puerto Rico durante el huracán María, al año siguiente recibimos a representantes nacionales de la organización de estudiantes *BPA*. Informaron sobre una actividad de recaudación de fondos que realizaban para pagar parte de los gastos de los estudiantes de Puerto Rico que interesaban viajar a la próxima convención. Esa fue una gran noticia. No pudo materializarse debido a la pandemia del COVID-19. La convención se suspendió por dos años.

En septiembre de 2019 comencé a recoger mi oficina para descartar lo que fuera necesario y reubicar libros y otros materiales. Estaba decidida a dar el paso.

—Si todo marcha según he planificado, en mayo me retiro. Ya no regresaré en agosto —dije a Eliezer.

—Pues me parece que es el momento para dedicarte tiempo. Es suficiente trabajar por más de cuatro décadas de forma ininterrumpida, de sacrificios sin límites. Eso debe terminar. Espero que mantengas tu palabra —contestó con determinación.

Recoger la oficina no fue tarea fácil. Al abrir el archivo, tomé la primera carpeta. Contenía material de uno de los cursos. Pasé cada página, cada una con un significado especial. Descartaba lo grabado en un dispositivo electrónico, no eran necesarias las copias. Me tomó tres horas revisar solo una de las gavetas, de cuatro, que tenía el archivo vertical. Era complicado, allí había notas de estudiantes, tarjetas de cumpleaños, cartas y otros documentos. Me detenía a leerlos. Me secaba las mejillas cuando las emociones salían a flote. Era difícil desprenderme de los recuerdos.

En ese proceso estuve algunos días. El tiempo no fue suficiente para mis expectativas de recoger. Volví a las tareas rutinarias de los cursos, los comités, los talleres ... Así llegó diciembre.

Decidí que en enero recogería la oficina sin más retraso. Pensé que solo me quedaba un semestre, porque estaba decidida a retirarme. Ya no había vuelta atrás.

La Navidad de 2019 fue positiva. Romi vino desde Maryland, pero Sebastián no pudo estar con nosotros, aunque había venido en septiembre. José y su esposa Zenaida, Romi y su novia Jomaira, Eliezer y yo, fuimos a una fiesta de despedida de año en un hotel a cuarenta minutos de casa de mi hermano. Fue una actividad divertida tanto por la comida, como por la música y la camaradería.

Mientras estaba en la mesa, sentí que me picó la cabeza y con un dedo, disimuladamente, comencé a rascarme. De momento, observé a mi hermano mirándome fijamente, asombrado. Me reí para mis adentros, pues estaba segura de que no entendía cómo al rascarme la cabeza se movía todo el cuero cabelludo. Al ver su asombro, lo repetí a propósito varias ocasiones durante la noche. Lo miraba de reojo, y lo veía fijo en mi cabeza. Estuve a punto de estallar en risa.

—María, quiero decirte algo —me dijo al salir del salón de actividades.

—Sí, dime, ¿qué pasa? —pregunté fingiendo inquietud.

—Pues, me preocupa que cada vez que te rascas la cabeza se te mueve todo el cuero cabelludo y eso no es normal.

Estallé en risa y caminé sin contestar. Me inquirió nuevamente.

—Pero, ¿por qué te ríes? ¿Es que no te preocupa?

Seguí riendo. Tan pronto llegamos al estacionamiento y subimos al automóvil, le dije:

—Mira. —Me quité la peluca.

Mi risa fue mayor al ver su asombro y el de su esposa. Hubiera sido excelente capturar en un video ese momento. Estallamos en una risa que duró el trayecto a la casa. Mi hermano tomó la peluca y se la puso en broma. La esposa le sacó una foto. En pocos momentos tenemos la oportunidad de reír y esa fue una tremenda ocasión para hacerlo sin tapujos. La peluca era un regalo de Eliezer que me economizó ir al salón de belleza para un arreglo del cabello y fue la que hizo de la noche una inolvidable.

Como parte de la Navidad, en Puerto Rico, el seis de enero celebramos el Día de Reyes. Durante ese día, los niños reciben regalos y se realizan actividades por doquier. Romi regresó a Maryland el dos de enero y nos disponíamos a viajar a Las Marías para llevar los regalos a los niños de José, que eran los pequeñines de la familia; los otros habían recibido regalos en Navidad.

—Buenos días, ¿supiste lo del temblor? —preguntó Ana al tomar el auricular.

—Pues, esta mañana temprano sentí como un temblor, pero nada significativo. Solo que mi árbol de Navidad amaneció en el piso.

—Busca en la Internet, hay fotos de desprendimiento en algunas carreteras del área suroeste. Si planificas ir para Las Marías, debes considerarlo. Eso no es normal. —advirtió.

Dialogamos algunos minutos y compartí con Eliezer lo que me había dicho Ana, mientras buscaba en la Internet de mi teléfono móvil. Luego de leer bien y ver algunas fotos, decidimos no viajar a Las Marías. Llamamos a mi hermano y le contamos lo sucedido, situación que ya conocía. Pasamos el día en la casa.

En la noche, nos acostamos preocupados ante la incertidumbre de que volviera a temblar.

—¡Eliezer, un temblor! ¡Levántate, está temblando! —grité mientras me levanté de la cama e intentaba entrar al clóset en la habitación.

—Tranquilízate, por favor —dijo con miedo.

—¡Escóndete! —grité.

Para él era más fácil entrar porque el clóset que estaba de su lado; era uno en el cual se podía entrar y caminar, *walk-in closet*, pero al de mi lado, no.

Pasaron algunos segundos y sentimos que todo se tranquilizó. Volvimos a la cama. No habían pasado treinta segundos de estar acostados, cuando sentimos otro movimiento increíble, difícil de explicar. Salimos de la cama y cada uno se guareció dentro del espacio que le correspondía. Tembló muy fuerte, todo se movía. Comencé una oración que pareció más un grito ahogado.

—¡Señor, ten piedad! ¡Por favor, Señor, que esto termine pronto! ¡Señor, protégenos! ¡Cuídanos, Señor! —seguí repitiendo hasta que se calmó.

Los nervios me traicionaron. Eliezer me decía que permaneciera dentro del clóset. Cuando me disponía a salir volvió a temblar, pero en esa ocasión fue aún más fuerte. No podía mantenerme en pie. Sentía como si todo a mi alrededor se fuera a derrumbar. Este fue más extenso que el primero. Permanecimos escondidos hasta que dejó de temblar.

—Debemos salir de la casa —dije a Eliezer.

—Sí, vámonos —respondió mientras caminaba.

Corrimos de la habitación y cruzamos la sala hasta la puerta de entrada. En unos segundos, desactivamos la alarma, cruzamos el balcón y salimos al patio. Al mirar al lado izquierdo de la calle, vimos a los vecinos fuera de su casa que tenía dos niveles. Al frente, la otra vecina nos habló, pero lo que dijo fue incomprensible.

Volvió a temblar. Caminamos hacia la casa de la izquierda y nos unimos a ellos en su patio. En un radio portátil comenzamos a escuchar las noticias, mientras una hija del vecino trataba infructuosamente de acceder a la Internet desde su teléfono. Una vez logró acceso, vimos que en varios pueblos había casas y edificios derribados, causados por el terremoto más fuerte que tuvo una magnitud de seis en la escala Richter. Compartimos nuestros miedos por cerca de una hora. Decidí entrar a mi casa para buscar el teléfono celular. Otro sismo, pero de magnitud cinco punto dos en la misma escala, me hizo salir corriendo y gritando de la casa.

Durante todo el día hubo más de quince movimientos telúricos de intensidad mayor de tres en la escala Richter. No daban tregua. Mi sistema no aguantaba más. Los nervios me traicionaban. Cada vez que sentía un temblor, comenzaba a correr y a gritar desesperada. No podía controlarme, a pesar de la insistencia de Eliezer.

El siete de febrero, día de los múltiples sismos, me di a la tarea de preparar, en medio de la incertidumbre, la mochila de primeros auxilios. Lo que destacaban las autoridades que la mochila debía tener desde comestibles no perecederos, papel higiénico, pasta, cepillo de dientes, agua, hasta una muda de ropa. Con el paso de los días, añadimos artículos a la mochila. Seguían sintiéndose movimientos, aunque en menor escala. Las autoridades indicaban que durarían por lo menos un año.

A causa de los sismos, todas las instituciones educativas contrataron expertos para analizar las estructuras y determinar si eran aptas para su uso. Fue así como el inicio del semestre académico se retrasó unas tres semanas. Regresamos preocupados. Gracias a Dios que muy pocos edificios del Recinto se afectaron considerablemente con daños estructurales. El protocolo en caso de sentir algún movimiento telúrico se practicó en todos los cursos. El desalojo de los edificios y los lugares de encuentro o reunión en caso de un sismo fue la orden del día. En los edificios marcaron las salidas y el movimiento dentro de los pasillos hacia el exterior.

Una de mis clases era en un salón con acceso directo a una calle trasera y cada vez que pasaba un automóvil me "quedaba de una pieza", pensando que era un temblor de tierra. Así fue como iniciamos un semestre muy accidentado. Tanto los estudiantes como la Facultad estábamos preocupados por nuestro futuro en la Institución, los temblores persistían.

A finales de febrero todo se fue normalizando. La frecuencia de los pequeños temblores disminuyó y nos fuimos acostumbrando un poco a vivir con esa realidad. Había leído sobre sismos en Puerto Rico a principios del siglo XX, también de simulacros de sismos, pero no les había prestado atención. Con más de seis décadas de existencia, nunca había sentido un movimiento telúrico significativo en la Isla.

Llegó el mes de marzo y continuábamos con los protocolos de los sismos. Retomé el recogido de mi oficina ante la posibilidad del retiro en mayo de ese año. Adelanté otras gavetas y saqué algunos libros que obsequié a estudiantes graduados y subgraduados. Llené varios zafacones con papeles que eran del semestre anterior. De acuerdo con la normativa, era necesario conservar los documentos de evaluación de estudiantes, por lo menos, un semestre a partir de la fecha de administración. La idea del retiro me perturbaba. No sabía lo que haría cuando me retirase ni si podría vivir sin interactuar con los estudiantes, colegas y administradores. Me cuestionaba si podría sustituir esas interacciones con alguna otra cosa que me apasionara tanto. No tenía idea de cómo sustituiría el apostolado con los estudiantes. Me sentía perdida.

Sin darme cuenta llegó la segunda semana de marzo. Desde enero seguía de cerca el asunto de una epidemia relacionada con un virus originado en China, que aún no llegaba a Puerto Rico. Para mediados de esa semana, la Organización Mundial de la Salud (OMS) clasificó el virus como la pandemia del COVID-19.

En Puerto Rico el gobierno comenzó a tomar medidas cautelares ante el inminente contagio. Nuestra comunicación aérea con los Estados Unidos de América aumentaba la posibilidad de que en cualquier momento hubiera contagios con el virus. Además, en esos días, se sabía muy poco sobre su comportamiento y no había medicamentos ni vacunas que pudieran evitar los contagios o tratar sus síntomas.

Terminé la semana de clases el jueves doce de marzo; los viernes no ofrecía cursos, solo estaba disponible para reuniones o convocatorias especiales. El viernes me enteré de que varias universidades tomaron la delantera y decidieron cancelar las clases por dos semanas. Esa decisión coincidió con la certificación del primer caso de COVID-19, el trece de marzo de 2020, proveniente de un turista. Me comuniqué con la universidad. Informaron que el presidente se expresaría durante el fin de semana.

Las clases presenciales en mi lugar de trabajo se suspendieron a partir del lunes, dieciséis de marzo. La situación a nivel mundial se complicaba y la suspicacia en Puerto Rico aumentaba. Luego de algunos días, comenzaron a aumentar los casos y la incertidumbre. Como parte del Comité de Capacitación de la Facultad entré de lleno a ofrecer adiestramiento virtual a los docentes que no estaban certificados para ofrecer experiencias de aprendizaje virtual; más de la mitad de los facultativos.

No solo me correspondió ofrecer talleres en salas virtuales de conferencia sincrónicas, sino que también tuve la responsabilidad de supervisar las tareas para la certificación, ofrecer tutorías y corregir el trabajo realizado por los colegas. Fue una ardua tarea. Hubo días en que me sorprendió el ocaso y recibí la aurora frente a mi computadora. A diario debía resolver situaciones; profesores frustrados con la tecnología, otros culpándose por no haber sido proactivos e incursionar en el tema de la educación virtual desde años antes cuando se comenzó con esa nueva modalidad de estudios. Algunos pensaban que era muy tarde para comenzar a aprender, porque estaban en el ocaso de sus vidas.

Traté de motivarlos, darle seguimiento y llevarlos paso a paso para que salieran adelante. Junto a los demás miembros del Comité, sentía la gran responsabilidad de adiestrarlos. Fue así como los estudiantes pudieron completar ese semestre académico, gracias a la resiliencia de los docentes quienes invirtieron sus roles para convertirse en aprendices de la tecnología de vanguardia. Las salas virtuales de conferencia sincrónica permitieron a los docentes establecer un ambiente de aprendizaje equivalente al del aula presencial para ofrecer sus cursos.

Dos meses antes del inicio de la Pandemia mi última publicación estaba en la casa editora. Casi sin darme cuenta, todo el país estaba en aislamiento, *lockdown*, por eso el proceso de publicación se retrasó. Decidí hablar con la editora gráfica y plantearle mi preocupación. Se me ocurrió que lo podía revisar y atemperarlo a los cambios ocurridos a causa de la Pandemia. Así estaría más actualizado. Me permitió hasta finales de junio para completar los cambios.

Accedí entusiasmada. Mi compañera autora, Mildred, y yo, hicimos las revisiones contra el reloj. En septiembre de 2020 promocionaba mi libro *Educación Virtual: Un enfoque de calidad,* segunda edición, mediante salas de conferencia virtuales. Todas las instituciones educativas reunían a sus estudiantes y facultad en formato virtual. El mercadeo del libro se diversificó a través de un portal de la Internet que diseñé con mucho esfuerzo.

Pasar días, semanas y meses sin visitar a la familia, abrazarlos, comer juntos y despejarse la mente con ellos fue una gran pesadilla durante la Pandemia. Gracias a la tecnología podíamos dialogar con frecuencia y ver nuestras imágenes por las distintas aplicaciones de video que el teléfono y la computadora nos permitían disfrutar.

Somos diez hermanos de los cuales nueve tenemos el privilegio de estar en este mundo, a pesar de las circunstancias. En las familias numerosas, por lo general, hay problemas y desavenencias que los llevan a enfrentar situaciones difíciles. Puedo decir con satisfacción que en mi familia no tenemos diferencias que hayan afectado significativamente nuestra relación de hermanos. Nos visitamos, compartimos en los buenos tiempos y en los menos buenos.

El COVID-19 terminó con las reuniones familiares cada tres o cuatro semanas. Las tertulias, acompañadas de algunas golosinas se extrañaban. El temor por el contagio era la orden del día. Esto se sumaba a las noticias diarias sobre los contagios y los fallecimientos, tanto en Puerto Rico como en el mundo. Lo tomé muy en serio y pasaba horas en sintonía de los noticiarios internacionales.

Saber sobre la gran cantidad de fallecidos por día era muy impresionante. Lugares en que las morgues de los hospitales estaban llenas y contrataron vanes refrigerados para colocar los cadáveres. Hospitales en los cuales los parientes no encontraban a sus familiares fallecidos, debido a la gran confusión con el número de contagios y muertes. Historias dantescas sobre esa terrible crisis mundial, la Pandemia.

Las imágenes del personal médico con la mascarilla marcada en los rostros, hasta hacerle brotar la sangre, por las muchas horas de trabajo sin poder prescindir de ese recurso tan importante para protegerse producían impotencia. Otras historias inverosímiles circulaban a diario por las redes sociales.

Una de las reflexiones más impactantes que leí sobre personas fallecidas fue la de una hija. Su padre era un acaudalado hombre de negocios. Se contagió con COVID-19, no pudo superar el ventilador y falleció. Su hija escribió en las redes sociales que la riqueza de su padre siempre había podido comprar todo lo que deseaba, pero murió tratando de conseguir algo que no tenía precio, pero sí de mucho valor; el aire para poder respirar. De eso se trata la vida, lo que damos por hecho, si nos falta el aire, perdemos todo.

Vivir con el COVID-19 acechando mi entorno me creó ansiedad. Durante las primeras seis o siete semanas, no

salimos de la casa. Dependíamos de personas que nos llevaban la compra. La llamada a un colmado para detallar
los productos que deseábamos o el uso de aplicaciones
de la Internet, eran una bendición.

La ansiedad se apoderaba de mí al llegar el empleado con la compra. Me preparaba como para una misión
espacial. Recibía a la persona en una glorieta al cos-
tado de la casa. La persona colocaba las bolsas con la
compra en varias mesas. Porque sabía el importe de la
compra, le entregaba un sobre con dinero, si era que
no había pagado con mi tarjeta de crédito directo al
colmado. Nunca podía faltar la propina; valoraba que
alguien estuviera dispuesto a contagiarse por entregar
una compra.

Recibida la compra, comenzaba el ritual. Con guantes,
camisa de mangas largas, mascarilla y protector facial,
face shield, me encomendaba al Todopoderoso. Lavaba todos los productos que eran frescos—hortalizas, viandas,
frutas. Los colocaba uno a uno sobre la pequeña barra
que había en el lugar. Luego, procedía a fumigar con un
atomizador de alcohol todas las cajas, bolsas y productos enlatados. Los dejaba reposar por cerca de tres horas,
mientras que los productos frescos los colocaba en una
nevera en la glorieta, luego de esperar cerca de media
hora. Prestaba mucho cuidado a que no me salpicara
agua por temor a contagiarme.

Al terminar ese proceso, me desmantelaba; colocaba
lo que había utilizado para protegerme dentro de una
bolsa plástica y caminaba al baño. Me bañaba por varios
minutos porque esto me daba tranquilidad. Era tanta la
tensión que ese proceso de desinfección me ocasionaba,
que luego, durante el día no hacía nada; me acostaba a
descansar para liberarme de la sensación del virus.

Dado que no íbamos al supermercado, hacíamos lo posible para que la compra durara más de dos semanas. Si se terminaba algo, sustituíamos con otras alternativas. Sin vacunas y con muy poca información sobre la enfermedad, se especulaba mucho sobre la manera como se propagaba. Fuimos exageradamente precavidos. La primera salida a una panadería a comprar pan fue cerca de dos meses después de comenzar la Pandemia, algo que hacía Eliezer casi todos los días antes de esa tragedia. No olvidaré cuando el padre de la iglesia apareció a casa con una libra de pan de la panadería, cuatro semanas después que comenzó el encierro. Fue un gesto muy humano de su parte.

Luego de dos meses comenzamos a salir a algunos lugares, siempre con el atomizador de alcohol listo, uno muy grande para que durara. No visitábamos el supermercado. Íbamos a la farmacia, pero recogíamos los medicamentos por la ventanilla. Eliezer se encargó de la gasolina de los automóviles, pero siempre con mis advertencias antes de salir de la casa. Al regresar tenía que dejar los zapatos en el balcón, ir a tomar un baño y ponerse ropa limpia. Ese proceso duró más de un año. Muy incómodo, pero seguro.

Luego de diez meses, comenzamos a ir al supermercado para hacer la compra. Íbamos muy temprano en la mañana o cerca del cierre. Así no interactuábamos con personas, por temor a contagiarnos. Cero reuniones familiares. En caso de visitar a alguno de mis hermanos, llamaba para asegurarme de que nos reuniríamos en el balcón o en una terraza.

La segunda variante del virus, Ómicron, puso a Puerto Rico en una situación muy difícil. Durante su etapa más fuerte, hubo más muertes que en todo el año anterior. Se registraron más de treinta fallecimientos en un día, bastantes para un país de cerca de tres millones y medio de habitantes. Las hospitalizaciones estuvieron rondando las mil, algo nunca visto. El estrés volvió a apoderarse de nosotros. Ese repunte coincidió con las festividades de Navidad, las que pasamos en casa, seguros y tranquilos, gracias a que seguíamos las indicaciones de las autoridades sanitarias.

El estrés ocasionado por la diversidad de situaciones que atender, tanto las relacionadas con los adiestramientos como los cursos que ofrecía, hicieron mella en mi cuerpo. Para verano de ese año, tuve que recibir inyecciones en la espalda para poder continuar con mi rutina de trabajo.

Ante esa situación, decidí retirarme y no volver a la universidad, me sentía drenada. Aunque algo me gritaba al oído que no lo hiciera. Era mi responsabilidad aportar en esos momentos en que mi colaboración era tan necesaria. Me solicitaron permanecer un semestre adicional, ya que era imperativo adiestrar a los docentes que se contratarían a tiempo completo o parcial para el siguiente semestre. Gran número de docentes se acogieron al retiro al no sentirse a tono con las exigencias tecnológicas y el esfuerzo físico de tantas horas de trabajo virtual.

Durante el semestre de agosto a diciembre de 2020, adiestré a dos grupos de docentes, tarea que consumía mucho tiempo. Además, mis cursos demandaban mayor esfuerzo virtual. No volvimos a los salones presenciales. Yo, una fiel creyente en la efectividad de la educación virtual me sentía sola en un proceso donde la presencialidad física brillaba por su ausencia. No era lo mismo, ofrecer algunos cursos virtuales, que estar sujeta a todo un programa en la virtualidad.

Ese semestre me sirvió de mucho aprendizaje y reflexión. La expectativa era la de no regresar en todo el año a la universidad, ya que la Pandemia continuaba ganando terreno y no existía una vacuna que mitigara la incertidumbre. Ante esa situación, efectivo octubre de 2020 comencé a hacer las gestiones para el retiro. Un retiro forzoso, porque la vida se empeñaba en hacerlo más complicado.

En diciembre de 2020, después de cuatro años de coquetear con la idea, tomé una de las decisiones más significativas de mi vida; partir del lugar en el cual laboré por más de cuarenta. Sabía que era tiempo de dar paso a lo que restaba de mi vida, de seguro menos de lo que ya había vivido. No obstante, tenía que crear consciencia de que mi lugar de refugio y realización profesional no estaría para mí, sería parte del pasado.

Ante mi inseguridad y mi estado de ánimo por el retiro, Romi se ofreció a acompañarme a recoger mi oficina. Estaba en Puerto Rico desde principios de noviembre en trabajo remoto, pero regresaría a finales de enero a Maryland, porque le requerían su presencia física.

Llegamos al Recinto un miércoles en la mañana. Por la Pandemia, no había estudiantes ni docentes en el área. Cruzar el portón, luego del debido protocolo, saludar a los empleados de seguridad y conducir por el campus me produjo gran tristeza. Las cotorras, con su canto único, me hicieron recordar tantos años de trabajo en esa institución. Las calles sin automóviles ni estudiantes, a la espera de su tradicional desfile de jóvenes, se mostraban como si el tiempo se hubiese detenido. Hacía meses que no entraba al campus. Mientras conducía fui flaqueando, poco a poco mis ojos se llenaron de lágrimas.

Romi me preguntó lo que me pasaba, me dijo que no podía ponerme así porque teníamos la misión de recoger la oficina en un solo día. Confesé mi tristeza ante los recuerdos de toda una vida. Le expliqué que ni siquiera había nacido cuando hice del campus mi segundo hogar. Posó su mano suavemente por mi espalda y me dijo:

—Eso parece triste, pero tienes que estar complacida por tantos años de sacrificios. Estoy seguro de que muchos estudiantes, maestros y administradores te lo agradecen. ¡Si no, pues Dios ya te lo ha compensado con este tronco de hijo que te ha dado!

Me hizo reír en medio de la tristeza y pasé mi mano por su cabeza.

Continuamos por las calles con el automóvil a mínima velocidad. Llegamos al edificio donde ubicaba mi oficina; nos estacionamos y salimos del automóvil. Romi se quedó en la acera y saludé desde afuera, ya que la puerta de la oficina del Departamento estaba abierta. La asistente administrativa me saludó entusiasmada al igual que la directora. Volvieron a brotar lágrimas, a las que pedí una tregua para poder realizar mi tarea. Informé que estaría recogiendo mi oficina.

Al pasar por el pasillo del patio interior me encontré con el empleado de mantenimiento a quien saludé. En sus palabras mostró el gusto que sentía por volver a verme. Le pedí un zafacón grande el cual diligentemente colocó frente a mi oficina. Abrí la puerta y Romi le retiró los plásticos a las ventanas para que entrara el aire fresco.

Una vez allí, miré las paredes.

—Lo primero que quiero que hagas es liberar las paredes de las placas.

—¡Manos a la obra! —dijo entusiasmado con la tarea.

Saqué la primera, la leí y comencé a llorar. No podía, la emoción me embargaba.

—Mami, no podemos así. Por favor, permíteme que retire las placas. Te prometo que las colocaré en las cajas sin que se mutilen —dijo comprensivo.

—Está bien, pero quiero que le saques una foto a cada una, según las colocas en las cajas. Tal vez nunca más las vuelva a ver fuera y por lo menos tengo las fotos.

—Tranquila, haré como deseas.

Retiró cada una de las placas. En ocasiones, mientras recogía algunos documentos e iba descartando otros, lo observaba de reojo leyendo el contenido y sonriéndose orgulloso.

Nos tomó cerca de tres horas culminar el proceso. Separé algunos materiales para distribuirlos a colegas. Llené varias cajas con libros, que deseaba que me acompañaran en mi regreso a casa. Lo demás se quedó en la oficina que alguna vez hasta alfombré. Y le compré un amplio escritorio en metal y cristal, que también dejé para que alguien lo utilizara en el futuro.

Mientras terminaba de cuadrar los últimos detalles, Romi llevaba las cajas al automóvil. Cuando terminó, observé la oficina. Ya no parecía mi espacio. Había trabajado en seis lugares: Las Marías, Maricao, ICPR Mayagüez, Aguada y UPR Mayagüez, pero mi experiencia en la Universidad Interamericana de Puerto Rico en San Germán era prácticamente mi vida. Medité, todo lo que fue mi razón de ser por más de cuarenta años, estaba a la espera de un sustituto, mi tiempo en aquel lugar había concluido.

Romi me dijo que debíamos irnos, que habíamos terminado. Posó su brazo sobre mi hombro, me pidió la llave y cerró la puerta. Detrás quedaron los recuerdos de muchos años de mi vida; los logros y las desilusiones. Me recosté en su hombro y lloré. Luego de algunos minutos, me sequé las lágrimas y subimos la escalera del patio interior del edificio hasta la oficina del departamento. La directora no se encontraba, solo la asistente. Le entregué las llaves de la oficina y de salones que utilicé antes de la Pandemia. Me despedí con el corazón afectado por los recuerdos.

La muchacha me consoló diciéndome que seguiría a tiempo parcial, que ellos me necesitaban.

Subimos al automóvil, Romi conducía. Permanecía llorosa. El lugar al que fui religiosamente durante más de cuarenta años, ya no me permitiría entrar. Tendría que identificarme a la entrada, no habría un espacio determinado en espera. No vería estudiantes en el pasillo a la espera de que abriera la puerta del salón.

Tan pronto salimos del campus, Romi cambió la conversación:

—Ahora puedes visitarme cuando quieras, todo el año está abierta la invitación. También puedes viajar, luego que pase la Pandemia. Te gusta mucho ir en crucero, puedes aprovechar los especiales, con tanto tiempo libre —dijo entusiasmado para animarme.

Una vez en la casa se encargó de sacar las cajas del automóvil y colocarlas en una esquina en el garaje. Sabía que estarían mucho tiempo en ese lugar. Abrí la puerta de entrada con dificultad, caminé a mi habitación y luego al baño. El agua que dejé caer sobre mi cabeza, mientras lloraba sin consuelo, fue mi aliciente. Salí de allí renovada y lista para enfrentar lo que la vida me deparara. La vida me dio tanto y tanto que no había espacio para recriminarle la tragedia o el privilegio de envejecer. Resulta interesante, pero si no queremos envejecer, tendremos que morir jóvenes. De todos modos, salía ganando en la ecuación.

El próximo semestre, la directora me convenció para que ofreciera dos sesiones de un mismo curso; uno en formato virtual en línea y el otro en formato virtual con sesiones de conferencia sincrónica. Fue un escape a mis sentimientos de vacío. Acepté con la consciencia de que la Pandemia exigía trabajo remoto. Además, continué en varios comités de disertación doctoral, ya que no quería crearles problemas a los estudiantes en la búsqueda de un nuevo miembro.

Mantuve comunicación estrecha con mi compañera de trabajo y comadre, Carmen. Algunos años atrás me dio el privilegio de ser la madrina de bautismo de su segunda hija. Ese compromiso bautismal me acercó más a su familia. De ahí en adelante, pude ser parte de sus alegrías y tristezas. De más está decir, que la tragedia de perder a su esposo, un ser humano extraordinario quien se desvivía por los niños ejerciendo la pediatría, fue la tragedia de mi familia. Igual cuando perdió a su madre y después a un hermano mayor. En otro sentido, compartí con su familia los cumpleaños, logros escolares y de otra índole, así como fiestas familiares. Como esperaba, nuestra comunicación fue constante luego de mi retiro, lo cual aprecio en gran medida.

Ocasionalmente, participaba en actividades convocadas por la Asociación de Profesores de Educación Comercial de Puerto Rico, tanto como recurso como parte de la audiencia. Continué activa en la Junta Editora de la

Revista APEC, responsabilidad que asumí hacía cerca de diez años. Llamar a antiguos colegas, era otra actividad que disfrutaba, ya que la Pandemia no permitía visitas presenciales. Fue agradable dialogar con la doctora Aida Santiago, quien ya tenía más de noventa años. Rememoramos historias y al despedirnos, dijo algo que me emocionó: "Recuerda, fuiste uno de mis grandes frutos".

Me di cuenta de que el orgullo era recíproco. Agradezco a Dios tener profesores como la doctora Santiago y muchos otros quienes confiaron en mis talentos y en mi capacidad para desarrollarlos hasta superar sus expectativas y las propias. En cambio, preparé estudiantes quienes se expresan de forma similar sobre mi contribución a su desarrollo profesional y personal. Ese debe ser el legado de cada maestro. Me sentí satisfecha al tomarnos una foto, representativa de cuatro generaciones de maestros: la doctora Santiago fue mi profesora, a su vez, una de mis estudiantes, estaba con una de sus alumnas.

La vida de todo ser humano debe estar fundamentada en valores éticos y morales. Estos establecerán las pautas de lo que es o no correcto. Una consigna que sirvió como norte en mi vida fue el aferrarme a esos principios. La ética bajo ningún concepto debe ser "como un abrigo, el cual te lo colocas cuando tienes frío y te lo quitas cuando tienes calor". De esa forma, no se puede definir el carácter del ser humano.

A principios de febrero de 2021, Sebastián me llamó para darme una noticia no muy grata.

—Mami, tengo que viajar a Kuwait y no hay forma de que vaya a Puerto Rico, por la Pandemia.

El alma se me fue a los pies y me quedé sin aliento. En medio de una Pandemia mi hijo debería viajar lejos. No me atrevía a viajar sin estar vacunada y con el terror que sentía por el virus. No obstante, tenía que despedirme. Lo medité y lo puse en manos de Dios. Consulté con Romi, quien estaba en Maryland.

Hice lo indecible por conseguir una vacuna, mientras Eliezer me decía que era una locura. Sentía que debía ir a despedirlo, pero le tenía miedo al COVID-19. Mi consigna ha sido que cuando pides con fe puedes obtener lo que quieras. Gracias a múltiples gestiones pude conseguir un turno cuando permitieron vacunarse a las personas de mi edad. Estuvimos en un coliseo a las cinco de la madrugada. Era toda una odisea, la fila de automóviles y de personas ansiosas por vacunarse. Luego de un gran esfuerzo, me pusieron la primera dosis. La mejor vacuna sería la que me permitiría ir a despedirme de Sebastián.

Luego de los días requeridos para la segunda dosis, el procedimiento fue un poco más fácil. Aunque tenía dos vacunas, dudaba sobre si debía hacer el viaje o no. Eliezer no estaba vacunado y me preocupaba dejarlo en medio de la Pandemia. Si enfermaba no tendría quien lo cuidara.

Seguía con la incertidumbre y la fecha en que debía viajar estaba cada vez más cercana. Una vez vacunada, Eliezer me apoyó para que viajara y me quedara en casa de Romi una semana. Podría despedirme de Sebastián y descansar un poco en otro ambiente. Hice los arreglos, no sin antes comenzar a orar para que Eliezer estuviera vacunado antes de irme. Dado que él es tres años menor que yo, no llegaba la fecha para su vacuna.

Una semana antes del viaje se anunció que todos los maestros podrían vacunarse. Se levantó a las dos de la madrugada, le preparé un termo con café y un emparedado. Además, le puse agua y unas galletas en una lonchera. Sabía que la espera sería de horas. A las tres de la madrugada partió de casa, mientras oraba para que lo vacunaran.

Fui a la iglesia al servicio de las seis y treinta de la mañana y cuando regresé a casa, vi su automóvil estacionado frente al garaje. Abrí la puerta de entrada, muy preocupada y lo encontré en la sala de estar. No lo habían vacunado, porque después de hacer la fila solo iban a vacunar los maestros de escuela pública y él, era profesor universitario.

Me invadió la tristeza y el desánimo. Volví a dudar, no quería dejarlo solo. Los días siguientes fueron de mucha oración. Justo antes de irme de viaje, como los demás días, fui al Santísimo y clamé a Dios para que pudiera vacunarse, ya que habían llegado a su grupo de edad, pero no había turnos. En otras ocasiones lo había intentado sin éxito. Esperábamos que lo llamaran de alguno de los lugares en los que se había anotado.

Cuando llegué a casa, Eliezer me esperaba en la puerta de entrada. Lo habían llamado de Mayagüez para que fuese a vacunarse.

Preparé algo de desayuno y nos fuimos. Hicimos una fila bastante larga, pero seguros de que lo vacunarían. Esperé en el automóvil, ya que no permitían acompañantes dentro del edificio. Cerca de media hora de entrar al lugar, recibí la llamada de una farmacia en mi pueblo en la cual me indicaban que Eliezer podía ir a vacunarse al día siguiente. Esa llamada disipó mis dudas, ya que era otra alternativa. Luego de cerca de dos horas en espera, Eliezer regresó vacunado. Para mi sorpresa, mientras esperaba en fila, lo llamaron de otro lugar para vacunarse en la tarde. Gracias a Dios hubo tres lugares donde vacunarse antes de mi viaje. Como decía mi madre, "después que te casas, se te sobran los novios".

Estaba lista. Conseguí una bata azul, de las que utilizan los médicos y enfermeras, un *face sheild*, guantes y mascarillas N-95. Tenía todo listo para el viaje, excepto mi determinación. Dudaba, pero no podía volver atrás. Como "todo tiene su final", llegó el día del viaje y Eliezer me llevó al aeropuerto. Tenía sentimientos encontrados, pero, por lo menos, también las dos dosis recomendadas. Aun así, me sentía indecisa; veía el virus en todos los lugares.

Me puse todos los materiales que había comprado, tan pronto como Eliezer me dejó frente al terminal. Además, tenía zapatos cerrados con medias y blusa de mangas largas. Parecía una extraterrestre. Para mi sorpresa, era la única persona en el aeropuerto y en el avión que viajaba tan protegida. Eso me dio una ventaja, me cedían espacio, tal vez para no contagiarse conmigo. No ingerí alimentos durante el viaje.

El viaje fue incómodo, sin ir al baño, sin comer, sin dormir, casi sin respirar. Cuando llegué al aeropuerto, ubiqué el lugar de salida, según Romi me indicó. Lo llamé para informarle que estaba fuera del terminal. Vi el automóvil acercarse lentamente y al detener su automóvil, me quité la bata, los guantes, la mascarilla y el *face shield* y los deposité en un zafacón cercano. Luego, tomé el atomizador de alcohol y me rocié el cuerpo, desde la cabeza hasta los zapatos. Saqué una mascarilla del bulto y me la puse al igual que unos guantes. Me subí al automóvil y cuando lo tuve cerca, comencé a llorar.

—Bendición, mami. Parecías de otro planeta —dijo en tono de broma.

—Dios te bendiga, hijo. Todavía no puedo establecer el valor de toda esta odisea. Solo tiene un nombre, amor —contesté mientras secaba las lágrimas y luego me roseaba con alcohol.

No podía abrazarlo por miedo al contagio. Fue una emoción inexplicable. Durante el viaje, hablamos, pero no nos detuvimos a comer.

Al llegar al apartamento, me quité la ropa en la entrada, excepto la interior. La coloqué en una bolsa y fui directamente al baño. El baño me liberó al sentir el agua recorrer mi cuerpo. Lloré y poco a poco la tensión desapareció. Al terminar el baño, Romi tenía una bata lista. No podía abrazarlo, debía estar en cuarentena por dos semanas. Así estuvimos en el apartamento, con mascarilla y desinfectando cada cosa que utilizábamos. Una pesadilla.

Al día siguiente debíamos ir temprano al aeropuerto para encontrarnos con Sebastián, quien haría escala en Maryland en un viaje desde Kansas, para luego partir con cinco escalas hasta Kuwait. Me sorprendió verlo. Sin pensarlo, salté el protocolo y lo abracé, lloramos juntos. Luego, permanecimos por espacio de tres horas en el aeropuerto con él. Solamente algunos puestos de comida estaban abiertos. Mi miedo al virus se fue disipando; estábamos protegidos.

La despedida fue triste. Sebastián estaría fuera de Estados Unidos por lo menos un año. Su trabajo no era mucha preocupación porque era en una oficina, pero los riesgos del virus y con tantas escalas, me preocupaba sobremanera. No podía hacer nada, era imperativo dejarlo ir. Así fue cómo nos despedimos. Luego, caminé como una zombi enjugándome las lágrimas hasta llegar al estacionamiento. Esta vez Romi no tuvo reparos en abrazarme y caminar conmigo tratando de ayudarme a superar la separación. Me apenaba que Eliezer no hubiera ido, pero estaba segura de que para él hubiera sido difícil despedirse de su retoño.

Nos quedamos encerrados en el apartamento por dos semanas. El frío era de treinta, cuarenta, cincuenta grados; dependiendo de la naturaleza. No me permitía salir a caminar por el lago y disfrutar del entorno. Comencé a desarrollar un curso que me solicitaron en la universidad para ofrecerlo por Internet. Esa actividad me mantuvo ocupada gran parte del tiempo, pues Romi trabajaba todo el día. Le hacía el desayuno, almuerzo y cena.

Una mañana de domingo nos levantamos temprano, desayunamos y nos abrigamos bien; siempre con nuestras mascarillas y el alcohol al alcance.

—¿A dónde me llevas? —pregunté mirando a todos lados, ya que no reconocía el lugar.

—Ya verás. Espera a que lleguemos.

¡Cuál fue mi sorpresa al ver un rótulo de algo conocido!

—No me digas que me vas a hacer un regalo que apreciaré mucho —le dije al reconocer por dónde transitábamos.

—Sé que disfrutas que te traiga a este lugar —respondió en tono complaciente.

Fuimos al campus de la Universidad de Maryland en *College Park*; lugar donde pasé varios años de mi vida. No podía creerlo. Con la Pandemia y el frío, nunca pensé que iríamos a la universidad. El entorno estaba desolado. Estacionamos el automóvil en un lugar cerca de los edificios donde frecuentemente tomé clases. Nos bajamos y caminamos por el área. Una sensación rara invadió mi espíritu. Volví a llorar. Hacía más de veinticinco años que estuve en ese lugar tratando de hacer la diferencia. Los edificios estaban cerrados, con excepción del centro de estudiantes. Pude observar a través de los cristales, las escaleras que con frecuencia subía, los lugares en que me detenía a comer o a estudiar, todo estaba transformado.

Luego de caminar un buen tiempo por el campus, me llevó a la casa donde estuve hospedada en el sótano. La señora Chatten había fallecido hacía más de diez años y habían vendido la casa. No se conformó con eso, buscó en el *GPS* y pasé frente a la casa de la señora Ahalt, quien también había fallecido y una nieta la habitaba. Subí al balcón y toqué el timbre. Salió una joven a la que le expliqué que había vivido en la casa, ella me permitió entrar, pero le dije que solo estaba allí para recordar viejos tiempos.

Observé el área, me despedí y nos dirigimos al apartamento. Estaba muy agradecida con mi hijo. Era la segunda vez que visitaba ese lugar desde que me gradué.

—Gracias por siempre hacer la diferencia conmigo. Eres muy especial. Te amo. —fueron mis últimas palabras.

El fin de semana siguiente Romi me llevó a caminar por un lugar extraordinario. Era un lago natural, muchísimo más grande que el que estaba cerca de su apartamento. Bajamos del automóvil y nos adentramos en un bosque con muchas veredas que me hicieron recordar el Camino de las seis. Luego de caminar, nos detuvimos, con la mala suerte, que los servicios sanitarios estaban cerrados por la Pandemia. Continuamos, pero nos estábamos orinando. Hacía mucho frío y no había suficientes arbustos. Con esfuerzo encontramos un lugar apartado donde depositar el líquido que habíamos ingerido. Fue divertido regresar a lo básico de la vida.

Retomamos el camino. Era un lugar de ensueño. Bajamos y subimos por el borde del lago. En una parte alta había un riachuelo. Soñaba con observar y palpar el agua de un riachuelo con el agua casi helada, como se veía en las películas, como los que había visto de lejos en el tren que subía hacia las montañas para esquiar en Denver, Colorado. Como los que había visto de lejos en un crucero por Alaska, hacía varios años.

Estaba ahí, a mi alcance.

—¡Gracias, hijo, por este hermoso regalo! ¿Sabes? Era un sueño que nunca pensé hacer realidad. Estar tan cerca de un riachuelo similar a este, parecido a uno que había en el Camino de las seis.

Me detuve. Observé el agua deslizarse por las piedras de todo tamaño. Acerqué mi oído, podía escuchar la melodía que surgía cuando ese preciado líquido se desplazaba suave, misterioso, único. Dos lágrimas brotaron de mis ojos y un inmenso, gracias, a mi hijo que me observaba satisfecho.

Luego de saciarme con la naturaleza, reanudamos el camino hasta llegar a la calle fuera del bosque. Nos dirigimos hacia el estacionamiento, no sin antes detenernos a observar los árboles vestidos de rosa, era primavera. Nos despedimos del lugar con la ilusión de haber vivido una experiencia única en medio de la naturaleza.

La segunda semana el tiempo mejoró y me decidí a salir. Abrigada hasta más no poder, caminé. Muchas tiendas estaban cerradas y las flores de los árboles anunciaban la primavera. Salí a disfrutar del espectáculo que la naturaleza preparó para mí. Los árboles estaban en su máximo esplendor. Me extasiaba al observar las flores multicolores y los ramilletes que se movían a mi paso, para que los acariciaran los transeúntes. Sentada en un banco helado, el viento frío azotaba mi rostro. Gracias a la mascarilla, respirar era un poco más llevadero. Detenerme a tomar una taza de café era un lujo, en medio de las calles casi desiertas por el COVID-19 y el frío.

Dos días antes de mi regreso, caminé en la tarde con Romi. El sol amenazaba con esconderse y no estaba tan frío. Disfrutamos los árboles floridos, como si fuera la primera vez que los veíamos. La primavera en Maryland me extasiaba desde que era estudiante. Comimos en un restaurante con las sillas en la acera debido a la Pandemia. Literalmente, habían cerrado la acera y allí colocaron las mesas. Disfrutamos la comida fuera de la casa, la primera para ambos desde inicios de la Pandemia. Disfruté dialogar con Romi, siempre fue maduro y juicioso. Agradecí a Dios por mis hijos.

Al día siguiente, me despedí del lago, de la plazoleta con los patos y de los árboles floridos. Caminé sola, me senté y medité. Recordé mi vida, esposo, hijos, familia, trabajo, todo. Luego de un tiempo considerable, me senté en una amplia terraza y pedí un almuerzo, nada espectacular, pero distinto. Disfruté la comida sola, sin necesidad de nadie, quería disfrutar ese espacio que el Señor me regalaba. Luego, caminé a paso lento, disfrutaba mi entorno como nunca antes. Regresé tarde al apartamento.

—Mañana me voy. El Señor me ha regalado este viaje. Luego de tantos desaciertos y temores, pude venir. Doy gracias a Dios porque este viaje me ha permitido liberarme de la Pandemia y me siento menos preocupada para el regreso —comenté a Romi.

Ponderé quedarme otras dos semanas, ya que los casos de COVID-19 continuaban en aumento en la Isla y no quería exponerme en el avión. No obstante, Eliezer debía recibir la segunda dosis de la vacuna y temía por los efectos secundarios.

Fue así cómo disfruté de ese viaje inesperado e incierto. Esperar con fe que todo saldrá mejor que lo planificado puede hacer la diferencia en nuestras vidas.

Luego de ocho años en la misma empresa, Romi quería explorar el mercado y ver si era posible mejorar su puesto y sus ingresos. Durante el tiempo que estuve con él en Maryland, cuando fui a despedirme de Sebastián, participó de entrevistas virtuales.

Me sentí afortunada de tener un hijo como él, al escucharlo contestar las preguntas de los entrevistadores. Creo que fueron seis o siete entrevistas, ya que si aprobaba la primera tenía oportunidad de ir a la segunda ronda, y así sucesivamente. Se vestía muy profesionalmente, se colocaba frente a la cámara de la computadora con una libreta y bolígrafo en mano.

Cuando regresé a Puerto Rico, confiaba que lo llamaran de algunos lugares, para otras entrevistas de seguimiento. Entre ellas, tuvo la oportunidad de solicitar en una empresa de investigación y desarrollo de un procedimiento de inmunoterapia para tratar el cáncer. Eliezer encontró en el periódico el nombre de una persona que vendría a Puerto Rico a establecer esa empresa. Le envió la información a Romi y, mediante búsquedas en la Internet, consiguió un contacto a quien le envió un resumé. En una ocasión, lo llamaron, pero entendió que no estaban interesados en sus servicios, porque no podían igualar el sueldo que tenía en Maryland. Romi los descartó.

Algún tiempo después, lo llamaron para hacerle una oferta de empleo. Una oferta de empleo que superó significativamente las condiciones y sueldo que tenía en Maryland. Pero, como decía mi padre, "era una papa en medio de un pedregal". Tenía que responder en dos días. Me pidió que evaluara el contrato y que le recomendara lo que, a mi juicio, le ayudaría a tomar una decisión. Lo cierto era que se la pusieron muy difícil para decidir en tan poco tiempo.

Con su buen juicio, decidió aceptar y regresar a Puerto Rico con el puesto de Gerente de Operaciones de la nueva empresa. Lamentó dejar su lugar de trabajo y las personas que fueron como una familia.

Romi vivió solo en Maryland todos esos años. Durante la Pandemia compartía virtualmente con los compañeros de trabajo. Ni siquiera visitaba un supermercado, ya que le llevaban la compra al apartamento para evitar contagios. Lloré todos los días mientras contaba cómo se despedía de cada uno de sus compañeros. Dado que todos estaban vacunados, pudieron ir a compartir fuera de horas laborables, lo que les permitió un espacio para perpetuar la amistad.

Uno de los compañeros le regaló veinte billetes de la moneda China, como símbolo de prosperidad. Cada detalle que compartía me llenaba de emoción.

Su supervisora fue la primera en felicitarlo y ponerse a su disposición por si tenía que regresar. El presidente de la empresa, quien se mostró muy paternal con Romi, se despidió con unas palabras muy significativas y le dijo que en su empresa siempre la luz estaría encendida por si deseaba regresar.

No se le hizo fácil regalar todo lo que durante ocho años habían sido sus pertenencias en el apartamento. Regresó con sus artículos personales, símbolo de que lo demás eran artículos de los cuales podía prescindir. El primero de junio de 2021, en Puerto Rico lo esperaba una nueva empresa, con nuevos retos y, sobre todo, cerca de su familia. No tendría que pasar tantos meses en soledad; los fines de semana serían más llevaderos, junto a su familia y su novia.

El viaje a Maryland para despedirme de Sebastián fue la oportunidad para decir adiós al lugar que visitaba tres o cuatro veces al año. Entorno que disfruté a cabalidad en un lugar donde no había criminalidad. Dormía en los bancos, alrededor del lago en el Washingtonian RIO, sin temor a ser asaltada ni violada. Salía sola a cualquier hora del día sin miedo a nada ni a nadie. Fue una gran oportunidad para encontrarme y meditar sobre mi vida.

En momentos en que Romi hacía arreglos de viaje para llegar a Puerto Rico, mi hermana Milagros me informó sobre estudios médicos para operarle una rodilla. Mientras, se recuperaba satisfactoriamente de la segunda cirugía de la espalda, debido a problemas con los discos. Para ese tiempo se cumplía el año requerido para la realización de una mamografía de rutina.

El diagnóstico requirió de otro estudio para ir en detalle sobre nódulos detectados. La espera por ese resultado fue muy estresante. Muy a pesar de lo esperado, el cirujano recomendó una biopsia del lugar para determinar con certeza si había alguna malignidad.

Lo que parecía un procedimiento sencillo, resultó en una cirugía en la cual le tomaron varios puntos de sutura. La recuperación no fue fácil porque vivía sola. La llevé a mi casa unas semanas. Los problemas con la espalda sumados a los de la biopsia, hacían la situación muy complicada. Mientras eso sucedía, esperábamos ansiosas por el resultado del análisis patológico. Siempre todo en manos del Señor.

Tras el análisis médico, el diagnóstico fue positivo para cáncer de mama. Un baño de agua helada se derramaba nuevamente sobre mí. Esta situación se repetía, ya que había tenido cáncer hacía cerca de veinte años. Ahora, era más difícil por la edad y por las complicaciones de salud que experimentaba. Pero como, "Dios aprieta, pero no ahoga", el cáncer no estaba muy avanzado, lo que requirió solamente de unas veinte radioterapias.

Con la ayuda de Dios y en medio de la Pandemia, me las arreglé para llevar a Milagros a las primeras diez terapias. En busca de ayuda, dialogué con su hija residente en Connecticut quien pasó unas dos semanas con su madre. Mi hermana Connie y su esposo también colaboraron, le brindaron la hospitalidad de su casa por varias semanas.

El estrés de la Pandemia, unido a la preocupación por la enfermedad de mi hermana, me tenían en un estado de nervios preocupante para Eliezer. Me obligó a pasar dos semanas con Romi, lo cual fue de gran ayuda. A mi regreso, volví a tener a Milagros en casa. Cuando se habla de cáncer, podemos tener ideas encontradas, pero ver de cerca los efectos de la radioterapia o de la quimioterapia es otra cosa.

Admiraré el temple y la resiliencia de Milagros según se deterioraba el tejido alrededor del seno infectado. Llegó el momento en que debajo del seno se podía palpar la masa sin piel. Cuando llegaba el momento del baño era toda una pesadilla. Sentía dolor y yo, sufría al ver su situación. En las noches, moverse en la cama era otra odisea; luchaba con dos situaciones, la espalda y el seno.

Así las cosas, pasaron los meses y, "como no hay mal que dure cien años, ni cuerpo que lo resista", mejoró poco a poco. Su fe en Dios y en los medicamentos, tanto naturales como prescritos, permitieron que, en seis meses a partir del fin de las radioterapias estuviera libre de cáncer. Gracias a Dios, mis otros hermanos han sido relativamente saludables.

Las experiencias vividas con Milagros fueron de gran significado en mi vida. El mero hecho de pensar en una enfermedad terminal me desajustaba el sistema. Ella, con tantas situaciones personales y de salud, siempre se mostró confiada en el Señor y en la sabiduría de los médicos que la atendían.

Disfrutaba otra etapa de mi vida al no tener cursos y horarios estructurados. En las mañanas, al despuntar el alba, salía de mi casa a caminar con Eliezer. Nos trasladábamos en automóvil hasta el balneario de Boquerón en el pueblo cercano de Cabo Rojo. Allí comenzábamos nuestra ruta caminando entre las palmeras que resistieron los embates del huracán María. Era un verdadero espectáculo disfrutar del canto de las cotorras y su concierto de baile en las alturas. Observar el sol cuando comenzaba a escabullirse entre las palmeras, me hacía recordar los versos del poeta Luis Llorens Torres:

Ya está el lucero del alba
encimita del palmar,
como horquilla de cristal
en el moño de una palma.
Hacia él vuela mi alma,
buscándote en el vacío.
Si también de tu bohío
lo estuvieras tú mirando,
ahora se estarían besando
tu pensamiento y el mío.

Caminar y encontrarme con ventanas hacia el mar, como parte del regalo de la naturaleza era algo maravilloso. Cerca, agujeros en la piedra arenisca perfectamente perforada por cangrejos, quienes, al escuchar los pasos, corrían ansiosos a esconderse en su refugio. Las aves migratorias eran también comunes en ese hábitat de distintos colores, tamaños y melodías para el disfrute de todos los que desafiaban el sueño mañanero.

Ocasionalmente, luego de la caminata, tomábamos nuestras sillas, nevera y bulto y nos dirigíamos hacia la playa. Debajo de unas palmeras colocábamos nuestro cargamento. Observábamos el mar dormido y cómo, poco a poco, se llenaba de actividad ante el cambio de la marea. Escuchar la melodía producida por el movimiento de las diminutas olas al chocar con la orilla de arena, era una experiencia que anhelaba convertir en infinita.

Con calma, tomábamos un delicioso desayuno que había preparado a toda prisa en la casa y que Eliezer ayudaba a confeccionar. Mientras disfrutábamos el manjar, sin importar de qué estuviera hecho —el ambiente lo hacía exquisito— compartíamos con las palomas y los mozambiques quienes se acercaban suplicando un poco de comida. Verlos disputarse las migajas era todo un espectáculo de la naturaleza, que nunca habíamos disfrutado ante el trabajo y el agobio diario.

En ese mismo paraje, deteníamos la vista a observar los botes que madrugaban a surcar el mar. Luego, era tiempo de un chapuzón.

Hacer ejercicios en el agua salada y cálida era una experiencia gratificante. Más especial temprano en la mañana, cuando la melodía de las olas en la orilla es la única compañía. Perder consciencia de lo que te rodea y del tiempo, porque te encuentras inmersa en lo que haces. Salíamos del agua una hora después, a comer alguna golosina, sentarnos a meditar o a leer de un buen libro. Fueron muchos los que leí los últimos años.

Vivimos cerca de ese lugar privilegiado por espacio de cuarenta años y luego del retiro descubrimos lo hermoso y refrescante que era para el cuerpo y para el alma. Una pena haber ignorado esa experiencia por tantos años. Así es la vida, descubres todo lo que tiene valor incalculable, cuando estás cerca del ocaso; poco tiempo para vivirlo y disfrutarlo. Gracias a Dios por permitirnos "vivir para contarla", como dijo Gabriel García Márquez.

—Romi nos invitó a pasar unas semanas con él. Me parece buena idea, así puedo cocinarle y atender sus cosas, por lo menos en alguna ocasión. Nos vamos la próxima semana —dije a Eliezer.

—Sabes que no me gusta estar en un tercer piso y sin espacio privado para caminar. Puedes irte y le colaboras. Me quedaré y jugaré golf. Sabes que eso me entretiene.

Levantarme temprano, hacerle desayuno y compartir un café mañanero antes de que partiera a su trabajo, era gratificante. Sentarme en el balcón a observar el mar a la distancia. El sol salía entre las palmeras, mientras el mar, a lo lejos, lo recibía con la melodía de las olas al estrellarse contra los acantilados de ese lado de la Isla.

En ese balcón y con el espectáculo matutino, hacía mis oraciones mientras degustaba otra taza de café o de chocolate. Luego, me disponía a caminar por los predios de la comunidad durante unos cuarenta o cincuenta minutos. En las tardes, me esperaba la piscina para hacer un poco de ejercicios recomendados para los envejecidos, sí, porque, aunque no lo creyera, era uno de ellos.

Llegué a la piscina. Estaba toda a mi disposición, como solía ocurrir durante los días laborables. Me recosté en una silla, saqué una pequeña libreta de bolsillo y un bolígrafo que llevaba en el bulto. Disfrutaba escribir en forma manual, aunque dominaba la tecnología y disponía de varios dispositivos. Miré al cielo, más allá de las nubes, entonces me encontré con mi vida pasada. Cerré los ojos y bajé mi cabeza; con determinación agarré el lápiz y comencé a escribir unas décimas, compromiso de hacía algún tiempo.

En el Ocaso

En Las Marías y en el campo
mis padres se establecieron
y juntos ellos tuvieron,
una prole que son tantos.
Con su esfuerzo y entre llantos
se esmeraron día a día
por la prole que tenían,
numerosa y responsable;

haciendo lo inimaginable,
esa es la familia mía.

Campesinos de primera
la tierra, pues, cultivaron
y a sus hijos levantaron
entre esfuerzos y quimeras.
Se esmeraron muy de veras,
aunque el cansancio abatía,
trabajaban noche y día
con fe puesta en el Señor,
viviendo con mucho amor,
esa es la familia mía.

Hoy recuerdo con nostalgia,
años pasados mejores,
aunque los hubo peores,
siento en mi vida una magia.
Haber vivido con gracia
en el hogar que tenía,
con mucha sabiduría,
pues, aunque poco me dieron,
mucho amor sí que pudieron,
esa es la familia mía.

Al ocaso de mi vida,
paso revista al pasado.
Creo no haber defraudado
a mi familia querida.
Dios me dio una larga vida,
que inmensa paz me traería;

y aunque mucho más podría
haber cambiado mi entorno,
es un partir sin retorno,
así fue la vida mía.

Logré escribir los versos añorados. Tal vez fueron un tributo a mis padres quienes disfrutaban escuchar décimas. Mi padre las improvisaba, lo que siempre admiré, y mi madre hacía el coro.

Volví a leer los versos y no pudieron ser más certeros. Agradecí al Señor por ese espacio de lucidez. Me quité la bata y las sandalias. Caminé lentamente y me sumergí en el agua cristalina que, una vez más, me recordaba la quebrada del Camino de las seis, en la que nunca logré bañarme.

Tras mi retiro, echaba de menos los viajes. La maravilla de un crucero por Alaska, algo no soñado, que surgió como un respiro en nuestras vidas mientras trabajábamos desde la aurora hasta más allá del ocaso. Luego España, Portugal, Francia, Italia, Venezuela, Costa Rica, República Dominicana, Canadá. Mi esfuerzo por dejar una huella en cada uno de esos viajes; hacer la diferencia en alguien. Cada viaje era una oportunidad para practicar el desprendimiento y la solidaridad. Dondequiera que veía precariedad, allí estaba mi imagen de niña.

Para mantenerme relajada, continué con mi rutina de ejercicios y dar paseos en el automóvil, ya que la Pandemia se perfilaba estable. Disfruté ofrecer conferencias virtuales a estudiantes de empresas a solicitud de colegas. Fuera de eso, continué con la difícil tarea de escribir un relato autobiográfico con la historia de mi vida; compromiso personal de muchos años. Tuvimos que aprender a convivir con las secuelas del COVID-19 y tratar de volver a la nueva normalidad que las circunstancias imponían.

Caminar por el bosque protegido frente a la playa era una de mis actividades predilectas. Descansar sentada en la arena y mirar el horizonte, más allá del alcance de mi vista. Cierto día un grupo de niños de escuela elemental celebraban el fin del semestre académico; varios maestros los supervisaban, mientras, Eliezer y yo los observábamos. Confieso que hacía mucho tiempo que no me detenía a analizar el comportamiento de los niños.

Tan pronto llegaron, colocaron sus bultos en una gran mesa de madera dispuesta en el lugar para los visitantes. Todos corrieron hacia el agua. Podía sentir la alegría que experimentaban. Imagino la cantidad de trabajo que tuvieron ese semestre y, con el agravante del COVID-19. Se les veía muy felices al disfrutar de ese espacio.

Luego de unos minutos, se dividieron en pequeños grupos. Algunos jugaban con una bola, otros buscaban caracoles por la orilla, otros hacían hoyos en la arena, mientras, unos pocos, se sentaron en la arena a hablar. Confirmé lo importante que son las relaciones interpersonales en esa etapa de la vida. Me regocijaba al no verlos con aparatos electrónicos, sumidos en su mundo interior y en las redes sociales, como es costumbre.

Recordé a mis hijos, su entusiasmo con el tenis y mi sacrificio por conseguir el dinero para pagar la mensualidad requerida para mantenerlos en la cancha. Ese deporte les permitió desarrollarse físicamente, al mismo tiempo que su carácter se forjaba. Aprendieron a ganar y a perder; a celebrar sus triunfos y a llorar; a reflexionar sobre sus fracasos. Otro aspecto muy positivo era el protocolo de felicitar a su contrincante con un apretón de manos, sin importar que fuera el ganador o el perdedor;

eso los hacía iguales. En otras palabras, jugaban en buena lid, aunque al perder, debían siempre reconocer que habían ganado una experiencia más en sus vidas.

La humanidad sería diferente si los adultos establecieran normas en el uso de los aparatos electrónicos y les requirieran a los niños involucrarse en deportes y en otras actividades donde desarrollaran las relaciones interpersonales, tan necesarias para su estabilidad personal, emocional y académica. La falta de ejercicio físico ha contribuido al incremento en la tasa de obesidad infantil y al desarrollo de conductas antisociales, al llamado acoso o *bullying* escolar. Desafortunadamente, muchas conductas antisociales y el egocentrismo forman la base para la falta de sensibilidad hacia el prójimo y el valor por la vida, desembocando en muertes violentas.

Pasaba el tiempo y Sebastián no había decidido viajar a Puerto Rico. Todavía no estaba curado de la experiencia en su intento por estudiar para sacerdote. Escuchaba sus argumentos y trataba, en lo posible, de no llevarle la contraria. Así las cosas, por fin decidió venir a casa, porque había solicitado regresar a Corea del Sur para completar otro año en el exterior (*overseas*) y quería vernos antes de partir. Paseamos por distintos lugares; fuimos a la playa, nos despejamos en bote por los cayos de La Parguera y visitamos a Romi.

Luego, regresó a Kansas desde donde viajaría a Corea del Sur, solo, pero acompañado por la presencia de Dios. En su segundo año en el Ejército, Sebastián estuvo en ese país y quedó muy bien impresionado. Trajo un chaleco repleto de pines producto de su labor comunitaria; muy importante para canalizar sus energías. Investigué y llegué a conocer a Corea del Sur, un país muy progresista y seguro. Había dejado buenas amistades allí, no iba para un lugar desconocido.

Me producía gran satisfacción enviarle cajas con detalles a Sebastián. Galletas, jamón picado Gloria, salchichas, café, nueces, galletas florecitas y otras golosinas que le encantaban. Algún libro era parte del paquete. Le fascinaba leer, pero en inglés, lo que no me agradaba mucho, porque era más difícil compartir libros en inglés. No podía faltar una carta, "escrita con el puño y letra" de su madre y unos dólares para no perder la costumbre. La historia se repetía, pero en otra dimensión.

—Mira lo que traigo en este sobre —dijo Eliezer.

Observé la dirección y era del Ejército de los Estados Unidos de América. Me extrañó. Lo abrí con cuidado, aunque el destinatario era Sebastián. Me había autorizado a abrir su correspondencia. En el interior encontré un certificado y una medalla en una carpeta verde y dorada muy elegante. Le habían otorgado *The Army Achievement Medal*. Mis ojos se llenaron de lágrimas mientras leía. No podía ver el texto. Eliezer se me acercó y posó su mano por mi hombro.

La carta en inglés decía:

Outstanding achievement while assigned to the special troops battalion as a Financial Management Technician, specialist Romeu-Bonilla's knowledge, devotion to duty, and relentless pursuit of excellence were instrumental to the overall success of the battalion. His actions are in keeping with the finest traditions of military service and reflect great credit upon himself, the special troops battalion, and the United States Army.

339

Cuando me repuse, dialogamos sobre nuestra negativa de que estuviera en el ejército y cómo había recibido ascensos y medallas. Ese reconocimiento caló muy hondo en nuestros corazones. Le saqué una foto y se la envié con un mensaje de texto que mostraba nuestro orgullo por sus ejecutorias. Le pedía perdón por no valorar en lo que merecía todo su esfuerzo por destacarse. En la noche dialogamos y se disiparon mis dudas.

—Mami, aunque no lo creas, ese es el tercer reconocimiento de esos que me hacen en cinco años, tengo los otros dos. —No quería que lo supiéramos todavía.

Comprendí que estaba en el lugar que quería y daba el todo por el todo para salir adelante por sus méritos.

Luego de un año más en Corea del Sur, regresó al estado de Georgia donde cumplió un año de servicio que le restaba y decidió terminar su experiencia en el Ejército de los Estados Unidos de América y trabajar en un área relacionada con la Contabilidad.

Por su parte, Romi laboraba en la misma empresa en Puerto Rico. Los tratamientos de inmunoterapia para curar el cáncer eran de lo más reciente y con resultados positivos. Disfrutaba su trabajo mientras aprendía y crecía profesionalmente. Al cumplir el primer año, la empresa matriz le otorgó *The First HOPE Award*, por su contribución destacada durante el establecimiento de la empresa en Puerto Rico. Su esfuerzo y dedicación lo merecían. Cuando se sintió realizado profesionalmente, decidió formalizar su relación con Jomaira, una joven psicóloga que luchó contra viento y marea para completar un grado doctoral y quien visualizaba un futuro prometedor en su profesión.

En lo que fue mi lugar de trabajo por más de cuarenta años, la puerta continuaba abierta para los que seguían mis pasos de acogerse a la jubilación. Las redes sociales me mantenían conectada con familiares y amigos. Disfrutaba de leer lo que otros escribían, pero mi participación en ese espacio virtual era bastante pasiva. Los mensajes por teléfono facilitaban en gran medida la comunicación, al igual que las llamadas. Mantuve comunicación con compañeros de estudios y de trabajo, con estudiantes y personas de la iglesia, sin dejar de mencionar que el teléfono era una gran herramienta para mantener a la familia conectada. Pero, no era algo que disfrutaba a cabalidad. Estaba programada para compartir en persona y en tiempo real, aunque la tecnología empujaba a todos a seguir sus pasos.

Volví a estar sola con Eliezer como cuando comenzamos. Igual que antes, solos, pero con el recuerdo de años de trabajo, preocupaciones, sinsabores y logros. En nuestro equipaje llevábamos el fruto de ese esfuerzo y la alegría de haber transformado las expectativas de nuestras vidas individuales.

Al mirarnos podíamos sentir que valió la pena. Ya no éramos los jóvenes con tez lozana y ojos suspicaces. Los años amenazaban con acabar con el joven que fue Eliezer. El cabello desaparecía poco a poco para dar paso a una superficie lisa que ampliaba su frente. Algunas arrugas se perfilaban en su rostro. Estaba delgado a pesar de lo mucho que comía. No obstante, mantenía su fortaleza y su elegancia de persona mayor. Hacía ejercicio con la máquina de podar grama, el *trimmer*, el *blower* y el golf, además de atender un pequeño huerto.

Tengo que admitir que nunca me planteé la idea de ver a Eliezer en su vejez. En ocasiones, observo alguna foto del hombre del cual me enamoré y luego, poso mi vista sobre su rostro y reconozco que el tiempo no perdona. En ocasión de la visita a mi casa de una persona conocida, se fijó en las fotos en la galería de la salita mientras le explicaba lo que veía.

—Este fue mi primer esposo, muy guapo y elegante; este mi segundo esposo, un poco mayor, pero con su atractivo único y su bigote bien arreglado; y este es el tercero, un tanto deteriorado, pero una gran persona. —Observé a Eliezer de reojo y noté que me miraba sonreído.

—Tuviste suerte de tener tres esposos. Eres muy afortunada —comentó Eliezer.

—No sabía que fueras divorciada —respondió la persona con deseos de conocer el chisme.

Una carcajada delató las huellas de los años.

El mismo pensamiento que barajeaba con respecto a Eliezer debía ser el suyo para conmigo. La chica con cuerpo de modelo de la cual se enamoró locamente ya no existía. Mi espalda comenzó a sentir el peso de la mala postura; hacía esfuerzos por mantenerme derecha. Las piernas comenzaron a quejarse, a pesar del ejercicio diario. Mi cabello estaba totalmente blanco; la nieve de los años se manifiesta sin perdón; pero en mi caso, lo disimulaba con un buen tinte.

—¿Sabes, Eliezer?, creo que el cabello sin teñir me provocaría un estado de ánimo diferente. Siempre pensé que, de perder el cabello, por alguna situación de salud, con gusto utilizaría una peluca.

—¿Y eso por qué? —preguntó interesado.

—Debo hacer lo posible por sentirme bien y que los demás vean una buena imagen, aunque sin la preocupación de los años de adolescente. Me drenaba la imposición propia de mantenerme impecable todo el tiempo. Estoy libre de todo eso. No importan las primaveras y los inviernos vividos, cada día es un nuevo reto y tenemos que alimentar nuestro ánimo y espíritu. Si queremos vivir más allá de seis décadas, tenemos que comenzar a aceptar lo que ese deseo trae consigo.

De la misma manera en que creaba mayor conciencia sobre mi vejez, las noticias sobre el fallecimiento de personas contemporáneas alertaban sobre la brevedad de la vida. Sí, como planteó Séneca, la vida es muy breve. Pero ¿qué hemos hecho con esa vida, tan breve para unos y tan larga para otros? "Todo depende del color del cristal con que se mira". Para los que vivimos en un ajoro constante, puede parecernos muy extensa; para otros, al mirar una escala de miles de años, la existencia de una persona es un mero punto sin mucha pertinencia en el conjunto, pero de valor incalculable en su singularidad.

—Falleció el doctor Peters. Me escribió, Jean su esposa —le comenté a Eliezer con un dejo de tristeza.

—Otro más que nos deja. Gracias a Dios que tenemos la suerte de llevarlo en nuestro baúl de recuerdos positivos —dijo Eliezer melancólico, aunque intentando sonar optimista.

Así fue, el doctor Peters era un gran mentor y extraordinario ser humano. El Señor le permitió vivir más allá de los noventa años. También se fue mi querida tía Mercedes, un ser muy especial a quien sus sobrinas cuidaron como a su madre. Mi hermano mayor tampoco está con nosotros; una pérdida muy grande para todos.

Se asoman a la memoria, pensamientos encontrados. Tanto sacrificio para obtener un grado académico, certificaciones y otros logros. Al final, eso no tiene importancia, ya pasó, aunque tuvo su espacio de pertinencia. El ahora es como el inicio, no tengo título ni puesto como antes de toda mi odisea. Ya no son necesarios. Tengo el baúl lleno de vivencias que me permitieron recorrer el camino de la vida de una manera diferente, porque decidí aferrarme a todas las ramas a la orilla de la corriente para que no me arrastrara. Decidí subir el Camino de las seis, con una actitud positiva y tomar ventaja de todo lo que encontraba mientras lo caminaba. Pudo haber sido diferente, pero con la contribución de muchos de los que me acompañaron en esta gran empresa que es vivir, logré escribir una historia única, mi historia.

Desperté temprano. Eliezer se levantó dos horas antes para ir a la terapia del golf. Fui a la iglesia, llegué antes de que comenzara la misa. En la visita al Santísimo, vinieron a la memoria mis años de adolescente, cuando me asignaban estudiar y preparar una prédica para el Sermón de las Siete Palabras. Recreé los años en que ofrecía catequesis a niños, luego con la Juventud Acción Católica y más tarde, sirviendo en la Pastoral de Caridad, visitando enfermos y colaborando con actividades de servicio comunitario, hasta mi trabajo en la Legión de María y Cáritas. Gracias Señor por explotar mis talentos, aunque mi visión de entonces era de cansancio y sacrificio.

Al salir de la iglesia decidí caminar. Llegué a la casa, me cambié de ropa y conduje hasta la pequeña pista cercana a mi hogar. Disfrutaba caminar. Observar los pájaros y la naturaleza liberaba mi espíritu. De pronto recordé los amores perdidos. Ninguno de ellos me hubiese llevado a puerto seguro. Eternamente agradeceré los sinsabores, llantos y desilusiones vividos, porque permitieron volver a comenzar con mayor resiliencia. Tuve la bendición de casarme con la persona indicada, o como diría mi suegra, "la que estaba destinada para mí". No era sobrenatural, pero sí quien me ha complementado en todo. Gracias a la vida por un compañero de luchas. Hemos aprendido a cargar el peso de un matrimonio, con todo lo que este representa. También a valorar lo que es estar unidos y con una familia que nos ha alegrado la existencia.

Alegrías y tristezas; retos y logros; noches y días para llegar a las metas que me imponía. Metas no establecidas a largo plazo, sino que la vida fue proyectando. Utilicé al máximo cada puerta que se abrió para llegar más lejos mientras caminé a paso lento, pero firme. Analicé con sentido crítico cada puerta que se cerraba y encontré nuevas avenidas para continuar el camino, descartando veredas. Unos dirían como Sancho; "los perros ladran"; pero Don Quijote contestará, "porque caminamos". Nuestro destino final nos debe llegar caminando. Si en el sendero alguien tira piedras, debes saber que "al árbol que no da frutos, nadie le tira piedras". Por eso, hay que caminar para luego, al final del trayecto, mirar atrás y regocijarnos con lo recorrido, que bien pueden ser las huellas para la consecución de las metas de otros.

Al despertar de mis conjeturas, regresé a casa y preparé café. Abrí una lata de galletas de soda y tomé dos. Caminé por el pasillo y empujé suavemente la puerta del cuarto de Romi, lleno de recuerdos, sus trofeos me saludaron.

—Mami, si volviera a nacer, le pediría a Dios tener los mismos padres que me ha dado —escuché a Romi decir en mis recuerdos.

—¿Por qué dices eso?

—Fui un niño muy feliz y me dieron demasiado, aunque no todo lo que pedí. En los momentos más importantes de la vida, conté con su apoyo. Sé que tenían muchos compromisos, pero el tiempo dedicado a mí fue de calidad. Doy gracias infinitas a la vida por el adulto que soy. Me siento afortunado por la forma en la cual me criaron. Gracias por ser y estar —comentaba con orgullo.

A unos pasos, vi el cuarto de Sebastián abierto. Caminé hasta ubicarme en el centro. Sus libreros intocables me recordaban los años idos. Su diploma de universidad rememoró sus diferentes momentos para lograr con éxito el grado. Sonreí al ver sus trofeos de tenis.

—Mami, fuiste un poco fuerte conmigo. Creo que llevé la parte más difícil por mi poco esfuerzo en la escuela, pero te lo agradezco. Tu lucha por sacarme adelante fue el compromiso que como madre debías tener. Lo valoro y no cambiaría nada de mis vivencias; entiendo que los resultados son la evidencia. ¡Solo que no te enojes tan fácilmente, aunque te provoque! —lo escuché decir entre risas.

Esas eran las palabras que había escuchado varias veces cuando le pedía perdón, al sentir algún reproche. Sonreí para superar cualquier atisbo de recriminación personal.

Caminé hasta la terraza. Moví una silla y me senté. Sumergí las dos galletas en la taza de café, como solía hacer mi padre, las comí mientras recordaba la última vez que lo vi hacerlo. Luego tomé el café restante en pequeños sorbos, sin prisa. De pronto mi espíritu se regocijaba.

El cielo estaba libre de nubes que impidieran superar la distancia infinita. Los pájaros, con sus melodías, me transportaron al Camino de las seis. Caminaba por las veredas muy alegre, disfrutaba la naturaleza como nunca, sin temor. Al llegar a la última vereda, grité con fuerza.

—Papá, ¿me oyes? ¿Dónde estás?

—Aquí, al cruzar la quebrada —contestó con voz potente.

—Sí, voy para allá.

Mi padre esperaba *la palva* con tranquilidad y sosiego. Nadie diría que no trabajaba; el sudor impregnado en su cuerpo lo delataba. En esta ocasión, le llevé un bolso lleno de suculento desayuno preparado por mí. En el fondo un buen número de billetes, sí billetes, los que creo, soñó tener.

Al llegar a su lado le pedí la bendición, como era costumbre, y le entregué el bolso.

Sacó el desayuno después de asegurarse que el terreno era seguro, colocó el café a un lado y los alimentos en otro. Se sorprendió al ver el dinero en el fondo del bolso y me miró con picardía. Entonces se dispuso a degustar el manjar.

Al igual que en mi niñez, comía con prisa, explorando a cada lado que ningún insecto interfiriera con su ritual. Sentada a su lado, trataba de ver el horizonte que luchaba con los árboles a la distancia. Recordé mi inquietud sobre a dónde conduciría ese camino que se divisaba más allá de nuestro entorno. En esta ocasión, más de seis décadas después, tenía la respuesta. Le comenté:

—Papá, ¿sabes que he descubierto lo que hay más allá del Camino de las seis?

- - -

Notas de la autora

La familia de diez hermanos contribuyó a mi felicidad con dieciséis sobrinos. El hermano mayor no tuvo hijos, tampoco mi hermana menor. Aporté dos vástagos para aumentar la descendencia de la familia Bonilla-Crespo.

Wilfredo, a quien siempre llamamos Alfredo, era mi hermano mayor. Se casó muy joven, cuando yo apenas despertaba a la vida. Vivió muchos años fuera de Puerto Rico. Regresó a vivir en el pueblo de Cabo Rojo. No compartí con él como me hubiese gustado, a pesar de mis intentos. Lo visitaba esporádicamente y no tuve el privilegio de recibirlo en mi casa hasta cerca de su deceso. Antes de comenzar su Alzheimer, lo llevé a mi casa en dos o tres ocasiones. Fue una verdadera oportunidad para todos los hermanos compartir con él un tiempo de calidad. Falleció debido a una complicación de la enfermedad. Todos lamentamos el disloque en la decena de hijos que procrearon mis padres. Según lo habían pedido, Wilfredo murió después que ellos fallecieron.

Mi hermana mayor, Blanca, tuvo dos hijos. Al ser la primera mujer de la prole, estudió hasta quinto grado. Le correspondió cargar con un gran peso en la crianza de sus hermanos menores. Trabajó unos años en una fábrica de textiles en New York y luego, en Las Marías. Sus hijos tienen buenos empleos y viven fuera de Puerto Rico. Mi hermana tiene seis nietos adultos.

Irma, la modelo de la casa, tuvo cuatro hijos. Al casarse, murieron las esperanzas de ir a la universidad. Se dedicó a cuidar a los hijos y más tarde a colaborar con su esposo, quien es comerciante. De sus cuatro hijos, las mujeres completaron un bachillerato, mientras que los dos varones no se motivaron a estudiar más allá de escuela superior. Sus vidas son estables con sus respectivas familias. Entre todos han procreado ocho nietos para mi hermana. Su hija menor heredó la vena de empresaria y posee varios puestos de venta y reparación de teléfonos celulares. El hijo menor también tiene una pequeña empresa, mientras que el hijo y la hija mayor son pastores.

Si tuviera que decir quién de mis hermanos ha pasado "la zarza y el guayacán", esa ha sido Milagros. Contrajo matrimonio con una persona muy buena, pero muy pasiva, que no le gustaba cambiar de rutinas. Concibió y dio a luz una niña y un niño. El joven estudió ingeniería química y la niña estudió lenguas. Milagros enviudó joven, tenía cuarenta y dos años. Esa experiencia de vida, la marcó significativamente. En tres ocasiones combatió la enfermedad del cáncer. Cuando se pensaba que todo estaba mejor, sufrió diversidad de cirugías debido a condiciones de salud. Para colmo, le hicieron tres cirugías por problemas en la columna vertebral. Sin embargo, nunca perdió la fe y su compromiso fue motivar a otros a no rendirse.

Mi hermana Connie se casó con un joven del pueblo y trabajó en la misma fábrica de manufactura por más de veinte años. Luego, decidió alejarse del estrés de su trabajo y renunció. Su esposo era empleado de la construcción y vivían bien. Con su ayuda incondicional, sus dos hijos se esmeraban por estudiar y convertirse en profesionales. El mayor terminó la carrera de ingeniería eléctrica y reside en Miami, Florida, junto a su esposa y dos niñas hermosas. El menor, estudió dos años de agronomía. Luego decidió explorar otra área para convertirse en delineante. Vive en Puerto Rico junto a su esposa ingeniera y no han tenido hijos.

Oscar siguió mis pasos, luego de completar el bachillerato, comenzó a estudiar la maestría en la Universidad de Puerto

Rico en San Juan. Tuvo que claudicar, debido a problemas de transportación; el automóvil que tenía no aguantaba los constantes viajes. En ese sentido, todavía tenía limitaciones económicas que no me permitían ayudarlo más de lo que pude. Está casado y con una hija, luego de perder a un bebé de nueve meses a causa del Síndrome Down y otros tres embarazos fallidos de su esposa, situación que nunca llegaron a superar. Fuera de eso viven retirados; ella de maestra y él de la banca. Su hija completó un bachillerato y una maestría en el área de empresas.

Mi hermano Arcángel completó un grado universitario. Trabajó durante muchos años en una agencia de gobierno relacionada con la salud y se jubiló. Sus tres hijos, producto de dos relaciones, completaron grados académicos, lo que les ha permitido obtener mejores empleos. El mayor posee un bachillerato en Recursos Humanos, la otra en Pedagogía y la menor, en Contabilidad.

La pequeña de la casa, Ana, a quien llamamos Taty, puede decirse que fue mi hija, ya que nació cuando yo tenía nueve años. La tuve bajo mi ala. Terminó un bachillerato con calificaciones sobresalientes. Su compromiso con el trabajo en una institución bancaria no me permitió persuadirla para estudiar educación comercial y desempeñarse como profesora universitaria. Tuve la suerte de capacitar a muchos maestros, pero no a mi hermana. Su esposo, quien ostenta un grado doctoral, es miembro de la agencia de seguridad del país. Por más de veinticinco años ha sido su compañero de luchas.

José, el más pequeño de la familia, nunca vivió con sus hermanos mayores; debió ser una experiencia única. Luego de completar la escuela secundaria con muy buenas calificaciones, entró a la universidad. Su inmadurez y el amor por los autos, no le permitieron salir adelante en una meta universitaria. No obstante, administra varios negocios de sus suegros. Su esposa tiene un grado universitario y administra una oficina de gobierno. El Señor los bendijo con dos hijos, quienes son los bebés de toda la gran familia.

Es motivo de felicidad tener una familia numerosa. Hay a quién llamar y con quién compartir. Las reuniones familiares son muy concurridas y dinámicas. Saber que al salir de este mundo alguien de tu sangre te recordará, es como una permanencia hasta que todos hayan partido. El Señor le brinde lucidez al último que llame a su morada; debe ser muy difícil llevar a todos los hermanos al camposanto.

Al final del camino

No mires hacia atrás, siempre me habían dicho.
"Que el pasado no sea tirano de tu porvenir".
Pero al pasar los años y mirar el ahora,
solo resta volver al pasado y resumir.

Meditar lo que hiciste, lo que no pudo ser.
Sin reproches que marquen tu hoy y tu presente.
Que ese pasado sirva para aliviar la carga
que en tu alma sientes por todos los ausentes.

Ausentes de la vida real o aquella imaginaria;
aunque se encuentren cerca, pueden estar lejos.
No hay que hacer reproches a la existencia,
queriendo o sin querer, llegaremos a viejos.

El pasado remoto no es significativo,
si tu existencia es larga y el horizonte ves,
pero solo el recuerdo de todo lo vivido,
hace que tu presente cobre validez.

Aquí estoy vida, sin reproches ni llantos.
Con lo bueno y lo malo de mi fugaz existencia;
de tantos días con lluvia y otros menos con sol.
Gracias infinito que esperas por mi herencia.

Agradecimientos

A mi esposo Eliezer por apoyar todas las iniciativas para la consecución de mis metas.

A mis hijos Romi y Sebastián; inspiración y clave de mi resiliencia para enfrentar los retos de la vida.

A mis hermanos, los cuales han enriquecido mi vida al hacerme parte de su entorno. Especialmente a mi hermana Ana por regalarme el título de esta obra.

A mis maestros, estudiantes, compañeros docentes, familiares, amigos y todos los que el Todopoderoso permitió que depositaran su semilla en mí para germinar en lo positivo.

Al Sr. Ángel Mas, artista gráfico, por haber plasmado en sus dibujos las ideas que quise transmitir a los lectores.

A la Dra. Rosario Méndez Panedas, escritora, por haber leído el borrador preliminar y darme su espaldarazo a través de sus ideas para enriquecer el mismo.*

A Mara Romero Medina por su excelente mentoría y trabajo de edición de estilo. Fue una escuela en este proyecto editorial no académico.

A Dios, dador de la vida, por transformar sueños imposibles para seres humanos frágiles como yo, en vivencias de impacto personal y comunitario; quien me permitió recorrer el Camino de las seis en varias instancias de la vida.

---

* *Felicito a María por este conmovedor y valioso relato, fruto de la investigación, la memoria y los recuerdos de su infancia; escribirlo, seguramente, le ha permitido entenderse y conocerse mejor a través de la historia de su familia. Agradezco también a la autora, colega admirada, que compartiera conmigo, en las etapas de inicio, su interés en escribir el libro y me enviara un primer borrador. (Dra. Rosario Méndez Panedas).*

Sobre la autora

La *Dra. María Bonilla-Crespo de Romeu* ostenta un doctorado en *Higher Education, Business Education*, de la Universidad de Maryland. Fungió como catedrática en la Universidad Interamericana de Puerto Rico por más de cuarenta años. Es considerada una de las pioneras de la Educación Virtual en Puerto Rico. Fue seleccionada por la *American Council on Education* para participar del *Fellows Program*, donde estudió sobre el tema en el Sistema Universitario de Georgia, Estados Unidos. Posee una certificación en Educación a Distancia del *Center for Distance Learning Research* de *Texas A & M University* y una certificación para enseñanza en línea de la Universidad Interamericana de Puerto Rico.

En sus años como Catedrática ofreció múltiples conferencias, talleres y seminarios dentro y fuera de Puerto Rico. Además, fue autora de artículos en revistas profesionales del área de Educación Comercial y Educación a Distancia. Asimismo, la doctora Bonilla es autora de varios libros relacionados con el área de administración de oficinas. Es autora del libro *Educación Virtual: Nuevo Paradigma en el Proceso de Enseñar y Aprender*, del cual publicó la segunda edición, *Educación Virtual: Un Enfoque de Calidad*.

Made in the USA
Columbia, SC
22 October 2024

44773002R00221